その種類・焙煎・淹れ方がわかる

珈琲事典

新装版

カフェ・バッハ
［監修］田口 護

Gakken

はじめに

カフェ・バッハ　田口 護

カフェ・バッハを開業し、はや50年以上。当時は決して高くなかったコーヒーの質を少しでも高めるべく、よくない豆は1粒ずつ手で取り除き、焙煎《ばいせん》を何千回も繰り返し、こだわりの一杯を提供することに力を注いできました。

そしてここ20年で、コーヒーの質は明らかに変化しました。始まりは、良質で個性際立つスペシャルティコーヒーの台頭です。オークションで高値で取引されたことから、当初はその希少性ばかりが注目されていましたが、現在は、どこでも気軽に飲めるようになりました。コーヒーの質がこれほど向上したことに、感慨を覚えるばかりです。

本書では、おすすめのスペシャルティコーヒー、122銘柄を紹介しています。コーヒーの味に目覚めたばかりの方でも、お気に入りの銘柄を見つけやすいよう、味、香りなどをわかりやすく点数化しています。

とはいえコーヒーは嗜好品ですから、どの銘柄にも優劣はありません。気になる銘柄を、まずは気軽に味わってみてください。近くの自家焙煎店《じかばいせんてん》、喫茶店に本をもっていき、メニューブック感覚で活用するのもいいでしょう。「次はどの銘柄にしよう」と、コーヒーを飲む楽しみがどんどん広がるはずです。淹《い》れ方に関しても、いろいろな淹れ方を試したうえで、自分好みの淹れ方を見つけていただけたらと思います。

本書をきっかけに、皆さんのコーヒーライフがより充実したものになれば、これほど嬉しいことはありません。

珈琲事典 新装版 Contents

はじめに……2

Part 1
／おいしい淹れ方、徹底解説！＼
プロの技で、コーヒーが10倍うまくなる……10

コーヒーのうまさは4つの段階で決まる……12

フレーバーの決め手は苦味、酸味、香り、コク……14

苦味と酸味のバランスは焙煎の深さで変わる……16

煎りたて、挽きたて、淹れたてにこだわる……18

Column 豆を買うときは、冷暗所で保管されているものを選ぶ……19

基本の抽出法をマスターする……20

抽出法別の挽き方
ドリップで淹れるなら中挽きが最適……22

ミルの選び方
大きな電動ミルを使うと均一に挽ける……24

挽き方による味の違い
細かく挽くほど苦味成分が出る……26

水の選び方、わかし方
水は水道水。ミネラルウォーターなら軟水を選ぶ……28

湯の適温
湯温を82～83℃にしてほどよい苦味、酸味を出す……30

ドリッパーの選び方
好みの濃さで淹れられるドリッパーを選ぶ……32

フィルターの選び方
ドリッパーの構造に合ったペーパーフィルターを選ぶ……34

基本の淹れ方
ハンドドリップの基本をマスターする……36

大人数分の淹れ方
3杯以上を淹れるときは湯をスピーディに注ぐ……40

うまい淹れ方Q&A
コーヒーメーカーでおいしく淹れることはできないの？……41

カリタ・ウェーブ式の淹れ方
4～5回の注湯で濃さを調節する……42

メリタ式の淹れ方
2回の注湯で「湯だまり」をつくる……44

コーノ式の淹れ方
4分間かけてじっくり注ぐ……46

ハリオ式の淹れ方
細い湯柱で、2～3回に分けて注ぐ……48

ネルドリップの淹れ方
粗挽きの粉をたっぷり使う……50
Column ネルで淹れるとどの豆も味が似るのはなぜ？……52
カップの選び方
飲みやすいカップを選び淹れる直前に温める……54
Column カップの正しいセットの仕方は？……55
砂糖の種類と相性
ストレートコーヒーにはクセのない砂糖が合う……56
Let's Try！ アイスコーヒー用のシュガーシロップをつくる……56
クリーム、ミルクの種類と相性
動物性クリームを加えてコクを出す……58
濃いコーヒーには濃いミルクが合う……59
豆、粉の保存法
豆は冷暗所で保存。挽いて1週間以内に飲みきる……60
道具のメンテナンス
道具のこまめな手入れで味の変化を防ぐ……62
淹れ方のバリエーション1
エスプレッソを淹れる……64
淹れ方のバリエーション2
フレンチプレスで淹れる……68
淹れ方のバリエーション3
エアロプレスで淹れる……70
淹れ方のバリエーション4
水出しで淹れる……72
淹れ方のバリエーション5
サイフォンで淹れる……74
Column 170年前に開発されたクラシックな淹れ方……76
スウィーツ、パンとのマリアージュを楽しむ……78
Column 口の中でのハーモニーを楽しむ……79
Column うまい淹れ方のウソ、ホント コーヒーの都市伝説を検証！……80

Part 2
／人気のアレンジドリンク、19バリエ／
アレンジコーヒーを楽しむ……82

ドリップコーヒーをアレンジ
基本のアレンジレシピ
・アイスコーヒー……84
・カフェ・オ・レ……86
Column カフェ・オ・レとカフェラテ、何が違うの？……87
・ウインナコーヒー……88
・カフェ・シュヴァルツァー……89

エスプレッソをアレンジ
基本のアレンジレシピ
・カプチーノ……90
Let's Try！ ふわふわのフォームドミルクをつくる……91

・カフェ マキアート……92
・ローマン・エスプレッソ……93
Let's Try!! 自宅で楽しむラテアート&デザインカプチーノ……94

甘党におすすめのアレンジバリエ

・シナモンコーヒー……98
・ハニーコールド……99
・ホット・モカ・ジャバ……100
・エスプレッソ・ブラン……101
・フィーユ・フレイズ……102
・ボヌール……103

お酒が好きな人におすすめのアレンジバリエ

・カフェ・アメンドウ……104
・アイリッシュコーヒー……105
・エスプレッソ シェケラート……106
・カフェラテ シェケラート……107
・エスプレッソ&カシス……108
・エスプレッソ ホワイトルシアン……109
Let's Try!! リキュールを使ったオリジナルドリンクに挑戦……109

Part 3 ／最新・スペシャルティコーヒー122銘柄／ 自分好みの豆に出合う……110

カフェでも家庭でも高級銘柄が気軽に味わえる……112

スペシャルティコーヒーの特徴 スペシャルティコーヒーはコーヒー界のエリート種……114
手ごろなコーヒーの楽しみ方 手間ひまかけたコーヒーはスペシャルティの質になる……116
世界のコーヒー豆の品種 国ごとの環境によって生産される品種が異なる……118
品種ごとの形、香味の違い アラビカ種の人気品種、味の特徴を知る……120
Column 超レア品種のリベリカ種って、どんな豆？……121
銘柄名の読み方 銘柄名だけで品種、等級、生産者がわかる……122
豆の性質&焙煎適性をチェック A～Dの4タイプ分類でベストの焙煎度がわかる……124

世界の人気豆カタログ
スペシャルティコーヒー
厳選！ 122銘柄……126

【中南米】

ブラジル
マイルドで飲みやすく
酸味は控えめ……128

グアテマラ
硬くて焙煎しにくいが
味は世界最高峰……131

コロンビア
大粒で肉厚の豆が多い。
力強いボディ、苦味が魅力……134

パナマ
スペシャルティコーヒー
「ゲイシャ種」が大ヒット……136

ニカラグア
知名度は低いが
上質で飲みやすい豆揃い……138

エルサルバドル
大粒のパカマラ種は
オークションの常連銘柄……140

コスタリカ
品種はすべてアラビカ豆。
かんきつ系のフレーバー……142

ドミニカ共和国
さわやかで飲みやすい
カリブ海系コーヒーの代表格……144

ジャマイカ
大粒で華やかなアロマの
「ブルーマウンテン」が有名……146

ホンジュラス
フルーティさが魅力！
果物のスウィーツに合う……147

ペルー
オーガニックがさかんで
素直な味の豆が多い……148

エクアドル
産地としての歴史は浅いが
香りに定評がある……149

ボリビア
産地の知名度は低いが
上質のフレーバーを持つ……150

ハイチ
ミネラル分を含む
マイルドなコーヒーが多い……151

【アフリカ】

エチオピア
アフリカ最高峰の豆揃い。
特にイルガチェフ産が人気……152

Column 「モカ」は品種ではなく
港の名前だった！……154

ケニア
甘さ、コクが強く
キレのある風味が口に残る……155

タンザニア
フルーティな香りが漂い
コーヒーらしいコクもある……158

ルワンダ
苦味が控えめで
後味のきれいな豆が多い……160

マラウイ
強い個性はないが
コクがあってまろやか……161

【アジア・太平洋】

インドネシア
マンデリンブランドを中心に
個性的な銘柄が揃う……162

イエメン
甘くフルーティな香り、
ワインのような香味が特徴……164

パプア・ニューギニア
マイルドで深いコクがありヨーロッパで人気……166

ハワイ
甘味と透明感があるコナコーヒーが人気……168

インド
中煎りで酸味を出しても深煎りでコクを出してもいい…169

コーヒーノキが一杯のコーヒーになるまで……170

種を植えて3年でコーヒー豆の「もと」ができる……171

コーヒーチェリーから種子だけを取り出す……172

精製法によってカップの香味が変わる……173

商品化する前にカップテストで味をみる……174

商社経由か直接取引で世界の食卓に届く……175

環境にも人にもやさしいコーヒーが増えている……176

Part 4 焙煎、ブレンドにこだわる
／自家焙煎&ブレンドのテクニック／

焙煎、ブレンドにこだわる……178

豆ごとに適した焙煎度
豆の色、形をチェックして焙煎度を決める……180

生豆の選び方
煎りやすく、質のよい生豆を手に入れる……182

欠点豆の見分け方
ハンドピックで欠点豆、異物を取り除く……184

焙煎前後のハンドピック
生豆で1回、焙煎後に1回。2回のハンドピックで豆を選別……186

焙煎のプロセス
焙煎の基本の流れ、煎り止めのタイミングを知る……188

Aタイプ豆の焙煎
バチバチと音がしたらすぐに煎り止める……190

Bタイプ豆の焙煎
1ハゼの音が完全に止まったら煎り止める……191

Cタイプ豆の焙煎
2ハゼ目の音が聞こえたら、火を止める……192

Dタイプ豆の焙煎
酸味が出すぎないように2ハゼ終了まで煎る……193

Ⅰ 手網焙煎
自家焙煎の基本。煎り止めのタイミングがすぐわかる……194
Let's Try！ 手網がなければフライパンで代用……197
Ⅱ ホームロースター
ホームロースターで手軽に焙煎を楽しむ……198
Ⅲ 業務用焙煎機
プロをめざすなら5kg以上煎れる機械を使う……202
Column 炭火で焙煎しても炭の香りはつかない……205
困ったときに！ 自家焙煎Q&A……206
ブレンドの基本
異なる豆を組み合わせて新しい味をつくり出す……208
失敗しないブレンドのコツ
カップテストで味を確かめて豆をブレンドする……210
Column モカを30％以上入れると「モカブレンド」を名乗れる……211
プロのブレンド例
プロのブレンドテクニックをまねる……212
2種ブレンドに挑戦
性格が対照的な豆どうしを組み合わせる……214
3種ブレンドに挑戦
豆ごとの長所を集めた一杯に仕上げる……216
4種ブレンドに挑戦
難易度は高いが味に立体感が出る……218

Part 5
／プロのカッピング法、専門知識と技術／
コーヒーのスペシャリストになる……220

コーヒーのテイスティング法「カッピング」に挑戦……222
はじめてのカッピング
ドリップしたコーヒーの味を6項目でチェックする……224
SCAJ式カッピング
カップに粉と湯を入れて8項目で評価する……226
SCAA式カッピング
プラス面、マイナス面を10項目でチェックする……232
自宅でできるトレーニング
ゲーム感覚のトレーニングでスキルを高める……240
競技会でプロの技を見る、参加する……242
エスプレッソベースのコーヒー技術を競う
ジャパン バリスタ チャンピオンシップ……243
産地の違う銘柄を、最短のタイムで当てる
ジャパン カップテイスターズ チャンピオンシップ……244
カップをキャンバスに、デザインの美しさを競う
ジャパン ラテアート チャンピオンシップ……245

流れるような所作、プレゼンテーションスキルは必見
ジャパン サイフォニストチャンピオンシップ……246

豆の個性を見抜く力、細やかな焙煎技術がものをいう
ジャパン コーヒーロースティングチャンピオンシップ……247

コーヒーを極め、プロの道をめざす……248

コーヒーマイスター
高い専門知識をもとに「ベストの一杯」を提供……249

バリスタ
好みや体調に合わせてコーヒーを淹れる……250

カフェオーナー
「趣味の店」ではなく客観的なおいしさを追求……251

焙煎士
プロとして生産国に足を運ぶこともある……252

コーヒー鑑定士
豆の味、香りを鑑定。取引や開発に携わる……253

世界のコーヒー文化を学ぶ……254

フランス
世界一のカフェ大国。エスプレッソタイプが中心……255

イタリア
エスプレッソの本場。「バールで立ち飲み」が粋……256

ドイツ
消費量は世界3位。濃いめのハンドドリップが定番……257

北欧諸国
味のクオリティは世界一。「サード・ウェーブ」の発信地……258

オーストリア
濃厚なザッハトルテをストレートコーヒーで味わう……259

イギリス
紅茶だけじゃない！コーヒーの歴史も古い……260

アメリカ
こだわりのハンドドリップに人気がシフト……261

エチオピア
コーヒーをよく飲み、茶道のような作法もある……262

その他の生産国
上質なコーヒーを国民が飲めるようになった……263

コーヒー用語辞典……264

参考文献……271

Part 1

なる

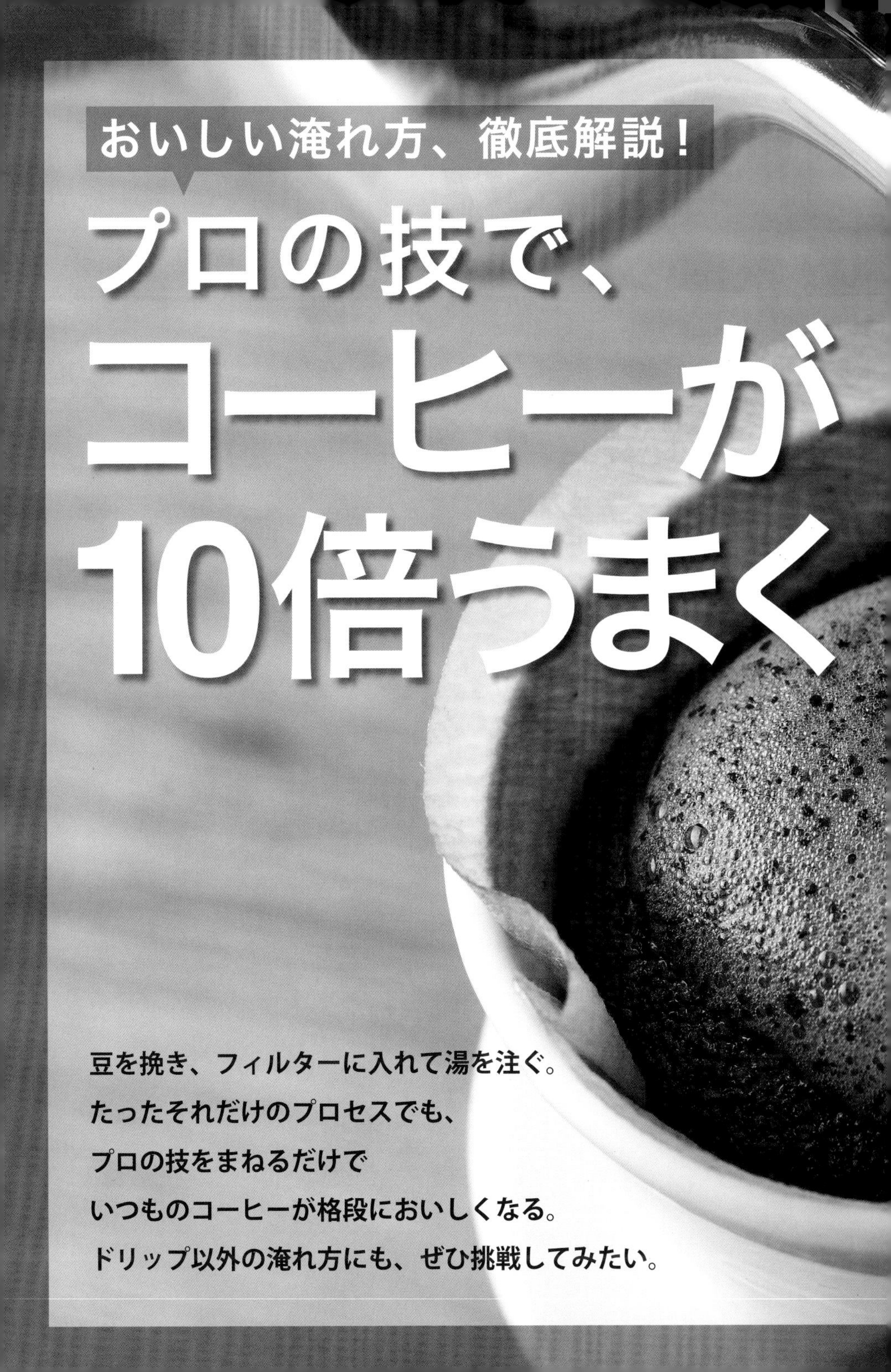

おいしい淹れ方、徹底解説！

プロの技で、コーヒーが10倍うまく

豆を挽き、フィルターに入れて湯を注ぐ。
たったそれだけのプロセスでも、
プロの技をまねるだけで
いつものコーヒーが格段においしくなる。
ドリップ以外の淹れ方にも、ぜひ挑戦してみたい。

コーヒーのうまさは4つの段階で決まる

コーヒーの味は、銘柄だけでは決まらない。
豆のうまさを引き出す焙煎の仕方、挽き方、
淹れ方のテクニックが、味の決め手となる。

Ⅰ 良質の豆を選ぶ

最近では、高品質な銘柄豆が気軽に入手できるようになった。
ただし高級銘柄ばかりにこだわらず、大きさや形状が揃った良質の豆を選ぶことが重要。さらに不揃いの豆や異物（欠点豆 → P184）をていねいに取り除くと、味が格段によくなる。

P112～

Ⅱ 焙煎でうまみを引き出す

生豆《なままめ》を煎《い》り、豆の味わいを最大限に引き出す作業。生豆の種類・産地以上に、コーヒーの味に大きく影響する。
一般に、浅く煎れば酸味が強くなり、深く煎れば苦味が強くなる。生豆の特徴に合わせて焙煎度を調整するのが基本だ。

P16～、180～

豆の質は重要。淹れ方のテクニックが味の決め手

　コーヒーの世界は、ここ20年間で大きく様変わりしている。品質に徹底的にこだわったコーヒーが世界中でつくられ、スペシャルティコーヒー（↓P112）として人気を博している。さながら高級ワインの世界だ。

　しかしコーヒーの世界は、ワインとは違う。一杯のカップになるまでに、複数の過程を経る。

　どれほどよい豆を手に入れても、豆の特性に合った焙煎《ばいせん》ができなければ、豊かな味わいは引き出せない。さらに淹《い》れ方に合わせて豆を挽《ひ》き、正しい手順で抽出しないと、苦味や雑味ばかりがめだつコーヒーになる。

　豆選び、焙煎、挽き方、抽出の仕方。どれをとっても、香り立つコーヒーに欠くことのできない作業である。

Ⅳ

おいしい成分だけを抽出して淹れる

抽出法には、基本のドリップ式をはじめ、さまざまなタイプがある。
ドリップ式の場合は、粉の量や湯の温度、湯を注ぐスピードなどがポイント。十分に蒸らして、コーヒー豆のおいしさを最大限に引き出す。

P36 〜

Ⅲ

味の好みに合わせて挽く

焙煎した豆をミルで挽《ひ》いて粉にする。香りを損なわないよう、コーヒーを淹れる直前におこなうのが理想的だ。
細かく挽くほどコクのある濃いコーヒーになり、粗《あら》く挽くと薄くなる。好みに合った挽き方で挽こう。

P22 〜

フレーバーの決め手は苦味、酸味、香り、コク

苦味

豆をローストする過程で、コーヒーの主成分・苦味が出る

コーヒーの苦味成分としてはカフェインが有名だが、カフェインが味に与える影響はごくわずか。

苦味にもっとも影響するのは、焙煎《ばいせん》時に発生する褐色色素《かっしょくしきそ》である。クロロゲン酸が加熱されてできるクロロゲン酸ラクトンなどが、コーヒーらしい苦味のもととなる。

フレーバーの例

- カラメル
- スパイス（クローブなど）
- トースト　など

酸味

苦味とのバランスで、繊細さと深みを与える

コーヒーのうまさを決定づけるのは、苦味と酸味のバランスだ。よい酸味があると、味にさわやかさ、繊細さ、奥行きが加わる。

おもな酸味成分は、キナ酸、クエン酸、リンゴ酸、酢酸《さくさん》など。加熱（焙煎）によって増加するが、加熱しすぎると減少する。そのため浅煎《あさい》りでは酸味が強く、深煎《ふかい》りにすると苦味が強くなる。

フレーバーの例

- レモン
- オレンジ
- 青りんご
- カシス　など

味、香りのすべての印象を「フレーバー」という

コーヒーを口に含んだときに感じる味、香りの総合的な印象を、フレーバーという。

フレーバーを決める要素は多種あるが、大きくは「苦味」「酸味」「香り」「コク」に分けられる。

これらの風味の源は、生豆《なままめ》に固有の成分にある。ただ、生豆の成分がそのままコーヒーの味わいとなるわけではない。生豆を焙煎《ばいせん》することによって、それぞれの風味が強まったり弱まったりする。たとえば、焙煎時間が短ければ酸味が強まり、長く煎《い》れば、苦味が強いコーヒーになる。香りの強さや成分も、焙煎時間によって変わる。

豆を買うときは、P128の豆カタログで、苦味、酸味、香り、コクの特性と、適した焙煎度をチェックしてから選ぶといい。

香り

フレーバーの例

- ローズなどの花
- ハーブなどの植物
- スパイス（こしょうなど）など

「フローラル系」「果実系」などに分けられる

コーヒーの香りの豊かさは、数ある食品の中でもトップクラス。生豆《なままめ》には約300種類、焙煎後の豆には約850種類もの香味成分がある。浅～中《ちゅう》煎《い》りに焙煎した場合は、果物系、フローラル系の香りがよく出る（→ P238）。
さらに、粉の香りは「フレグランス」、抽出後の香りは「アロマ」とよばれて区別されている。

コク

フレーバーの例

- チョコレート
- カラメル
- ナッツ　など

深いコク、透明感が全体の印象を決める

味に厚み、深みがあるほど、コクのある濃厚なコーヒーとなる。渋味、えぐ味などの雑味がなく、透明感のある重厚さが理想だ。さらに口の中で感じる触感の重さ、なめらかさなどを表す「マウスフィール」も重要である。
コクやボディは豆のタイプによって異なり、肉厚の豆ほどコクがあり、ボディが強い傾向がある。

苦味と酸味のバランスは焙煎の深さで変わる

焙煎の特徴を知って自分好みの一杯に出合う

コーヒーの味は8割が生豆《なままめ》で決まるが、残り2割は焙煎《ばいせん》がものをいう。

最重要ポイントは、どの程度煎《い》るかの焙煎度《ばいせんど》である。煎りすぎると苦味だけが強調され、煎りが浅すぎると酸っぱいコーヒーになる。豆の特性に合ったベストのタイミングで、焙煎を止めることが大切だ（↓P124）。

豆ごとの理想の焙煎度を知っていると、焙煎した豆を購入するときにも役立つ。豆の種類ごとに焙煎度を変えている店なら、おいしいコーヒー豆が確実に手に入るはずだ。

また、飲み慣れないうちは、浅煎《あさい》りのほうがおいしく感じる傾向がある。入門編として浅煎りから始め、徐々に焙煎度の深いものを試してみるのもいい。

マイルド　→　**酸味が強い**

中煎り

苦味、酸味が控えめでマイルドな豆に向いている

コーヒーらしい苦味、味わいが出てくる段階。香り高く、マイルドな味の豆に向く。ミディアムは、カッピング（→P222）で味を評価するときの、基準の焙煎度《ばいせんど》でもある。

浅煎り

酸味があり、豆そのものの香りが強く出る

コーヒーらしい苦味は少なく、酸味が強く出るため、紅茶に近い味がする。軽い風味に仕上げたいときや、さわやかな香りをしっかり出したいときに適している。

バリスタ's memo　スペシャルティコーヒー(→P112)を焙煎するときは、個性的な香味をはっきり出すため、浅〜中煎りにすることが多い。しかしコーヒーらしい味わいを出すには、中深煎り以上のほうが適していることも少なくない。

湯の温度や粉の細かさも
苦味、酸味に影響する

コーヒーの苦味と酸味の微妙なバランスは、焙煎だけでつくられるわけではない。豆を挽《ひ》くときの細かさや、抽出するときの湯の温度、抽出スピードなどによっても変わる。各段階で工夫して、好みの味をつくる。

4 抽出量

湯を多く使って大人数分を淹《い》れるとマイルドな味になりやすく、少ない湯で少人数分を淹れる場合は、苦味が強く出やすい。

3 抽出スピード

抽出スピードが速いと、酸味が強い軽い味になる。反対にゆっくりと湯を注ぎ、蒸らす時間を長くすると、苦味が強まる。

2 粉の細かさ（メッシュ）

メッシュが粗《あら》いと濃度が薄くなり、苦味より酸味がめだつ。メッシュが細かいと濃度が濃くなり、苦味が強まる。

1 湯の温度

湯温が低いと成分を十分に引き出すことができず、酸味だけが強く出る。湯温が高すぎると苦味、雑味が強く出る。

苦味が強い

ストロング

深煎り

苦味が強く、チョコレートやカラメルのような香りが出る

豆が濃い茶色、あるいは黒くなるまで煎《い》る。苦味が前面に出て、風味はやや単調になる。肉厚で酸味の強い豆を煎るときや、エスプレッソを淹れるときに適している。

中深煎り

苦味、酸味がしっかり感じられる、日本人好みの味わい

苦味にも酸味にも偏りすぎず、コーヒーの味がもっとも豊かになる。日本はもちろん、世界中で好まれている焙煎度。やや肉厚な豆が向いている。

煎りたて、挽きたて、淹れたてにこだわる

時間がたつほど風味が抜ける

豆は酸化が進むことで劣化《れっか》する。しかも焙煎《ばいせん》直後から、豆から二酸化炭素がさかんに放出され、そのときに香り成分も一緒に抜け出し、香り成分が減少してしまう。とくに挽《ひ》いた後の豆は、香りが早く抜けていく。

コーヒーは生鮮食品。時間がたつと劣化する

コーヒーは、熟成させるとうまくなるワインとは違う。鮮度が勝負の、新米や日本酒の仲間だ。カップに注ぐまでのすべての過程で、新鮮さが求められる。

生豆《なままめ》は、ニュークロップとよばれるその年の収穫豆、つまり新豆がベストである。味、香りともに非常にすぐれている。

さらに焙煎《ばいせん》で引き出された香り成分は、豆に含まれる二酸化炭素とともにどんどん失われていく。できるだけ、焙煎後2〜3週間以内に使いきりたい。

最初のひと口と最後のひと口では、味が違う

淹《い》れてから時間がたつと、コーヒーの風味はどんどん落ちていく。高温の湯の影響で、香味成分の化学変化が急速に進むからである。

ビギナーにおすすめ！　コーヒーミルを持っていない人は、自家焙煎の店で豆を挽いてもらい、1〜2週間分ずつ買うといい。豆の回転が速い店を選べば、つねに新鮮で香り高い豆を手に入れられる。

豆を寝かせても、うまみは出ない

生豆《なままめ》は、時間の経過とともに水分含有量や成分が変化する。日本ではオールドクロップが珍重された時期もあったが、香りが弱く、味が単調になりやすいため、現在はニュークロップが最良とされる。

焙煎はむずかしいが、味も香りも最高

ニュークロップ
＝今年とれたばかりの新鮮な豆

収穫後数か月しかたっていないため、水分含有量が多くて重く、濃い緑色をしている。見た目にツヤもある。焙煎の難易度は高いが、香りは最もよい。

パーストクロップ
＝昨年度に収穫された豆

収穫から 1 年以上たつと、水分含有量が減少していき、色もやや白っぽく薄くなる。重さや質感も軽くなり、豆表面の光沢も感触も低下していく。

オールドクロップ
＝ 2 年以上寝かせた豆

えぐ味はないが、うまみも少ない

2 〜 3 年以上たつと、水分含有量はさらに減少して軽くなる。乾燥していて火の通りがよく、焙煎初心者でも安定した味を出せる。

また、空気にふれて酸化することも、風味を変化させる。ただし「うまいコーヒーは、冷めてもうまい」といわれるとおり、熱々のうちに飲みきらなくてもかまわない。ときには時間をかけて飲み、酸味と苦味のバランスの変化を楽しむのもいい。

Column

豆を買うときは、冷暗所で保管されているものを選ぶ

一般に、外気温が 10℃上がると、酸化のスピードが急速に速まる。店頭のワゴンなどに置かれた煎り豆は、直射日光を浴びてかなり酸化が進んでいるため、避けたほうがよい。自宅に保存するときも、温度や湿度が高くなく、日が当たらない場所に置こう。

基本の抽出法をマスターする

コーヒーの淹れ方は、代表的なものだけで６種類ある。
とくに手軽でおいしく淹れられるのは、
手で抽出するハンドドリップだ。

豆の味わいを楽しむには ペーパードリップがおすすめ

コーヒーには、いろいろな抽出法がある。おなじみのドリップ式やコーヒーメーカー、サイフォン式をはじめ、湯を用いるのではなく水で抽出する方法まである。

同じコーヒーの粉を使っても、どの抽出法で淹《い》れるかで、味わいは異なってくる。抽出法によって豆の挽《ひ》き方も違うため、淹れるときはまず抽出法を決める。

一般家庭でもっとも広く普及しているのは、ペーパードリップ式である。

ドリップ式は、それぞれのコーヒー豆の持ち味を素直に引き出せる、抽出法の基本となる手法だ。初心者でも、基本のコツさえマスターすれば、手軽においしく淹れられる。粉の後始末や道具のメンテナンスが楽なのも、利点のひとつといえる。

サイフォン

高温で淹れるため香りがしっかり立つ

器具の美しさ、演出の華やかさが最大の魅力。高温で抽出するため、香りがしっかり立つ。ネルフィルターでろ過するため、クリアであっさりした味に仕上がる。

P74 ～

水出し

苦味が出にくくマイルドに仕上がる

ダッチコーヒーともいう。６時間以上かけて、おいしい成分だけをじっくり抽出する方法。味がマイルドになり、苦味が苦手な人でもストレートでおいしく飲める。

P72 ～

※サイフォンは湯をわかす時間も含める。抽出そのものは短時間だ。　長い

淹れ方によって、味も手軽さも大きく違う

抽出法によって、コーヒーの濃度や抽出時間が異なる。基本となるペーパードリップをマスターしたら、好みに合わせてバリエーションを広げていこう。

濃い

濃度

薄い

短い　抽出時間

エスプレッソ

圧力をかけ、20～30秒間で成分を抽出

深《ふか》煎《い》りの粉に高圧の蒸気を吹きかけ、瞬時に成分を抽出する。濃厚な味、舌ざわりが特徴だ。エスプレッソマシンや、マキネッタとよばれる簡易器具を用いる。

P64 ～

エアロプレス

レギュラー風にもエスプレッソ風にも淹れられる

ピストンで圧力をかけて抽出する方法で、特にヨーロッパで人気がある。粉の量や挽《ひ》き方によって味の調節がしやすく、エスプレッソ風にも淹れられる。

P70 ～

ハンドドリップ

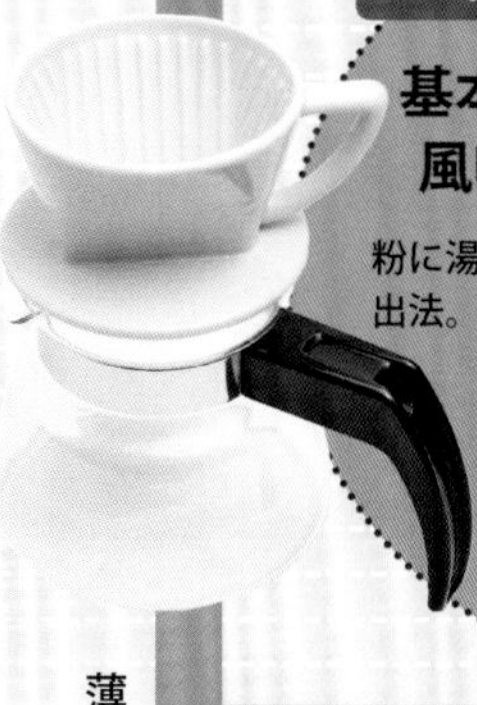

基本の淹れ方。濃さや風味を調整しやすい

粉に湯を注ぎ、フィルターでこす抽出法。ペーパーを使う方法と、布（ネル）を使う方法がある。抽出時間や湯の温度・量などを調整できるので、好みの味を追求しやすい。

P36 ～

フレンチプレス

熱湯でストレートに味を出す

ポットに粉と湯を入れて待つだけの、もっとも簡単な抽出法。豆の油脂分が残るので、こってりした味に仕上がる。1 杯目と 2 杯目で、味の変化を楽しめるのも魅力。

P68 ～

抽出法別の挽き方

ドリップで淹れるなら中挽きが最適

淹れ方に合わせて、粉の細かさを変える

細かく挽《ひ》けば挽くほど、粉の表面積が広くなり、成分がより多く抽出される。また、抽出時間が長いと成分抽出量が多くなる。この原則を覚えておこう。

粗挽き

フレンチプレス

湯にコーヒー粉を浸《ひた》して抽出するため、粉が細かいと抽出オーバーになりやすい。豆はザラメ糖くらいに粗《あら》く挽き、全体の表面積を小さくする。

P68 ～

中粗挽き

ネルを使うときは粗めに挽く

ハンドドリップ

ペーパードリップで淹れる場合は、粗くも細かくもない、中間の中挽《ちゅうび》きがベスト。濃さや味のバランスをとりやすい。市販のレギュラーコーヒーの多くは中挽きだ。

P36 ～

湯にしっかり浸すときは豆を粗挽きにする

コーヒーを抽出する方法によって、それぞれに適した豆の挽《ひ》き方がある。

粉が細かいほど、粉の中の成分が外に溶け出しやすい。そのため、フレンチプレスなどのように湯にしっかり浸《ひた》して淹《い》れる方法では、濃くなりすぎないように粗挽《あらび》きにする。

反対に、エスプレッソのように短時間で淹れる方法では、成分をしっかりと抽出できる細挽《ほそび》きが向いている。

ペーパードリップで淹れるなら、中挽《ちゅうび》きが最適である。中挽きのめやすは、ザラメ糖とグラニュー糖の間くらいの大きさだ。

これより粗《あら》いと湯がサッと通り、蒸らし効果が薄くなってしまうし、細かすぎると成分が出すぎてしまう。

味の好みに合わせて中挽きのレベルを変える

中挽きの大きさにも幅があり、小さめだと「中細挽《ちゅうほそび》き」、大きめだと「中粗挽《ちゅうあらび》き」という。味の好みに合わせて調整するとよい。

苦味の強い味が好みならば、中細挽きにすると、成分が十分に引き出される。マイルドな味が好みなら、中粗挽きにする。

実際に3段階で淹れてみて、どれが自分にいちばん合うか知っておこう。

ビギナーにおすすめ！

「適正メッシュ」のサンプルをもらう

「粗挽き」「細挽き」などといっても、具体的にどのような粗さ、細かさなのか、イメージがつかめないかもしれない。最初は自家焙煎《じかばいせん》の豆販売店、コーヒー専門の喫茶店などで、淹れ方に合わせた粉のサンプルをもらって、確認しておくとよい。

エアロプレス

一般には中挽きが適しているが、抽出時間や押し方により、さまざまなタイプのコーヒーを淹《い》れることができるため、目的に合った細かさにする。

P70 〜

エスプレッソ

P64 〜

圧をかけて成分を一気に抽出するため、表面積が大きい細挽《ほそび》きが向いている。深《ふか》煎《い》りの豆を使うと、豆がもろくなっていて細挽きしやすい。

P74 〜

サイフォン

中挽きがベスト。細挽きを使うと抽出過剰になり、苦味が出やすいため注意する。

P72 〜

水出し

水を使ってじっくりと抽出する方法なので、加熱しなくても抽出しやすいよう、深煎りの中細挽《ちゅうほそび》きか細挽きが適している。

写真提供（サイフォン）／HARIO株式会社

ミルの選び方

大きな電動ミルを使うと均一に挽ける

毎日挽いても負担にならないミルを選ぶ

コーヒーミルは、コーヒー豆を粉にするための道具で、さまざまなタイプがある。

大別すると、手動式と電動式に分けられる。電動式には、豆をすりつぶすグラインダータイプと、刃でカットするカッタータイプがある。

一般家庭では、クラシックな趣のある手動式ミルが人気だった。しかし、より高いクオリティのコーヒーを淹《い》れるには、豆はできるだけ均一に挽《ひ》くことが重要であり、手動式ではなかなかむずかしい。時間も手間もかかり、毎日続けるのは大変だ。

その点、電動ミルは均一に挽けて使いやすい。今は手軽な電動ミルがたくさんあるので、電動式をおすすめする。小型よりも大型のほうが、より均等に挽ける。

大型ミルのメリット

- 均一に挽《ひ》ける
- 摩擦熱《まさつねつ》が出にくい（＝香りがとびにくい）

大型ミルのデメリット

- プロ向けのため価格が高い
- サイズが大きくスペースをとる

表面に歯がついた円盤で、豆をはさんで粉砕するタイプ。業務用としてよく用いられている。短時間で均一の大きさに挽ける。挽くときに摩擦熱が出にくいので、豆の風味を損なわない。

クラシックタイプの大型ミルも人気

中～大型の電動ミルでは、写真のようなクラシックなタイプも人気だ。かさばるが、専門店のような雰囲気を家庭で味わうことができる。

小型ミル

小型電動ミル

プロペラ式の刃をモーターで回転させて挽くタイプ。粉の細かさは、挽く時間で調整する。熱が発生して風味が損なわれることもあるが、手軽で使い勝手のよい器具である。

小型ミルのメリット ○

- 価格が手ごろで1万円以下で買える
- サイズが小さくどこでも置ける

小型ミルのデメリット ×

- 粉の大きさにバラつきが出やすい
- 摩擦熱が出やすい（＝香りがとびやすい）

手まわしミル

臼のような形の歯を手動で回転させ、豆を細かくカットする。できるだけ均一に挽くには、一定の速度で回転させることがポイント。

微粉が出たら茶こしでふるい落とす

電動ミルは、機械によって長所と短所があり、価格帯にも幅がある。大きなミルのほうが均一に挽けて、香りもとびにくいが、価格は高い。小型ミルなら、数千円で市販されているが、粉の大きさにバラつきが出ることがある。予算と相談しながら、大型に近い構造で、少しでも均一に挽けるものを探そう。

また、機種によって差はあるが、豆を挽くときに非常に細かい粉（微粉《びふん》）が出ることがある。微粉が混ざると、コーヒーにえぐ味、渋味が出る原因となる。

ミルを使ったら、歯のまわりの微粉を取り除くようにし（↓P63）、微粉の混入を防ぐ。機械の性質上、微粉が多く出てしまう場合は、粉を茶こしでふるい、微粉を取り除くとよい。

写真提供（手まわしミル）／HARIO株式会社

挽き方による味の違い

細かく挽くほど苦味成分が出る

○

苦味がよく出るが、細かすぎると雑味も出る

細かい粉がろ過《か》層の役割を果たし、成分が十分に抽出される。濃度の濃い、しっかりとした味のコーヒーに仕上がる。ただし細かすぎると成分の抽出がオーバーになり、えぐ味が出やすい。

◎

雑味のないきれいな味に仕上がる

粉が粗《あら》いと、注いだ湯がすばやく落ちるため、味や香りの成分があまり抽出されない。雑味も出てこないため、透明感のあるすっきりとしたマイルドなコーヒーになる。反面、酸味は強まる。

ほどよい細かさで均一に挽く

おいしいコーヒーを淹《い》れるためのポイントは、豆のもつさまざまな成分をほどよく引き出すことである。

細かく挽《ひ》けば挽くほど、豆の表面積が大きくなり、成分が多く抽出されるが、苦味も強くなる。粗《あら》く挽けば濃度は薄くなり、苦味は少ない。その代わりに酸味がめだつ。

また大小の粉が混在していると、溶け出す成分にバラつきが出て、まとまりのない味のコーヒーになりかねない。細かさを調整するだけでなく、全体を均一に挽くことが重要になる。

挽くときに微粉《びふん》が出ると、えぐ味が出やすいので、微粉はできるだけ少なくすることや、味や香りを損ねる原因となる摩擦《まさつ》熱《ねつ》をできるだけ出さないミルを選ぶことも、ポイントになる。

うまさだけでなく雑味も出る

粉の大きさがバラバラだと、抽出成分にバラつきが出る。酸味や苦味成分の濃度がバラバラで、濃い味と薄い味が混ざった、まとまりのない味のコーヒーになる。

ベストな挽き方4か条

1. 抽出法に合った細かさで挽く
2. 細かさを均一にする
3. 微粉を出さない
4. 摩擦熱を出さない

水の選び方、わかし方

水は水道水。ミネラルウォーターなら軟水を選ぶ

浄水器を使ってカルキ臭をとる

おいしいコーヒーを淹《い》れるには、水道水ではだめだと考えている人もいる。しかし日本の場合は、水道水で十分である。

水は、カルシウムやマグネシウムなどのミネラル分がどの程度含まれているかで、硬水《こうすい》と軟《なん》水《すい》に分けられる。コーヒーに向いているのは、クセのないさらっとした軟水である。日本の水道水も、ミネラル分が少ない軟水だ。

日本の水道水は、世界的に見てもトップクラスといえるほど質がよく、現在では、昔のようなカルキ臭《しゅう》もほとんどない。それでもカルキ臭《しゅう》などが気になるという人は、浄水器を使って取り除けばいい。

注意したいのは、再沸騰させた湯を使わないことだ。沸騰するたびに、水に含まれる酸素が抜けていき、コーヒーの風味を引き出しにくくなる。

コーヒーには硬度100以下の水が最適

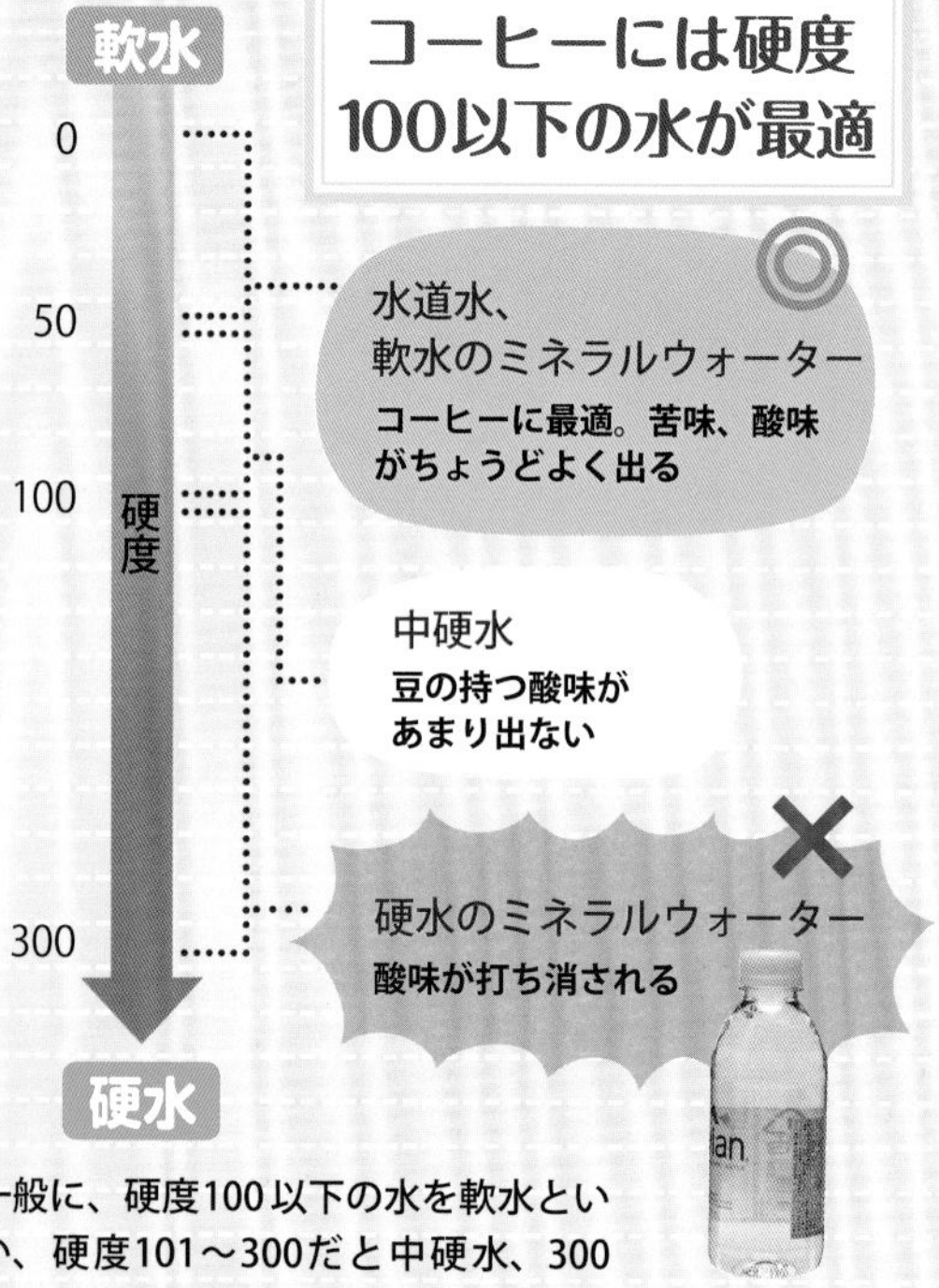

一般に、硬度100以下の水を軟水といい、硬度101〜300だと中硬水、300以上だと硬水とされている。コーヒーを淹れるときは、硬度100以下の水が最も適している。

Step up !

酸味が苦手な人は、硬水を使ってもいい

アルカリ性に傾いた水を使うと、コーヒーの酸味が抑えられる。そのため酸味の強い豆を使うときは、硬水のミネラルウォーターを使う方法もある。

ポットに湯を移し、温度を調節する

一定量を無理なく注ぐため、湯量をいつも同じにする
湯の通り道が細すぎないタイプを選ぶ

1 やかんに湯をわかし、ポットに移す

やかんで沸騰させた湯を、専用のドリップポットに移す。ポットは、湯の通り道が細すぎず、湯量を調節しやすいものを選ぶ。湯の注ぎ方で味が決まるので、デザインより機能性を重視。

ビギナーにおすすめ！

ポットがなければティーポットで代用

細い注ぎ口をもつポットを使えば、おいしいコーヒーを安定して淹《い》れることができる。しかし自宅にない場合は、口の細い紅茶用のポットや急須でも代用できる。

2 湯を少量捨てる

注ぎ口にたまった湯は、本体に入っている湯よりも温度が高い。注ぎ始めに高温の湯を入れると粉面がデコボコになり、うまく抽出できないので、注ぐ前に少し捨てる。

3 温度を測る

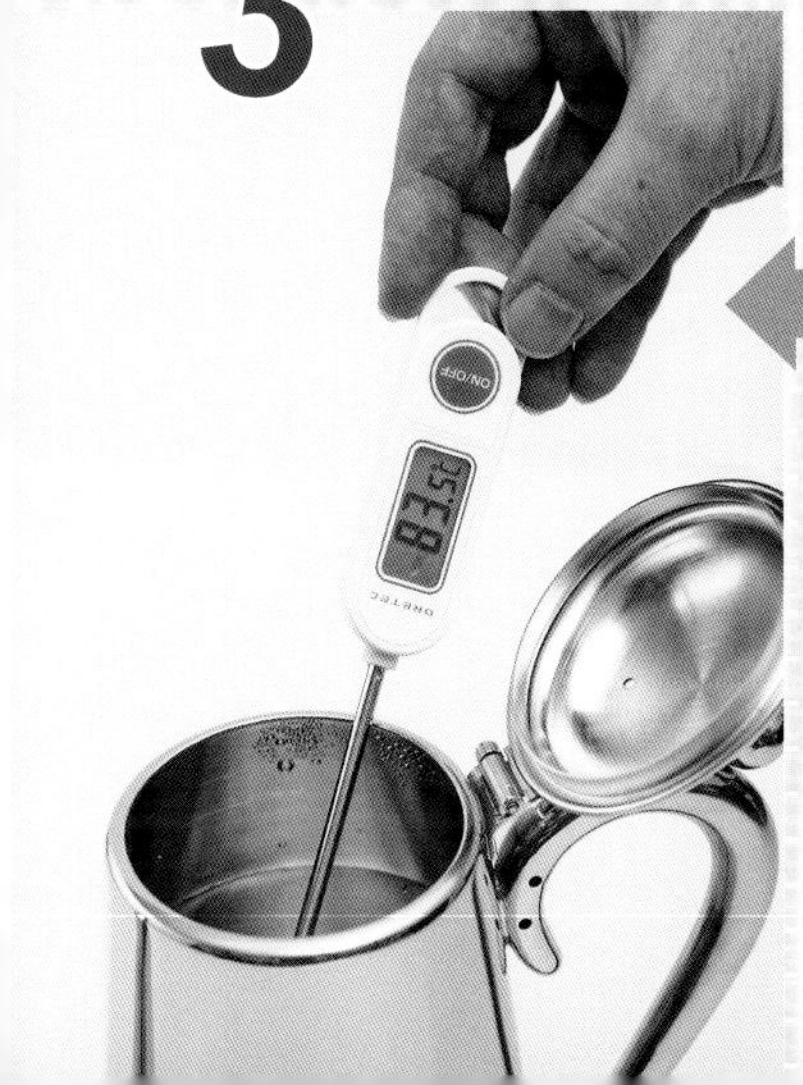

ペーパードリップで淹れる場合、82〜83℃が最適（→ P30 〜）。温度計で湯《ゆ》温《おん》を測り、熱すぎるようなら、水を少し足してマドラーなどでかき混ぜる。

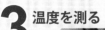

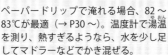

湯の適温

湯温を82〜83℃にして ほどよい苦味、酸味を出す

△

焙煎したての イキのいい豆に最適

焙煎《ばいせん》直後の豆は、さかんに炭酸ガスを出して飛びまわっているような状態。熱い湯を使うと泡が吹き出してしまうので、75〜80℃の中温《ちゅうおん》がいい。

低めの中温

深煎り〜中煎りの豆に最適

低めの中温では、苦味より酸味が強く出る。深煎《ふかい》り〜中深煎《ちゅうふかい》りの豆を使う場合には、苦味を抑えてマイルドに仕上げる効果がある。

×

薄くて酸っぱいコーヒーになる

74℃以下のぬるい湯だと、豆の成分が抽出できない。蒸らしもうまくいかず、酸っぱくて薄いコーヒーになる。

82℃ 80℃ 75℃ 低温

湯が熱くなるほど苦味、渋みが出やすい

湯を注ぐときは粉をよくふくらませ、厚いろ過《か》層をつくることが重要だ。粉がよく蒸らされて、味が十分に抽出される。

しかし沸騰したての熱い湯では、粉の表面が割れてうまくふくらまず、まろやかさに欠けた味になってしまう。苦味成分も渋みも強く出る。また低温だと、今度はコーヒーの成分がよく抽出できない。

ペーパードリップの場合は、82〜83℃の湯温《ゆおん》が適正である。焙煎《ばいせん》直後かどうかによっても、ベストの湯温は多少異なる。焙煎直後の豆はふくらみやすいので、80℃くらいの低めの温度がちょうどいい。反対に焙煎から時間がたった豆は、高温の湯を使わないと、成分が十分に抽出されない。

ベストは 82 ～ 83℃。ぬるいと薄く、熱いと苦くなる

△

焙煎後 2 週間以上たった豆にはおすすめ

通常の豆だと抽出オーバーになるが、古くなった豆には最適。鮮度が低い豆は風味に乏しいうえ、湯を一定時間抱えておく力が低下している。そのため高温でないと、成分が十分に抽出されない。

ベストの中温

ペーパードリップの基本の温度

豆の風味を過不足なく抽出できるのは、82 ～ 83℃。ペーパードリップ式の基本の温度として覚えておこう。ポット内の湯温《ゆおん》が適温でも、粉が冷えていると湯温が下がるので要注意（→ P60）。

高めの中温

浅煎りの豆に最適

少し熱めの83～85℃は、苦味がやや強まり、角の立った味になりやすい。淡白になりがちな浅煎《あさい》り豆を使う場合、酸味より苦味を立たせたいときには最適だ。

高温　95℃　90℃　85℃　83℃

適温かどうかを泡でチェック

NG 例2

大きな泡が立つ

↓

湯が熱すぎる

湯が熱すぎると大きな泡が立ち、それがはじけて空気孔ができてしまう。ろ過《か》層に空気が入り、おいしく蒸らせない。

NG 例1

泡立たない

↓

湯がぬるい

湯を注ぐと、きめ細かい泡立ちがあり、粉がドーム状にふくらむのが理想。しかし湯がぬるいと泡が出にくく、粉が丸くふくらまない。

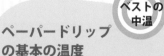

ドリッパーの選び方

好みの濃さで淹れられるドリッパーを選ぶ

ドリッパーの構造で成分の出方が変わる

透過の割合が大きいドリッパーを使うと、雑味のないクリアな味になり、浸漬《しんし》の割合が大きいドリッパーだと、コクや苦味をしっかり出せる。好みに合わせて選び、後は湯の注ぎ方で味を調節しよう。

コーノ式

味、香りを最後までしっかり出す

円錐形《えんすいけい》で穴が大きく、注いだ湯が速く下に落ちる。味の調整がしやすく、湯をゆっくり落とせば濃いコーヒーに仕上がる。リブが低いのも特徴。湯を注ぐと、リブより上にペーパーが密着し、アクなどが混入しにくい構造だ。

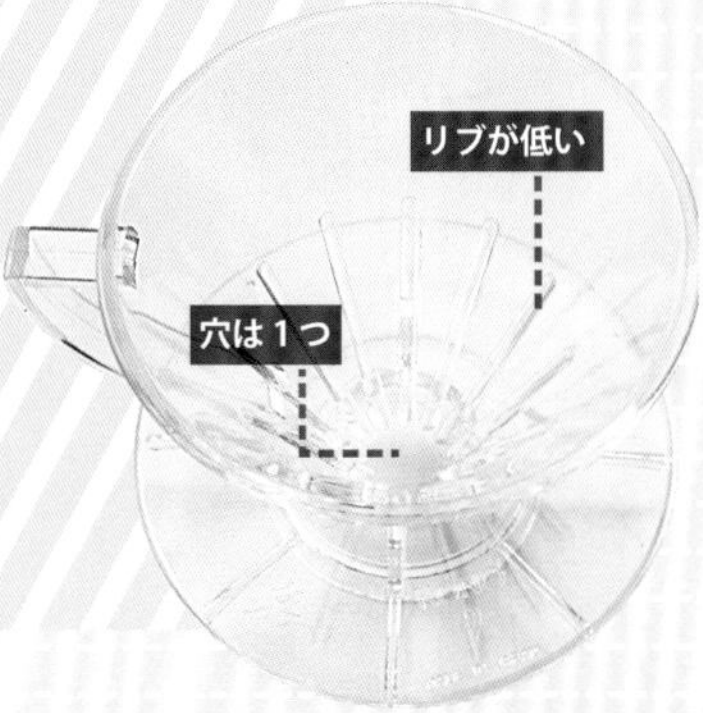

抽出時間が短い → 透過型

バッハ式

2つ穴でほどよい濃さに仕上がる

カフェ・バッハで使用している、楕円形《だえんけい》の2つ穴タイプ（1～2名分では1つ穴タイプを使用）。ほかのドリッパーに比べて深さがあり、粉の層に厚みが出る。リブが高く、底面の突起がバキューム効果を生み、安定した湯の落ち方が保たれる。

ハリオ式

特殊なリブで、ネル風味に淹れられる

円錐形のドリッパー。らせん状のリブが高い位置までついているため、空気の逃げ道を確保でき、おいしく蒸らせる。ドリッパーに入れたペーパーが下にはみ出す構造で、ネルドリップ（→ P50 ～）に似たまろやかな味に仕上がる。

リブの高さ、穴の数がおいしい蒸らしの決め手

ペーパードリップで用いるろ過《か》器《き》をドリッパーという。コーヒーを落とす容器（サーバー）にドリッパーをのせ、ペーパーフィルターと粉をセットして湯を注ぐ。

ドリッパーにはさまざまなタイプがあるが、代表的なのは下図の5種類だ。構造によって粉の蒸らし方が変わり、湯が速く落ちる構造のものを「透《とう》過《か》型」、粉をしっかり湯に浸《ひた》すものを「浸《しん》漬《し》型」という。湯の注ぎ方にもよるが、一般に、前者は雑味のない味に仕上がり、後者はコクのある味になる。

ドリッパーの内側に刻まれた溝（リブ）も重要だ。リブの高さが高いほど、湯を注いだときに空気の逃げ道が確保され、粉がきれいにふくらむ。

カリタ・ウェーブ式

湯を注いだときに粉に均一になじむ

注いだ湯が速く抜けやすく、よけいな雑味が出ない。専用のウェーブフィルターがリブの役割を果たし、空気の逃げ道をしっかり確保する。底が平らで粉と湯が片寄りにくく、味がブレにくいのも特徴だ。

浸け置き型（浸漬型） ← 抽出時間が長い

メリタ式

コク、苦味をしっかり出せる

ドイツで開発された、もっとも歴史の長いドリッパー。1つ穴で目詰まりしやすいという欠点はあるが、ドリッパー内に湯が長く滞留《たいりゅう》するため、コクのあるコーヒーができる。中深煎《ちゅうふかい》り～深煎《ふかい》り豆に向いている。

フィルターの選び方

ドリッパーの構造に合ったペーパーフィルターを選ぶ

ドリッパーにぴったり合うように、ペーパーを折る

ペーパーフィルターは、紙の材質によって、レギュラータイプ、ヨーロピアンタイプに分けることができる。

レギュラータイプは、比較的目が詰まっており、湯の透過《とうか》スピードは遅い。ヨーロピアンタイプは、目があまり詰まっておらず、湯の透過スピードは速めである。濃くなりすぎないので、焙煎《ばいせん》したての新鮮な豆にはとくに適している。

どのペーパーフィルターも、ドリッパーの構造に合わせてつくられていることが多いので、ドリッパーと同じメーカーのものを選ぶと確実だ。

フィルターの保管にも留意しておきたい。においや湿気のつかない、キャニスターなどの密閉容器の使用がベストだ。

ヨーロピアンタイプ、レギュラータイプの2種類がある

レギュラータイプ

抽出時間が長い

目が詰まっているため、湯の透過スピードが遅い。蒸らし時間が長くなるので、焙煎から時間がたった豆や浅煎《あさい》りの豆に向いている。

ヨーロピアンタイプ

抽出時間が短い

目が粗《あら》いため、湯の透過《とうか》スピードが速い。焙煎《ばいせん》したての豆のように、豆の成分が出やすく、抽出オーバーになりやすい場合に向いている。

バリスタ's memo ペーパーフィルターには、色が真っ白な「漂白タイプ」と、茶色い「無漂白タイプ」がある。現在は、漂白タイプも安全性がきわめて高いので、無漂白タイプにこだわる必要はない。

ペーパーフィルターは購入時にまとめて折っておく

ペーパーフィルターは、ドリッパーにフィットする形になるよう、折りしろを折って使う。購入時にまとめて折って保存しておくと便利。円錐形《えんすいけい》のフィルターもあるが、ここでは台形フィルターの折り方を紹介する。

1 10 枚ほど重ね、手でならす

ドリッパーとのなじみをよくするため、手で軽くならしておく。10 枚程度をまとめてならす。

2 横の折りしろを折る

ペーパーを 1 枚ずつとり、サイドにある圧着部分（折りしろ）を、プレス部分に沿って折る。

3 ひっくり返して下の折りしろを折る

底の部分は、側面と互い違いになるようひっくり返して折る。

4 ペーパーをすべて重ねる

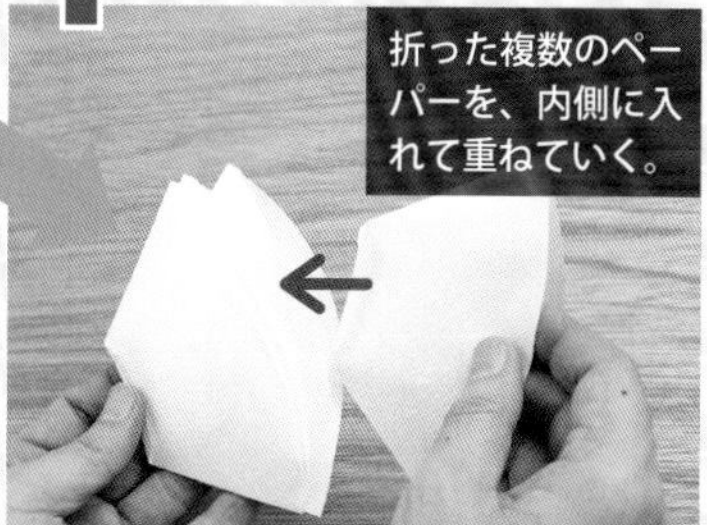

折った複数のペーパーを、内側に入れて重ねていく。

5 密閉容器で保存する

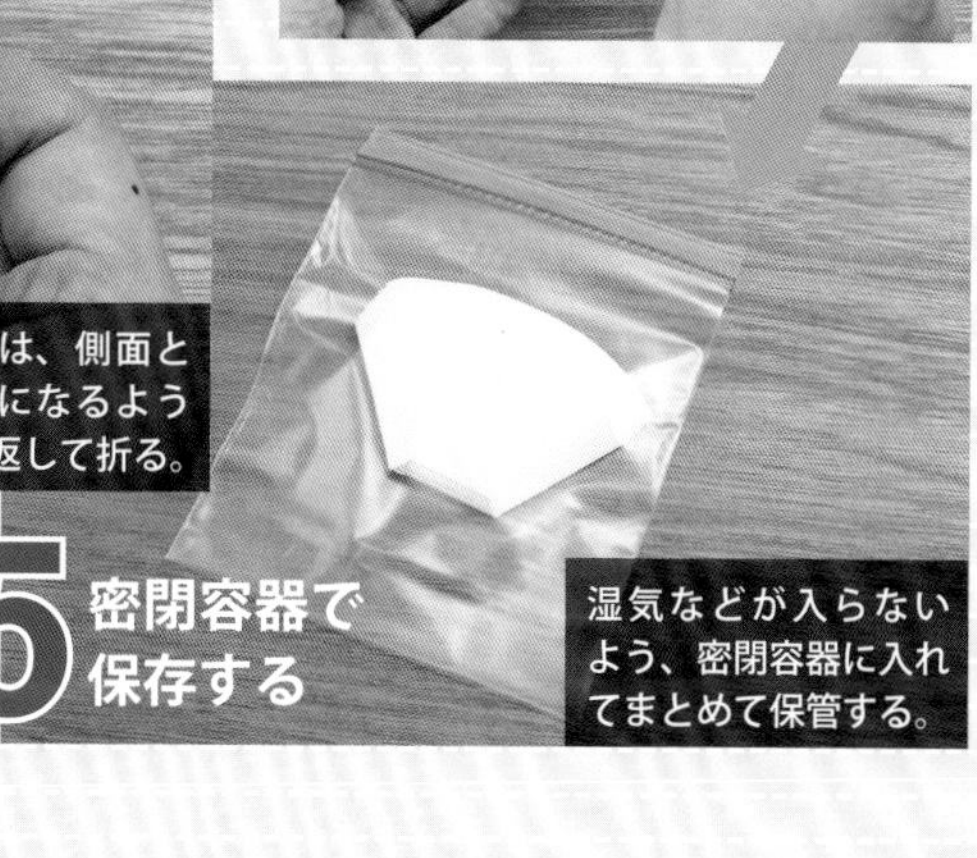

湿気などが入らないよう、密閉容器に入れてまとめて保管する。

基本の淹れ方

ハンドドリップの基本をマスターする

平らにした粉に「の」の字に湯を注ぐ

ペーパードリップは、豆のうまみと香りを十分に引き出す、基本の淹《い》れ方である。基本をしっかりマスターしておけば、バリエーションも簡単にできるようになる。

粉の量、抽出量の目安

杯数	粉の分量	抽出量
1杯	10g	150cc
2杯	18g	300cc
3杯	25g	450cc

コーヒー用計量スプーンは1杯＝10gが目安

1 フィルターと粉をセットする

ドリッパーにフィルターをセットして粉を入れる。陶器製ドリッパーを使う場合は、湯をサッとかけてからペーパーをのせると、抽出時に湯の温度が下がりにくい。

2 ドリッパーを振り、粉をならす

粉が不均等に入っていると、湯が平均的にいきわたりにくい。ドリッパーを1～2回水平に振って、粉を平らにしておく。

お役立ちmemo

古いコーヒーは多めに入れる

上表の粉の分量は、焙煎《ばいせん》後2週間以内の新鮮な豆の場合。古い豆を使うときは、少し多めにする。

湯を細く均一に注ぐといい「湯だまり」ができる

ペーパードリップでおいしく淹《い》れるポイントは、いかにうまく「蒸らす」かだ。フィルター内に少量の湯を注いでしばらく置き、粉からエキスを引き出す過程のことである。

湯がしみこんだ粉は大きく盛り上がり、フィルター内にハンバーグ状のふくらみを形成する。このふくらみがろ過《か》層となり、おいしさが凝縮されたエキスがサーバーに落ちていく。「の」の字を描くように湯を細く注ぐのも、厚いろ過層をつくり、成分を十分に抽出するためだ。

1～2人分を淹れる場合、下に落ちていく湯（湯柱《ゆばしら》）の太さは2～3㎜が目安。それより太いとコーヒー液が薄くなる。慣れるまでは、つねに一定の細さで注げるように練習しよう。

3 中心から湯を注ぎ始める

ポットの取っ手の上部をもち、粉面より3～4㎝ほどの高さから、粉面中央に湯を注ぎ始める。「湯を置く」「湯をのせる」感覚で、できるだけ細く湯を注ぐ。2～3㎜幅の湯柱《ゆばしら》が理想的。

ポットの持ち手の上部をもつ。湯が減ってきたら下部に持ちかえる
3～4㎝の高さから、湯を垂直に細く注ぐ
腕が疲れて湯量が不均一にならないよう、低めのテーブルに置く

次ページへ

湯柱をチェック

湯が途中からよれている

NG

注いでいる湯がよじれていると、よけいな空気が混じってしまう。よれていたら少し低めから入れると解消する。

4 「の」の字に注ぐ

ドリッパーの形状上、中心部は粉の量が多く、外側は少ない。そこで中心から外側に向かって、「の」の字を描くように湯を注ぐことで、粉にまんべんなく湯がいきわたる。

注ぐ位置をチェック

周辺部には注がない

粉の量が少ない周辺部に湯を注ぐと、うまみ成分が少ない、薄いコーヒー液になってしまう。粉のフチから1㎝の範囲内には湯を注がない。

時間をかけすぎると雑味、えぐ味が出る

コーヒーのうまみがもっともよく出るのは、1回目の注湯《ちゅうゆ》だ。2、3回目の注湯が終わるころには、成分のほとんどが出尽くしている。しかしこの状態でカップに注ぐと、量が少ないうえ、濃すぎて飲めない。そこで4回目以降の注湯で、濃度と量を調整する必要がある。

時間をかけすぎると抽出オーバーになり、えぐ味が出るため、3、4回目以降は湯柱《ゆばしら》を太くして、すみやかに注ぐ。

目標量に達したらすぐにドリッパーを外すのもポイントだ。ドリッパー内の粉がなめらかなすり鉢《ばち》状になっていたら、おいしく抽出できた証拠。抽出後の粉がデコボコしている場合は、注湯量が一定でなかったと考えられる。

バリスタ's memo 粉を入れる前にフィルターに湯をかけると、ペーパーがドリッパーと密着し、抽出時の空気の逃げ道がなくなる。味が落ちてしまうので、ペーパーはぬらさずに乾いたまま使おう。

6 粉の中央がへこむ

20 ～ 30 秒間蒸らすと、粉のふくらみが落ち着いてくる。サーバーには濃いコーヒー液が少量入っている状態。

5 粉がハンバーグ状にふくらむ

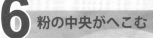

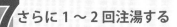

ふくらんだ粉が、厚いろ過《か》層になる

きめ細かな泡が立ち、粉の中央がハンバーグ状に盛り上がってきたら、注《ちゅう》湯《ゆ》をやめて蒸らしに入る。

7 さらに 1 ～ 2 回注湯する

粉面の中央が水平より低くへこんできたところで、再び「の」の字に湯を注ぐ。大きくふくらんだら注湯をやめ、中央がへこんだら注湯することを、１～２回繰り返す。

8 湯を太くして注ぐ

太さは 3 ～ 4㎜にアップ

以降は湯柱をやや太くして、「の」の字に湯を注ぐ。時間をかけすぎると雑味が出るので、スピーディに。

9 ドリッパーを外す

サーバーの目盛りをチェックし、目標量に達したら注湯をやめ、ドリッパーを外す。

淹《い》れた後はなめらかなすり鉢《ばち》状になる

3杯以上を淹れるときは湯をスピーディに注ぐ

ろ過層が厚くなり苦味が出やすい

3人分以上を淹《い》れるときは、粉の量も湯の量も多くなり、ろ過《か》層が厚くなりやすい。すると抽出時間も当然長くなる。抽出オーバーになり、苦味や渋味、えぐ味が強く出てしまう。

このことを考慮すると、杯数が少ないときよりも、粉の量をやや少なくするのが基本だ。1杯分では10g、2杯分では18gが目安だが、3杯以上淹れるときは1杯あたり7gずつ増やしていく。

また、なるべくスピーディに抽出するため、湯柱《ゆばしら》の太さをやや太くするといい。3回目までの注湯《ちゅうゆ》では3～4㎜、4回目以降の注湯では5～7㎜を目安とする。

穴の数が多いドリッパーを使うのも、ひとつの方法である。

3人分以上をおいしく淹れる工夫

工夫1
湯柱《ゆばしら》を3～4㎜にする
4～5人分以上なら、5～7㎜幅が目安
工夫2
2つ穴以上のドリッパーを使う
抽出スピードが上がり、雑味が出るのを防げる

淹《い》れる量が多いと、抽出時間が長くなって苦くなる。粉の量を減らし、さらに右のような工夫をすると、透明感のあるおいしいコーヒーができる。

うまい淹れ方 Q&A

Q「コーヒーメーカーでおいしく淹れることはできないの？」

A 最近のコーヒーメーカーは、ハンドドリップに近い味が出せます

何杯ものコーヒーをつくるときに便利なのが、コーヒーメーカーである。コーヒーメーカーは、誰でもいつでも安定した味のコーヒーを淹れられることが最大のメリットだ。最近では機能が格段によくなり、ハンドドリップと同等の味が出せるようになった。細かい調整がきかないというデメリットもあるが、下記のような工夫をすれば、自分好みの一杯に仕上げることができる。

蒸らし時間を長くする

蒸らしを長くする機能を使うと、コクのある一杯に。機能がついていなければ、最初の数滴が落ちたところでスイッチをいったん切り、20 ～ 30 秒間蒸らす。

新鮮な粉を使う

新鮮で上質な粉を使うことは、何より重要。ただし焙煎《ばいせん》したての粉はふくらみやすく、吹きこぼれることがあるので、少なめに入れる。

豆から挽く

ミルつきのタイプも増えているので、豆の段階から淹れるといい。ミルつきでなければ、ミルを使って自分で挽《ひ》き、好みの細かさにする。

味が変わってきたらクエン酸で器具を洗浄

500ccの水にクエン酸 20 g を溶かし、給水タンクに入れる。タンクが半分になったらスイッチを切り、30 分間放置。再度スイッチを入れてクエン酸液を出しきる。

カリタ・ウェーブ式の淹れ方

4〜5回の注湯で濃さを調節する

1回目の注湯

1 抽出液が出るまで湯を注ぐ

ドリッパーと接する周縁部には注がない
粉全体に湯が浸透し、抽出液が出始めたところで止める

中央から「の」の字を描くように、ゆっくりと細く注湯《ちゅうゆ》する。湯は粉面《こなめん》と垂直に注ぐ。サーバーに抽出液が落ち始めたくらいで、注湯を止める。

カリタ・ウェーブ式の特徴

3回に分けて湯を注ぎ、エキスをじっくり抽出

↓

4〜5回目の注湯で、濃さを調整する

初心者でも確実においしく淹れられる

カリタ式には、従来の台形型と新型の円形、2種のドリッパーがある。

円形ドリッパーは「ウェーブタイプ」といって、フィルターが波形になっていて、リブの役割を果たす。さらに底面が平らで、湯の注ぎ方にムラがあっても、粉にまんべんなくいきわたる構造だ。初心者でも、確実においしく淹《い》れられる。

いずれのタイプも、穴は3つある。抽出のスピードが比較的速く、雑味が出にくい。

濃さを調整しやすいのも、特徴のひとつ。あっさりめのコーヒーが好きな人は、4回の注湯で淹れ終える。濃いめのコーヒーが好きな人は、湯柱《ゆばしら》を細くして、5回に分けて注ぐといい。

バリスタ's memo 抽出したてのコーヒーに油が浮いている場合、粉が古くなっている可能性もある。飲んでみて風味が落ちているようなら、保存法を見直そう （→ P60〜）。

2 30 秒間蒸らす

ドーム状に盛り上がってきたら、注湯をやめてしばらく待ち、蒸らす

粉がへこんできたら、2 度目の注湯へ
Kalita

3 粉が十分にふくらむまで注ぐ

2 回目の注湯

粉面の中央がへこんできたタイミングで、再び「の」の字に湯を注ぐ。粉がふくらんだら注湯をやめ、しばらく待つ。

Kalita

表面がややふくらんだ状態をキープ
全体の 1/2 量を抽出し終える
Kalita

4 湯が落ちきる前に再び注湯

3 回目の注湯

粉のふくらみがへこんできたら、湯が完全に落ちきる前に、再び湯を注ぐ。

湯柱の太さは変えない
Kalita

5 濃さと量を調節する

4 回目の注湯

3 回目までと同様に、4 回目の湯を注ぐ。濃いめの味わいが好きな人は、湯柱を細くして 5 回に分けて注湯するとよい。目標量に達したら、すぐドリッパーを外す。

メリタ式の淹れ方

2回の注湯で「湯だまり」をつくる

細かく挽いた粉を使い湯温を高くする

メリタ式ドリッパーの特徴は、底部の穴が1つしかないことだ。フィルター内に湯がたまりやすく（湯だまり）、湯を太く注いでも、抽出時間が短くなりすぎない。

ただし薄くなりやすい傾向があるので、粉は中細挽《ちゅうほそび》き程度にし、湯温《ゆおん》を85～90℃と高めにすることで、濃度をしっかり出す。

メリタ式の特徴

1回目の注湯で濃い抽出液を出す

↓

2回目に一気に湯を注ぎ、ドリッパーに湯をためる

1回目の注湯

1 抽出液が出るまで湯を注ぐ

「の」の字を描くように、ゆっくりと湯を注ぎ、濃いエキス分を抽出する。カップに抽出液が落ちてきたら注湯《ちゅうゆ》をやめる。

2 20～30秒間蒸らす

粉に湯がいきわたり、粉がハンバーグ状に丸くふくらむ。

粉が
ハンバーグ上に
ふくらんでくる
濃いエキスが
カップの底を覆う

簡単な抽出法だからこそ豆の質にこだわる

メリタ式の利点は、何より簡便さにある。２回目の注湯《ちゅうゆ》と蒸らしが終わったら、あとは落ちきるのを待つだけでよい。

シンプルな淹《い》れ方だけに、豆の質がストレートに出る。できるだけ良質の豆を選びたい。また、浅煎《あさい》りの豆は目詰《めづ》まりしやすいため、中煎《ちゅうい》り〜深煎《ふかい》りの豆を使うといい。

2回目の注湯

3 湯柱を太くして注ぐ

粉面《こなめん》中央がへこんできたら、湯柱《ゆばしら》を1〜2㎜太くして、さらに湯を注ぐ。

ここまでで
1/2量を
淹れ終える

4 湯量を増やして一気に注ぐ

粉が丸くふくらんだら、注湯を止めず湯柱をさらに1〜2㎜太くして、残りの湯をスピーディに入れる。液がすべて落ちきるのを待って、ドリッパーを外す。

ドリッパーいっぱいに湯がたまり、
エキスがしっかり
抽出される
＝
湯だまり

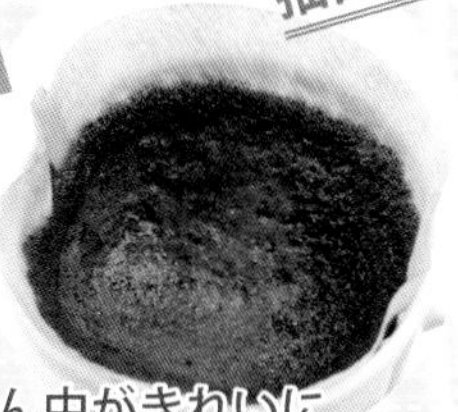
抽出後

真ん中がきれいにくぼんでいる

ほかのドリッパーに比べて湯だまりがしっかりできるので、抽出後の粉は、より深いすり鉢《ばち》状になる。

コーノ式の淹れ方

4分間かけて じっくり注ぐ

2 小さい「の」の字に湯を注ぐ

湯はできる
限り細く注ぐ
抽出液が底面を
覆うくらいになったら、
注湯範囲を広げる

サーバーに液が落ち、底を薄く覆うくらいになったら、小さな「の」の字を描くように湯を注ぐ。500円玉大くらいの広さが目安。

1回目の注湯

1 中心にポタポタと湯をたらす

最初の1滴が、
30秒後に
落ちてくるくらい
の速度で

コーヒー粉を平らにならしたら、中央をねらい、ポタポタと湯をたらす。

コーノ式の特徴

中央から注ぎ始め、範囲を徐々に広げていく

↓

蒸らし時間をとらず、断続的にゆっくり落とす

2回目の注湯

3 全体に「の」の字に注ぐ

粉の泡のふくらみを壊さないよう注意しながら、「の」の字を描く範囲を広げる。

4 湯柱を1～2㎜太くする

目標量の3分の2程度に達したら、湯柱《ゆばしら》を1～2㎜太くして湯を注ぐ。

5 目標の量に達したらドリッパーを外す

サーバーの目盛りをチェックして、目標の抽出量に達したらすぐにドリッパーを外す。

残った粉に含まれる雑味が出ないようにする

湯温は90℃前後。時間をかけてエキスを出す

コーノ式ドリッパーは円錐形《えんすいけい》のため、フィルター中央部の粉が非常に厚くなる。

そのため湯を注ぐときは、中央からじっくり落としていく。

最初はポタポタと時間をかけて落とし、粉を十分に蒸らす。濃いエキスが出てきたら、注ぐ範囲を徐々に広げるのがコツである。

湯を注ぐ手を止めず、約4分間かけてじっくり入れていく。湯温《ゆおん》は85～90℃を目安に高めにし、成分をしっかり出す。

リブが低く、リブより上のペーパーがドリッパーに密着するのも特徴だ。高温でじっくり入れても、粉表面のアクやえぐ味が混入しにくく、濃厚だがすっきりとした味わいに仕上がる。

ハリオ式の淹れ方

細い湯柱で、2～3回に分けて注ぐ

1 1回目の注湯

「の」の字に湯を注ぐ

中心から「の」の字を描くよう、全体に注いでいく。湯は2～3㎜幅を目安に、できるだけ細く絞る。

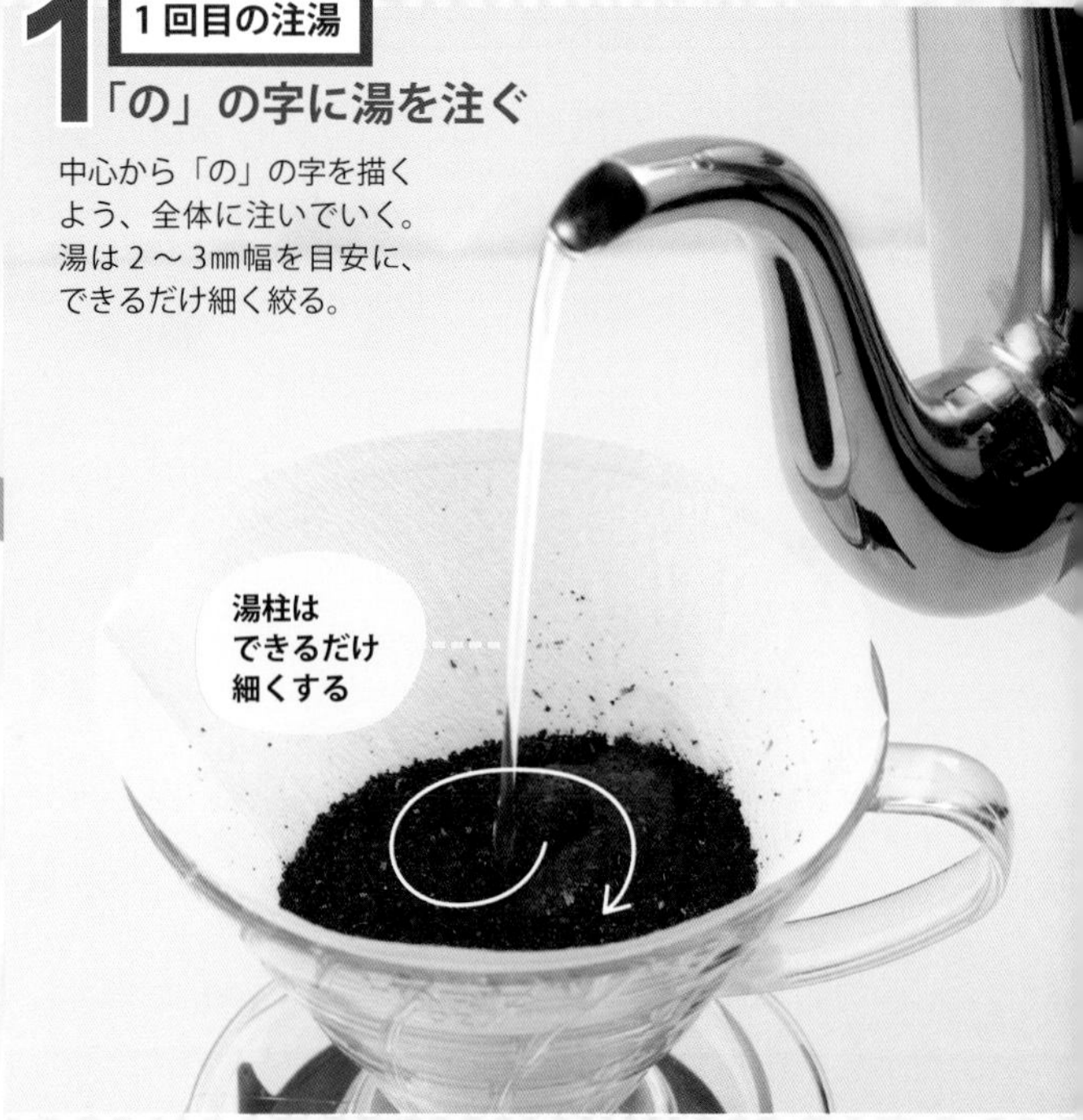

2 液が落ち始める前に、湯を止める

サーバーに抽出液が落ち始める直前に注《ちゅう》湯《ゆ》を止めて、蒸らしに入る。

リブがスパイラル状なので、ペーパーがぬれても密着しすぎず、空気の逃げ道が確保できる

II

おいしく蒸らせる

ハリオ式の特徴

1回目の注湯で、濃いエキスを出す

↓

湯柱をあまり太くせず、2～3回の注湯で淹れる

湯柱の太さを変えて好みの濃さに淹れられる

ハリオ式ドリッパーの特徴は、湯を注ぐ速さ、回数によって、味を調節しやすいことだ。

1回目の注湯《ちゅうゆ》では、「の」の字を描くように細く注ぐ。粉がふくらんできたら、30秒間蒸らして濃いエキスを出す。

2回目の注湯では、好みで湯柱《ゆばしら》の太さを変える。濃く淹《い》れたければ細く注ぎ、再び蒸らして3回目の注湯に入る。薄いのが好みなら、湯柱を太くして、2回目の注湯で淹れ終える。

ドリッパーの形は円錐形《えんすいけい》で、粉面《こなめん》に厚みが出るのが特徴である。さらに底面の穴からフィルターがはみ出す構造になっており、湯がポタポタと下に落ちる。そのため、1つ穴タイプだが薄くなりにくく、ネルドリップに近いなめらかな口当たりになる。

3 中央がくぼむまで30 秒間蒸らす

底面を
覆うぐらいに
落ちれば OK

サーバーに液が落ちて粉の中央がくぼむまで、30 秒間ほどそのまま置いて、よく蒸らす。

2 回目の注湯

4 細い湯柱のまま「の」の字に湯を注ぐ

「の」の字を描くように注ぐ。薄めが好みなら、湯柱《ゆばしら》を太くして、目標量に達するまで注ぎ続ける。

深いコク、苦味が
苦手な人は、この
段階で湯柱を 2㎜
ほど太くする

豆の味をしっかり
出したいときは、
もう一度蒸らし、
3 度目の注湯で
淹れ終える

5 3 回目の注湯で味を調整する

濃いめが好みなら、30 秒間の蒸らしをはさんで、細く注湯。通常は湯柱を1～2㎜太くして、目標量に達するまで注ぐ。

ネルドリップの淹れ方

粗挽きの粉をたっぷり使う

用途と好みに合わせてネルを選ぶ

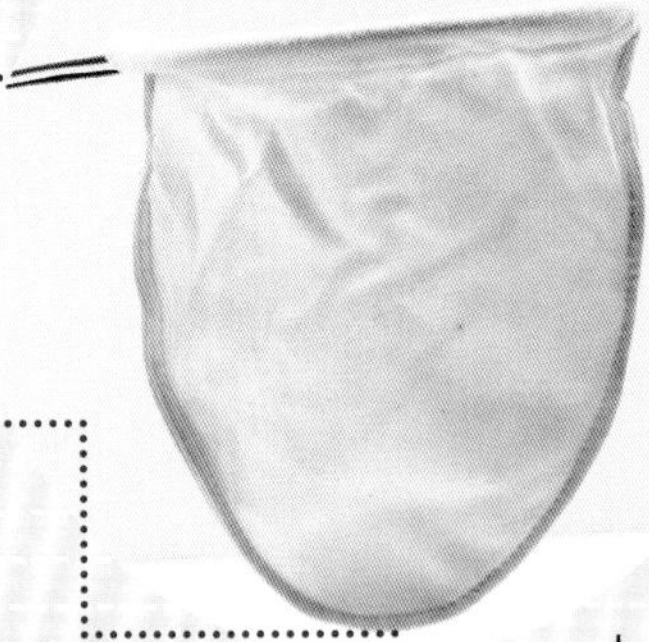

1～2人でゆったり味わう

小さいネル

1～2名用、3～4名用など、いくつかサイズがあるので、用途に合わせて選ぶ。形はV字形とU字形があり、U字形のほうが厚いろ過《か》層をつくれる。ネルシャツなどを裁断し、自分でつくってもおもしろい。

手でもったまま入れても、やぐらにのせてもOK

底がU字形だとゆっくり落とせて味が薄くなりにくい

ホームパーティにも便利

大きいネル

多くの杯数をつくりたいときは、サイズが大きなV字形を選ぶと、濃くなりすぎない。やぐらとよばれる三脚を使用したり、専用のドリッパーをセットして淹《い》れると便利。

やぐらにのせて淹れると、手が疲れない

布を通すと雑味のない味に仕上がる

起《き》毛《もう》した布（ネル）を使ったネルドリップは、ペーパードリップの原型である。ペーパーよりも味に厚みが出るといわれ、コーヒー愛好家には根強い人気がある。

ネルはペーパーに比べて繊維が粗《あら》く、ペーパーでは透《とう》過《か》しない油脂分なども一緒に抽出される。そのため味にコクが出て、シルキーな触感に仕上がる。

ろ過《か》速度が速いぶん、粗《あら》挽《び》きにした粉をたっぷり使うことが多い。さらに湯をポタポタとゆっくりたらすと、濃度を維持しながらも、雑味なくおいしく淹《い》れられる。

3～4枚はぎのネルもある

上の2枚はぎタイプのほかに、3枚はぎ、4枚はぎのネルもある。面の数が多いほど、粉がふくらみやすいという説もあるが、専門家によって考え方が異なる。

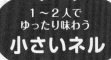

準備

新品のネルは煮沸して使う

新品のネルには、漂白剤、蛍《けい》光《こう》塗《と》料《りょう》、のりなどが付着している。はじめて使うときは、熱湯で煮沸《しゃふつ》しておく。

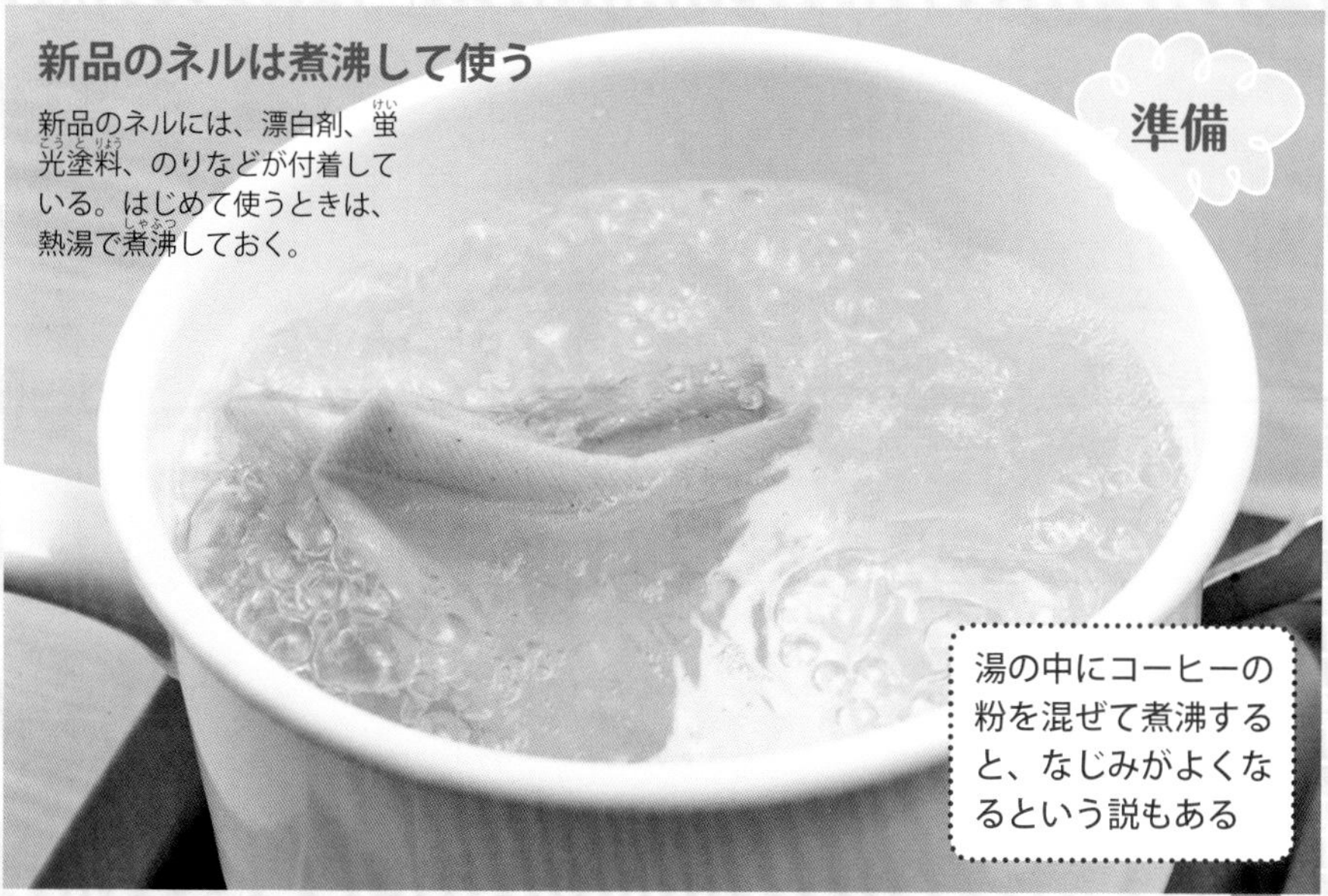

湯の中にコーヒーの粉を混ぜて煮沸すると、なじみがよくなるという説もある

1 中央にくぼみをつくる

ネルドリッパーに粉を入れ、スプーンで中央を少しへこませる。くぼみをつくらずに淹れる方法もある。

毛羽立った側とツルツルの側、どちらを表にするかは好みで決める

粉の量、抽出量の目安

杯数	粉の分量	抽出量
1 杯	25g	150cc
2 杯	40g	300cc
3 杯	65g	450cc

1 回目の注湯

2 真ん中から湯を落とし始める

80℃にわかした湯を、中央のくぼみに細くゆっくりとたらす。点滴のように 1 滴ずつ落とす感覚で。

ペーパードリップに比べ、抽出液が落ち始めるまでに時間がかかる

次ページへ

3 全体に「の」の字に湯をたらす

中央の粉が少しふくらんできたら、「の」の字を描くように、細く絞った湯を注ぐ。

4 20〜30秒間蒸らす

粉面がハンバーグ状に盛り上がってきたら、注湯《ちゅうゆ》を止めてそのまま少し蒸らし、十分に成分を抽出させる。

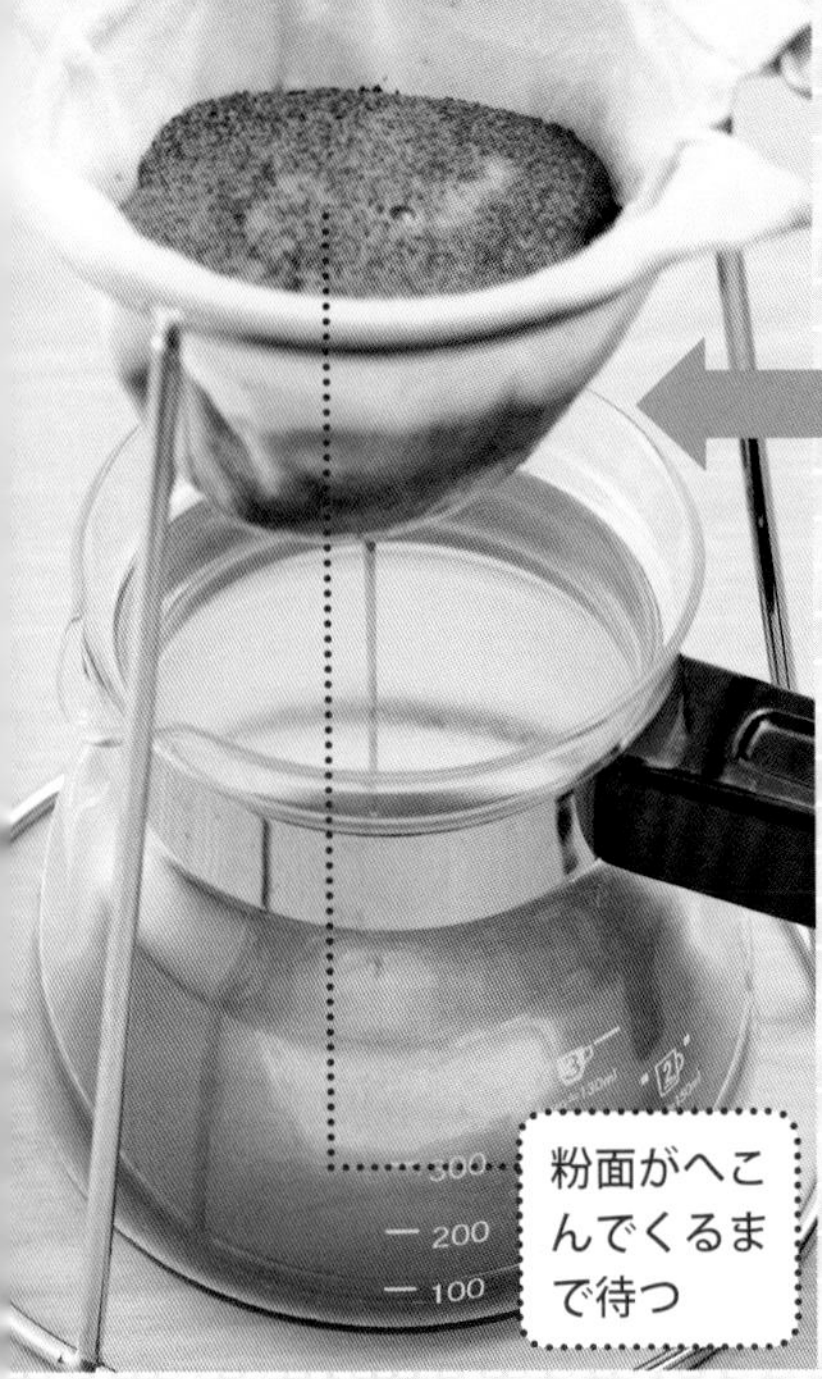
粉面がへこんでくるまで待つ

ネルを8の字に動かしながら淹《い》れ、すべての粉に均一に湯をいきわたらせる方法もある

Column

ネルで淹れるとどの豆も味が似るのはなぜ？

なめらかな舌ざわりのネルドリップには、ファンが多く、専門店も数多くある。

ただしネルで淹《い》れたコーヒーは、どれもツルッとした舌ざわりになり、味が似通ってしまいやすいという面もある。豆ごとの個性を比較してコーヒーを楽しみたいなら、ペーパーのほうが適しているともいえる。

使用後の手入れがうまいネルコーヒーの決め手

ネルドリッパーは、購入後に一度煮沸《しゃふつ》して、漂白剤やのりなどの付着物質を取り除く必要がある。

使用後はていねいに水洗いし、水に浸《ひた》して保管する。乾燥させると、ネルにしみこんだ油脂分が酸化して、悪臭を放つよ

2回目の注湯

5 湯の太さを変えず「の」の字に注ぐ

粉の中央がへこんできたらすぐ、2回目の注湯を始める。湯柱《ゆばしら》は極力細くしたまま、ゆっくり「の」の字を描いて注ぐ。

3回目の注湯

6 湯柱を1～2㎜太くする

湯柱を太くしてややスピーディに注ぎ、目標量に達したらやめる。

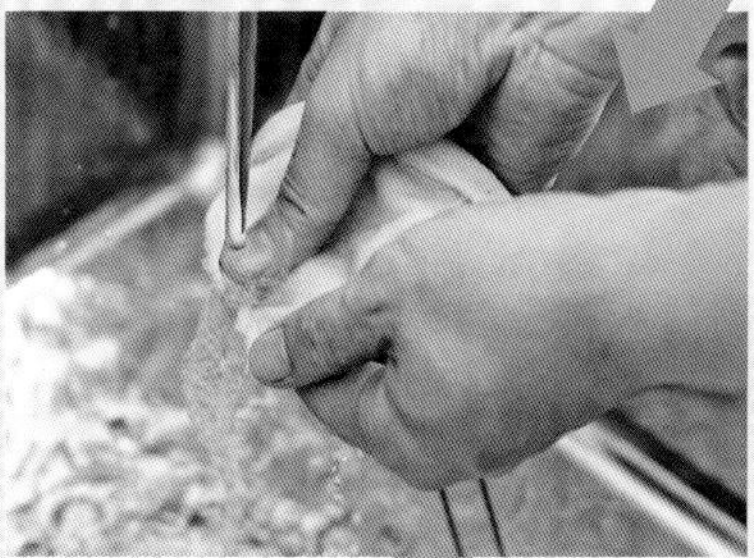

After

ていねいに水洗いし、目詰まりを防ぐ

コーヒー粉が詰まり、次回使用するときに目詰《めづ》まりしないよう、流水でていねいに洗う。

水をはった容器に入れ、冷蔵庫で保管する

乾燥させるとネルにしみこんだコーヒーの油脂分が酸化し、におうようになる。全体を水に浸《ひた》して保管し、使用するときは少し水気を搾る。

うになる。

手入れを怠らないことが、ネル独特のまろやかな味わいを生み出すポイントである。

また、あまりに長く使い込むと繊維が変性し、味が劣化《れっか》する。20～30回ほど使ったら新品に買い替えたほうがよい。

飲みやすいカップを選び淹れる直前に温める

飲みやすく、豆の違いがわかるカップを選ぶ

極上のコーヒーを淹《い》れたら、その味を堪能できるカップに移そう。形は下図のようなものがおすすめ。毎日使うものなので、飲みやすく使い勝手のよいものを選ぶ。

1 厚さ

フチが厚いと、口に当てたときにコーヒーのしずくがたれやすい。フチが薄いカップのほうが、舌ざわりもはっきり感じ取れる。

2 角度

フチが垂直なマグカップ類だと、カップをかなり傾けて飲まなくてはならない。外側に向かって角度がついているものがよい。

3 持ち手の形、大きさ

持ち手に指を通すタイプなら、指がしっかり入って手になじむものを選ぶ。持ち手が小さなタイプなら、つまんで軽く持てるものがよい。

4 内側の色

豆の銘柄、焙煎《ばいせん》度《ど》ごとの色の違いがわかるよう、内側は白色がベスト。コーヒーの色が美しく見えるという利点もある。

色がついていると濃さや焙煎度がわかりにくい

カップには残り湯をはっておく

わかした湯の残りをカップにはっておくと、コーヒーが冷めず、おいしく飲める。より厳密に考えるなら、ドリッパーやサーバーと一緒に湯せんしておいてもよい。

コーヒーと同じ温度の湯を入れる

浅煎りには浅いカップ、深煎りには深いカップがおすすめ

せっかくコーヒーの味にこだわるなら、カップにもこだわってみたい。個人の好みもあるが、コーヒーに合うのは、右ページのようなカップである。

味のイメージに合ったカップを選ぶのも楽しい。たとえば、浅《あさ》煎《い》りのまろやかなコーヒーには、シンプルで明るい色合いで、口が開いた開放感のあるカップがよく似合う。深《ふか》煎《い》りタイプのコクのあるコーヒーなら、底が深くて口が狭く、重量感のあるタイプが合う。

イメージだけでなく、機能的な意味をもつ場合もある。エスプレッソの厚みのある小さなカップは、冷めにくさを重視している。カフェ・オ・レ用の大きなボウル型カップは、パンを浸《ひた》して食べるフランスの風習からきている。

Column

カップの正しいセットの仕方は？

アメリカ式

英米で異なる。テーブルマナーは右利きが基本のため、持ち手を右に置くが、砂糖などを入れてかきまわすことを考えると、左でもかまわない。スプーンは手前に置き、使用したらカップの向こう側に置く。

イギリス式

ストレートコーヒーには クセのない砂糖が合う

ブラックにこだわるのは日本人だけ

「通はブラック」と思っている人も多いが、そのようなことはない。プロが味をテストするときにブラックで飲むことから、このような説が生まれたと考えられるが、一般の人がブラックで飲むのは、世界的に見ても日本だけといっていい。

淹《い》れたての味と香りを楽しむにはブラックもいいが、その後は、砂糖などで自分の好みの味をつくり上げるといいだろう。

使用する砂糖は、グラニュー糖が適している。雑味が少ないため、コーヒーの風味を損なわない。グラニュー糖を固めた角砂糖、砂糖にカラメルをからませたコーヒーシュガーなどもよく合う。

反対に、黒糖《こくとう》や三温糖《さんおんとう》などは雑味が多く、クセがあるため、個性豊かな風味のアレンジドリンク類に適している。

少量の塩で甘味を引き立てる方法もある

世界の人々は、砂糖やミルクだけでなく、スパイスやリキュールなど、さまざまなものを入れて、自分なりの味を楽しんでいる。文豪バルザックは、粗塩《あらじお》を少し入れて飲んだといわれている。

塩を加えることで、コーヒーが元来持っているわずかな甘味を、うまく引き出せるのである。

Let's Try!

アイスコーヒー用のシュガーシロップをつくる

アイスコーヒーをよく飲む人は、自家製のシュガーシロップをつくり置きしておくと便利。Part2 のアレンジドリンクをつくるときにも役立つ。冷蔵庫で保存すれば、3 週間くらいはもつ。

水 320cc、グラニュー糖 500 g をミキサーでかくはん

透明になったら容器に入れ、冷蔵保存

砂糖ごとの特性を知って、コーヒーに合わせる

砂糖には、糖以外の物質も含んだものや、精製して糖の純度を高めたものなど、さまざまなタイプがある。豆の風味や好みに合わせて使い分ける。

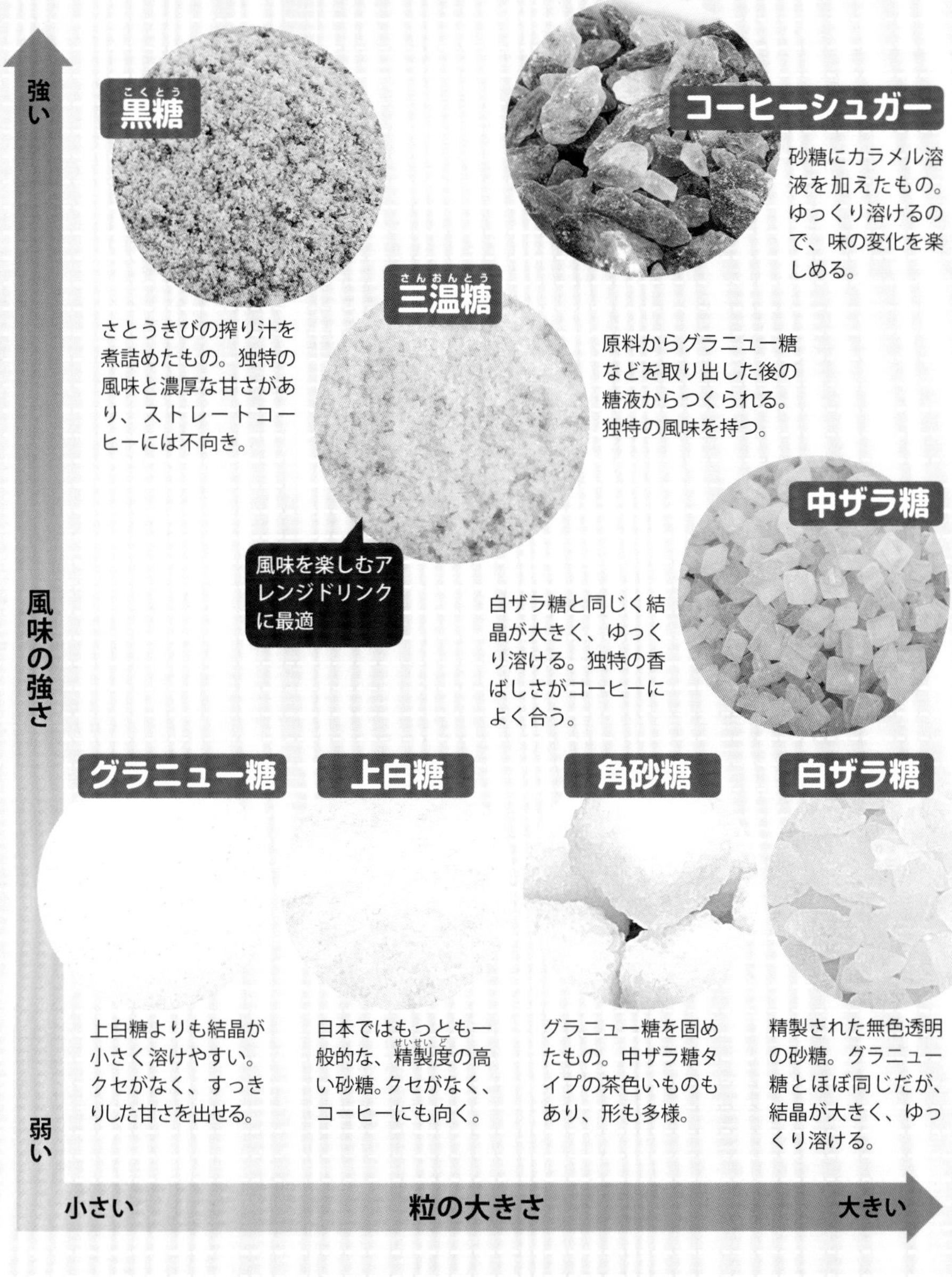
強い
風味の強さ
弱い
黒糖《こくとう》
さとうきびの搾り汁を煮詰めたもの。独特の風味と濃厚な甘さがあり、ストレートコーヒーには不向き。
コーヒーシュガー
砂糖にカラメル溶液を加えたもの。ゆっくり溶けるので、味の変化を楽しめる。
三温糖《さんおんとう》
原料からグラニュー糖などを取り出した後の糖液からつくられる。独特の風味を持つ。
風味を楽しむアレンジドリンクに最適
中ザラ糖
白ザラ糖と同じく結晶が大きく、ゆっくり溶ける。独特の香ばしさがコーヒーによく合う。
グラニュー糖
上白糖よりも結晶が小さく溶けやすい。クセがなく、すっきりした甘さを出せる。
上白糖
日本ではもっとも一般的な、精製《せいせい》度《ど》の高い砂糖。クセがなく、コーヒーにも向く。
角砂糖
グラニュー糖を固めたもの。中ザラ糖タイプの茶色いものもあり、形も多様。
白ザラ糖
精製された無色透明の砂糖。グラニュー糖とほぼ同じだが、結晶が大きく、ゆっくり溶ける。
小さい
粒の大きさ
大きい

上級テクニック　黒糖などのクセの強い砂糖は、カフェラテなどのアレンジドリンクの風味づけにおすすめ。リキュールやスパイスと一緒に加えると、強い風味と甘さが引き立つ。

クリーム、ミルクの種類と相性

動物性クリームを加えてコクを出す

コーヒーに使われるクリームの種類

動物の乳脂肪を原材料につくられる動物性と、植物性脂肪からつくられるものに大別される。濃厚な動物性クリームを、苦味の強いコーヒーに合わせるとおいしい。

動物性クリーム
（生クリーム）

使う数分前に、ピッチャーに入れて常温に戻す

脂肪分30～40%が最適

さまざまな乳脂肪分のものが市販されている。一般には30～40%程度が合うとされる。好みに合ったものを選ぶといい。

植物性クリーム

コーヒー用として市販されているポーションタイプの多くは、植物性。クリームらしい濃厚なうまみは少ない。

粉末クリーム
（動物性／植物性）

常温で保管できて便利だが、クリームらしい舌ざわり、濃厚なうまみは感じられない。

クリームを入れるなら中～深煎りが最適

砂糖と同様、クリームにも、苦味をやわらげる効果がある。深《ふか》煎《い》りなどのコクのあるコーヒーには、特によく合う。

クリームには、動物性脂質からつくられるものと、植物性脂質からつくられるものがある。コーヒーには、濃厚な動物性のクリームが適している。乳脂肪分30～40％のものが理想的だ。乳脂肪分の脂っぽさが気になるなら、果物などのリキュールを数滴たらすと、さわやかな風味になる。

もともと苦味に対応するものなので、浅《あさ》煎《い》りのコーヒーや、アメリカンコーヒーのような薄いコーヒーには、わざわざ入れる必要はないかもしれない。使う場合は、植物性の軽いクリームを選ぶとバランスがとれる。

バリスタ's memo ミルクには、のどの粘膜を守る作用がある。長時間のおしゃべり、打ち合わせのときなどは、コーヒーにミルクを入れるとのどが痛くなりにくい。

濃いコーヒーには濃いミルクが合う

コーヒーとミルクの相性

成分無調整乳、低脂肪乳など、最近は牛乳のバリエーションも多様。コーヒーの濃度に合わせて使い分けるといい。

牛乳の代わりに豆乳を加えた「ソイラテ」も人気。スチーマーで泡立てて加える方法もある（→ P91）。

濃厚な牛乳もよく合うが、あっさり仕上げたいなら、乳脂肪分 1.5％以下の低脂肪乳もおすすめ。

泡立ててエスプレッソに加えるなら、脂肪分、殺菌温度の高いものを選ぶ。泡立ちやすく、泡が消えにくい。

たっぷり入れるときは小鍋で温めておく

エスプレッソに泡立てたミルクを加えてカプチーノにしたり（→P90）、豆乳を加えたり。シアトル系カフェの普及とともに、さまざまなバリエーションでミルクを楽しむ人が増えた。

ドリップコーヒーの場合は、液体がさらっとしているので、牛乳をそのまま加えたほうが触感の相性がよい。冷蔵庫から出した直後だと、コーヒーの温度が下がってしまうので、あらかじめ冷蔵庫から出して常温に戻しておく。コーヒーとは別の器に入れて出すと、途中からミルクを入れて、味の変化を楽しむことができる。

カフェ・オ・レなどでたっぷり入れる場合は、ミルクも温めておくといい。小鍋に入れ、コーヒーと同じ温度まで加熱する。

豆、粉の保存法

豆は冷暗所で保存。挽いて1週間以内に飲みきる

豆のまま保存する場合

焙煎

1日

◎ 二酸化炭素が抜けてベストの飲みごろ！

3日

○ 香りや風味がしっかり残っている

1週間

2週間

△ 冷凍保存ならOK。常温に戻してから淹れる

1か月

× 酸化して味が変わってしまい、香りもしない

▼キャニスター

常温保存 or 冷蔵保存

ペットボトルもおすすめ

キャニスター（パッキンつきのガラス製密閉容器）に入れて保存する。ペットボトルもおすすめ。豆から出る炭酸ガスと香りも、中に閉じ込めることができる。

冷凍保存

1回分ずつ小分けにし、パッキングする

一度に使うぶんずつ密閉袋に小分けし、さらに密閉袋に入れて冷凍。1か月程度は保存可能。使うときは自然解凍し、常温に戻しておく。

劣化を防ぐため豆の状態で保存する

焙煎《ばいせん》したコーヒー豆は、時間の経過とともに劣化《れっか》していく。

劣化を防ぐには、豆の状態で保存しておくことが大前提だ。空気にふれないよう、密閉容器に入れて、冷暗所に保存する。

自家焙煎の店で購入した豆は、袋に小さな穴があいている。豆から放出されている二酸化炭素を逃がすための穴である。この場合は、袋ごと密閉袋に入れて保存する。自分で焙煎する場合は、ビニール袋にピンをさし、小さな穴を10～20か所ほどあけて保存する。

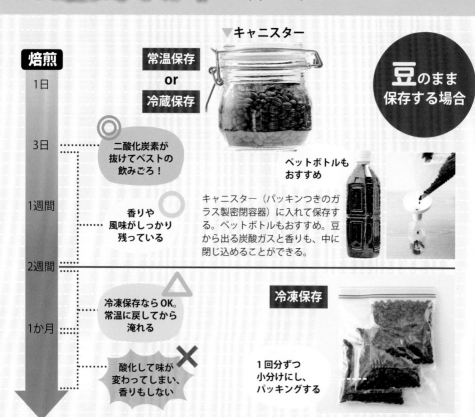

常温保存 or **冷蔵保存**

粉で保存する場合

多く挽きすぎてしまったら……

キャニスターに入れて保存する

隙間にビニールを入れる人もいるが、そこまでしなくてもOK

キャニスターで常温保存。コーヒーの粉はほかの食品のにおいを吸収しやすいので、キャニスターはコーヒー専用にしておく。

1週間以内に飲みきる

密閉タイプのビニールバッグを使う
ガス抜き用の穴があいた、購入時の袋をそのまま使う

空気にふれにくいよう、二重にした密閉袋に入れて保存。市販の粉を購入したときは、その袋のまま密閉袋に入れる。

2週間以上たったら90℃の高温で淹れる

豆を挽《ひ》いて粉にすると、表面積が格段に大きくなるため、より酸化しやすくなる。

飲むぶんだけを挽くのが基本だが、挽きすぎてしまったら、なるべく酸化しないように保存する。酸素にふれないよう、ガラス製ボトルなどに入れておこう。

市販のコーヒー粉の場合は、そのまま密閉袋に入れて保存する。

いずれにしても、粉に挽いたら、2週間程度で飲みきる。

それ以上たってしまったときは、抽出時に90℃ほどの高い温度の湯を使う。香り成分などが少なくなっているぶん、高温の湯で成分を引き出す方法だ。新鮮なコーヒーには到底かなわないが、味も香りもずいぶんよくなる。

コーヒーの鮮度の見極め方

新鮮な豆で淹《い》れると、粉がきめ細かく泡立ち、粉面《こなめん》全体が大きくふくらむ。あまりふくらまない場合は、鮮度が落ちていると考えたほうがいい。ただしふくらみが悪くても、焙煎《ばいせん》後2～3か月以内なら、ある程度はおいしく飲める。

古いコーヒー

粉がふくらまない

新鮮なコーヒー

泡が立ち、よくふくらむ

道具のメンテナンス

道具のこまめな手入れで味の変化を防ぐ

茶色い色素や微粉は味を劣化させる

ミルやドリッパーなどを使うと、コーヒーの細かい微粉《びふん》が器具に付着してしまう。そのまま放置していると微粉が酸化し、新鮮な粉に混ざって、いやな香りや雑味、えぐ味のもとになる。

またコーヒーの茶色い色素、いわゆる茶渋もつきやすい。見た目によくないだけでなく、味にも悪影響を与える。また、湯を入れるポットも、使い続けるうちに水道水のカルキが付着していく。

道具のメンテナンスは、こまめにおこないたい。電動ミルなど、分解がむずかしく、自分ではなかなか手入れできない場合は、購入した店でメンテナンスしてもらってもいい。そのときに見学させてもらい、やり方を覚えておくとよいだろう。

サーバー

中性洗剤で洗う

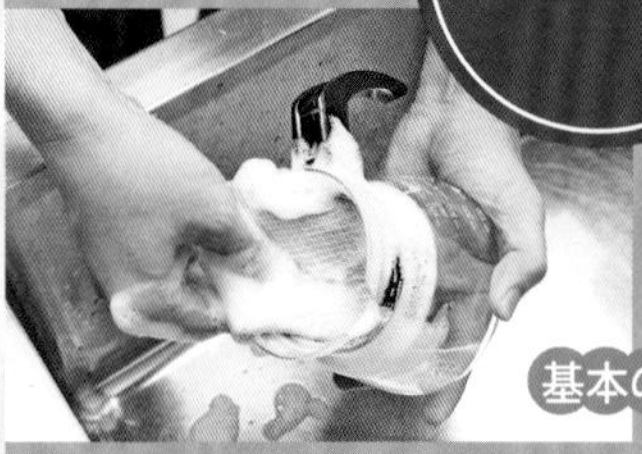

基本のケア

その日のうちに中性洗剤で洗う。底の部分に茶渋がたまりやすいので、手を入れてていねいに洗う。

スペシャルケア

取っ手を外して洗う

月に1、2回おこなうケア。ドライバーで取っ手を外し、ステンレス部分を洗う。

ドリッパー

基本のケア

中性洗剤で洗う

豆の油脂分が付着しているので、使ったあとは中性洗剤でていねいに洗う。特にリブの部分はていねいに。

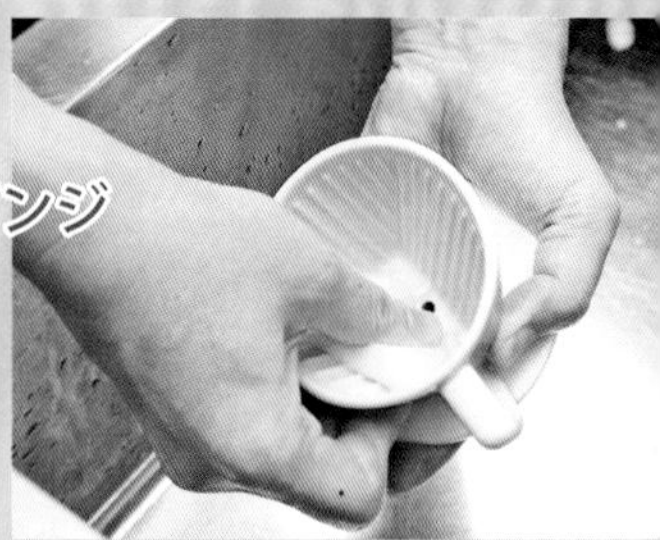

スペシャルケア

メラミンスポンジで洗う

リブに茶色い汚れが残っていたら、メラミンスポンジで落とす。

ミル

手まわしミル

基本のケア

微粉を落とす

使用後はブラシで微粉《びふん》を取り除く。少量の微粉なら、逆さにしてトントンたたいて落としてもいい。

スペシャルケア

ぬらした布で拭く

ミルの外側についた微粉や汚れを、ぬらした布できれいに拭き取る。

大型電動ミル

スペシャルケア

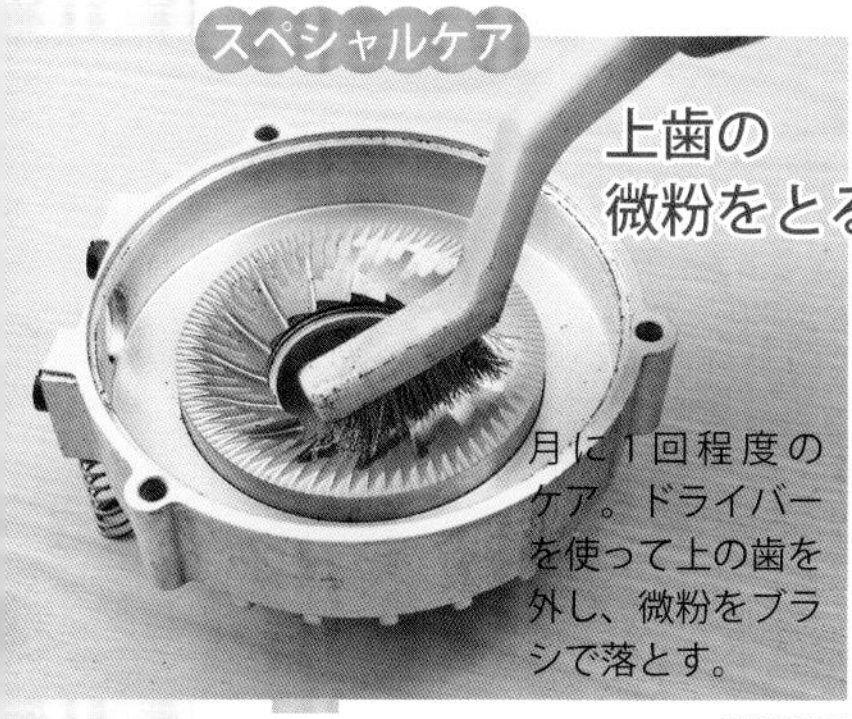

上歯の微粉をとる

月に1回程度のケア。ドライバーを使って上の歯を外し、微粉をブラシで落とす。

下の歯に付着した微粉も落とす。たまると落としにくくなるので注意する。

下歯の微粉をとる

小型電動ミル

スペシャルケア

フタを開け、歯のまわりの微粉をきれいに取り除く。

ドリップポット

基本のケア

中性洗剤で洗う

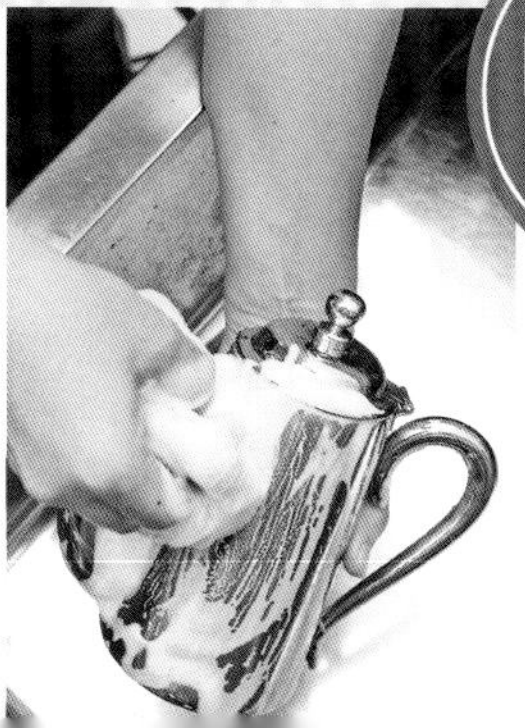

スポンジと中性洗剤を使って、中までていねいに洗う。

スペシャルケア

紙やすりでカルキを落とす

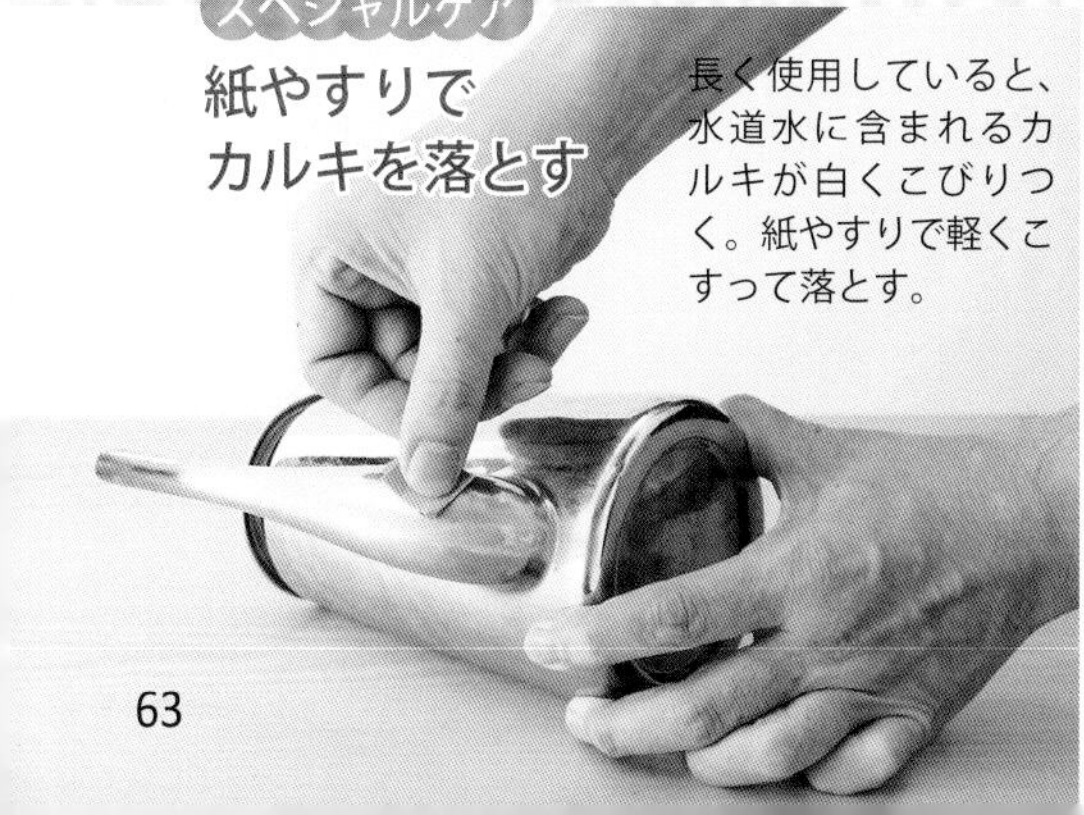

長く使用していると、水道水に含まれるカルキが白くこびりつく。紙やすりで軽くこすって落とす。

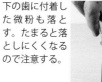

エスプレッソを淹れる

エスプレッソに適した豆を選ぶ

ケニアの豆

コロンビアの豆

豆の種類

コロンビアやケニアなど、大粒で肉厚の豆を選ぶと、エスプレッソらしいコクや深みが感じられる。店ではブレンドして使うのが一般的。

焙煎度

焙煎《ばいせん》度《ど》がもっとも深いイタリアンローストが最適とされてきたが、最近はその限りではない。中《ちゅう》煎《い》り、中深《ちゅうふか》煎《い》り程度でもおいしく飲める。

挽き方

エスプレッソマシンを使うときは、高圧をかけるため極細《ごくほそ》挽《び》きを用いるのが一般的。マキネッタを使う場合は、中細《ちゅうほそ》挽《び》き～細《ほそ》挽《び》きでもよい。

深煎りの豆を細挽きにして使う

イタリア発祥のエスプレッソは、粉に強い圧力をかけることで、水溶成分を短時間で抽出する淹《い》れ方である。

うまみ成分が濃く出るうえ、豆に含まれる脂質が乳化され、焦がしたカラメルのような香りと、舌にからみつくような独特の味わいが生まれる。

短時間で抽出するため、深《ふか》煎《い》り豆を非常に細かく挽《ひ》いて使い、成分をしっかり出すのが基本だ。炭化《たんか》した深煎り豆は砕けやすく、細かく挽きやすいという利点もある。

しかしスペシャルティコーヒー（→P112）の普及とともに、豆選びも様変わりしている。深

1杯30ccが基本。エスプレッソ用の小さなカップ（デミタスカップ）に入れる。はちみつのようなとろりとした質感で、クリーミーな泡が表面を覆うのが理想的。

表面の泡（クレマ）が、香りをカップに閉じ込める役割を果たす

濃厚なコーヒーなので、1杯30ccの少量で淹れる

道具を揃える

エスプレッソマシン

操作パネル
抽出や予熱のスイッチ

フィルターホルダー
コーヒーの粉を詰める場所

スチームノズル
アレンジドリンク用のミルクを泡立てる

給水タンク
水を注ぐ場所

現在はコンパクトかつ高性能の家庭用マシンが普及している。写真の「bonmac《ボンマック》エスプレッソメーカー」は、9 気圧の高圧で抽出可能。ただし味の微調整はできないので、できるだけ質の高い豆を選びたい。

マキネッタ（モカ）

ポット
エスプレッソが抽出されるところ

バスケット
粉を詰める場所

フラスコ
湯を入れる場所

直火にかけて使う抽出器具。下部のフラスコに入れた水が沸騰すると、粉を詰めたフィルターを通り、上部のポットに抽出されるしくみ。イタリア式パーコレーターとよぶこともある。家庭で使うには扱いやすく便利。

煎りにこだわらず、豆の個性を引き出す焙《ばい》煎《せん》度《ど》で淹れる店が増えた。粉の細かさもさまざまだ。家庭で淹れる際も、好みの焙煎度で、それぞれの豆の味わいを楽しんでみよう。

圧の高いマシンほどおいしく淹れられる

エスプレッソを淹れるには、専用の器具が必要である。

イタリアの家庭では、簡易エスプレッソ器具「マキネッタ」がよく用いられている。「モカ」の愛称でもおなじみだ。厳密にはパーコレーターに近い原理で淹れるが、エスプレッソ風の味わいは十分楽しむことができる。

もっと本格的に味わいたい場合は、エスプレッソマシンを使う。高い圧力をかけられるものを選ぶと、よりおいしく淹れられる。

バリスタ's memo　パーコレーターとは、アウトドアなどで使われるコーヒーの抽出器具。水と粉を入れて火にかけるだけで、コーヒーが煮出される。

エスプレッソマシンで淹れる

おいしく淹《い》れるコツは、時間を測りながら淹れること。1杯の抽出時間が20秒間だと、豆のうまさをちょうどよく引き出せる。苦味が強いと感じたら、粉を少し減らすか、粉の細かさを粗《あら》くする。

1 水を入れ、予熱を始める

給水タンクに水をセットし、電源を入れる。水は抽出量に合わせず、多めに入れておく。

2 粉をセットする

フィルターホルダーにコーヒー粉を入れる。2人分で15gが目安。

1人分8g、2人分15g が目安

3 粉を平らにプレスする

スプーンに付属したプレッサー、または専用の器具「タンパー」で強く押し、粉を詰める（タンピング）。

粉の均一な圧縮が、うまみの決め手となる

別売のタンパーもおすすめ

4 ホルダーをセットする

フィルターホルダーを本体に装着する。

5 抽出スイッチを入れる

抽出スイッチをオンにする。

6 30cc抽出する

抽出液が玉状にとろりと落ちてきたら、おいしく入っている証拠。20秒間たったらスイッチを切る。

取材・撮影協力／
ラッキーコーヒーマシン株式会社

マキネッタで淹れる

家庭で淹れる、エスプレッソの簡易バージョン。濃く淹れたければ粉を細挽《ほそび》きにし、あっさりめが好きなら中細挽《ちゅうほそび》きの粉を使う。粉を入れるときは、エスプレッソマシンの場合と異なり、ギュッと押し込む必要はない。

1 ポットを取り外す

器具の上下を両手でまわし、ポットを取り外す。フラスコには熱湯を入れておく。

2 バスケットに粉を詰める

バスケットに粉を入れ、メジャースプーンで軽く押さえて平らにする。

3 ポットをつなげる

フラスコ、バスケットの上にポットを置く。

4 強火にかけて沸騰させる

コンロにマキネッタをのせ、強火で一気に沸騰させる。コンロの大きさに合わないときは、金網を間にしく。

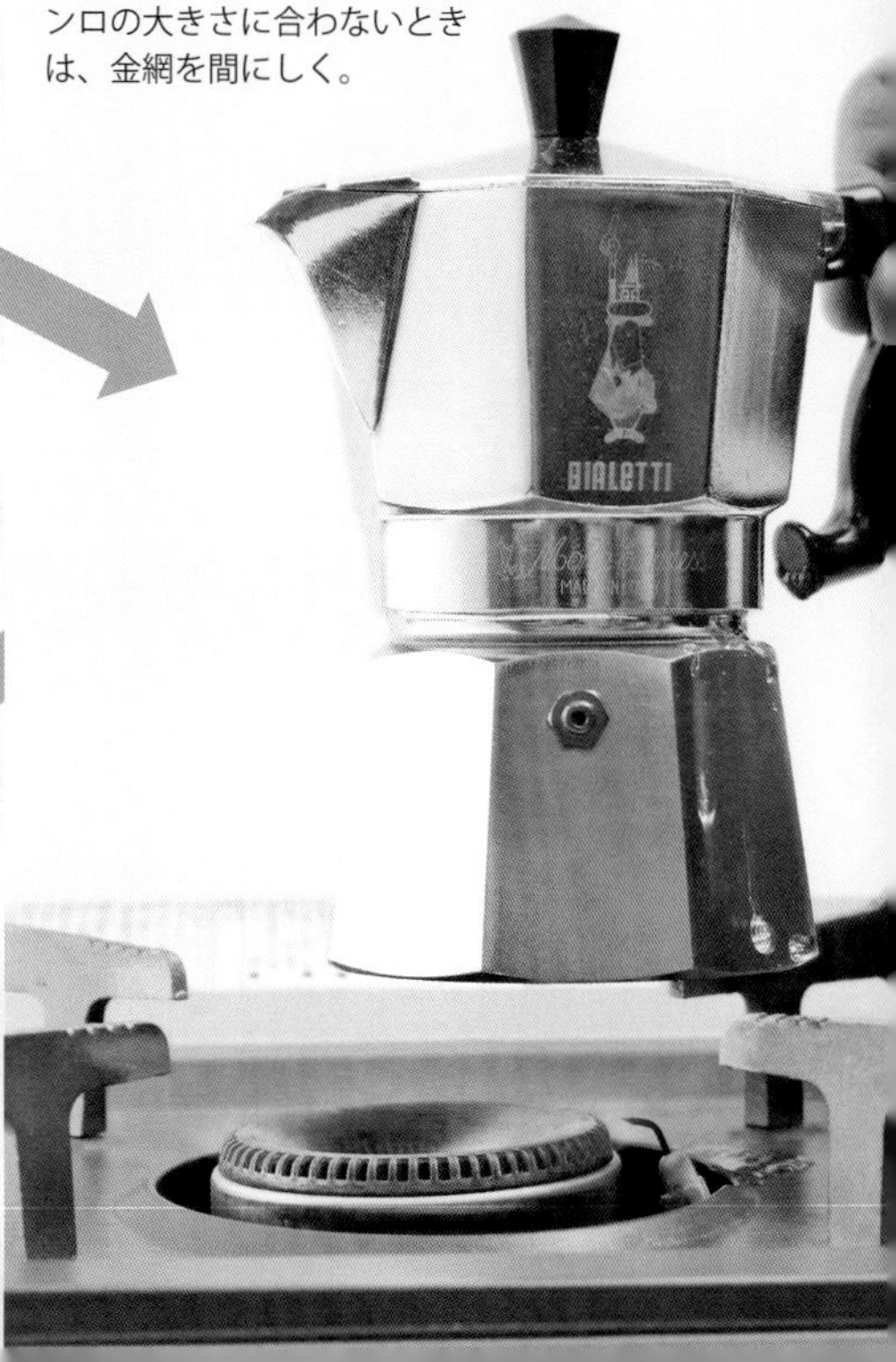

5 液が上がりきったら火を止める

ポットに湯が上がってきたら弱火にする。上がりきったらすぐに火を止め、カップに注ぐ。

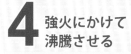

淹れ方のバリエーション2

フレンチプレスで淹れる

フレンチプレスに適した豆を選ぶ

風味がストレートに出るので、上質な豆を選ぶ

豆の種類

豆の味がストレートに出るので、品質に気を使いたい。スペシャルティコーヒー（→P112）に代表される、高品質の豆を選ぶ。

焙煎度

浅《あさ》煎《い》りから深《ふか》煎《い》りまで、どのような焙煎度《ばいせんど》でもかまわない。抽出時間と合わせて、自分の好みを見つけてみるといい。

挽き方

あまり細かいと、カップに移すときに粉として出やすい。長時間抽出するので、雑味も出る。中粗挽《ちゅうあらび》きくらいがベスト。

おいしい淹れ方

1 器具に粉を入れ90〜95℃の湯を注ぐ

分量（2杯分）
〈350ccの器具〉
粉 16g、湯 330cc
〈500ccの器具〉
粉 24g、湯 480cc

コーヒー粉をポットに入れたら、目標量の目盛りまで湯を注ぐ。湯温《ゆおん》は90～95℃が目安。

道具を揃える

金属フィルターは、製品によって目の粗《あら》さが異なる。細かすぎると目詰《めづ》まりしやすく、粗いとコーヒー液に粉が混入しやすい。中くらいの細かさのものを選ぶ。

フィルターの目が細かすぎないものを選ぶ

フランスのカフェ風の淹れ方。豆の味がストレートに出る

フレンチプレスは、その名のとおり、フランス生まれの器具。

コーヒー粉を入れて湯を注ぎ、そのまま4分間ほど置けばできあがり。単に置くだけでなく、一度、蒸らす時間をつくる方法もある。湯温《ゆおん》は90～95℃と高めにする。

淹《い》れ方が簡単で、湯が長い間粉とふれているので、豆の味と香りをストレートに楽しむことができる。

また2杯分入るため、時間の経過とともに違う味を楽しむことができる。1杯目は豆の油脂分などが混ざっていて、搾りたての牛乳のような、こってりとした味わい。2杯目になるとよぶんな成分が沈殿し、濃厚なおいしさと、透明感のあるコーヒーになる。

2 タイマーをセットし、4分間蒸らす

フタをセットし、タイマーを4分間かける。深煎り豆や細挽《ほそび》きの粉の場合は、蒸らし時間を短くしてもいい。

二度に分けてていねいに蒸らす方法もある

最初に3分の1ほど湯を注ぎ、30秒間蒸らしてから、残りの湯を入れて4分間蒸らす方法もある。手間はかかるが、よりコクのあるコーヒーに仕上がる。

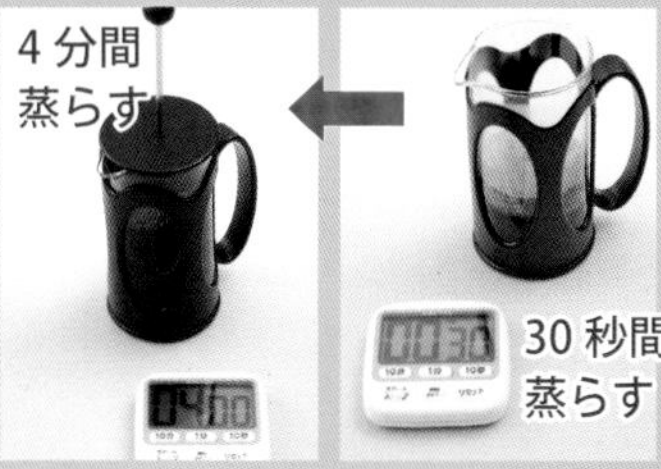

3 プランジャーを押し下げる

4分たったら、プランジャーを垂直にゆっくり押し下げて、抽出液と粉を分離させる。押し下げたまま、カップに注ぐ。

力まかせに押すと湯がこぼれるので、力を入れずゆっくり下ろす

バリスタ's memo

抽出後の粉は、ネットやろ紙でていねいにこしてから捨てる。排水管が詰まるので、そのまま捨てないように注意しよう。

淹れ方のバリエーション3

エアロプレスで淹れる

ピストンで圧力をかけうまみを引き出す

エアロプレスは、手動で圧力をかけて抽出するという、ユニークな方法である。豆本来の味、香りがしっかり引き出されるのが特徴だ。

見た目はフレンチプレスに近いが、フレンチプレスに比べ、細かい粉が混ざりにくい。雑味のない、透明感のある味に仕上がる。

圧をかける速度やかくはんの仕方、湯に浸《ひた》す時間など、抽出度合いを自分で調整できるのも特徴だ。

エアロプレスに適した豆を選ぶ

エスプレッソ用の深煎り豆もよく合う

豆の種類

豆のもつ特性をしっかりと引き出せるので、自分の好みの銘柄でかまわない。エスプレッソ風なら、大粒で肉厚の豆が合う。

焙煎度

ドリップ風の味わいに抽出する場合は、中《ちゅう》煎《い》りを基本に好みで調整。エスプレッソ風に淹《い》れるなら、深《ふか》煎《い》りが向いている。

挽き方

中細《ちゅうほそ》挽《び》き程度が合うが、挽《ひ》き方によって抽出法をいろいろ試してもおもしろい。エスプレッソ風なら、極細《ごくほそ》挽《び》きが合う。

道具を揃える

付属品

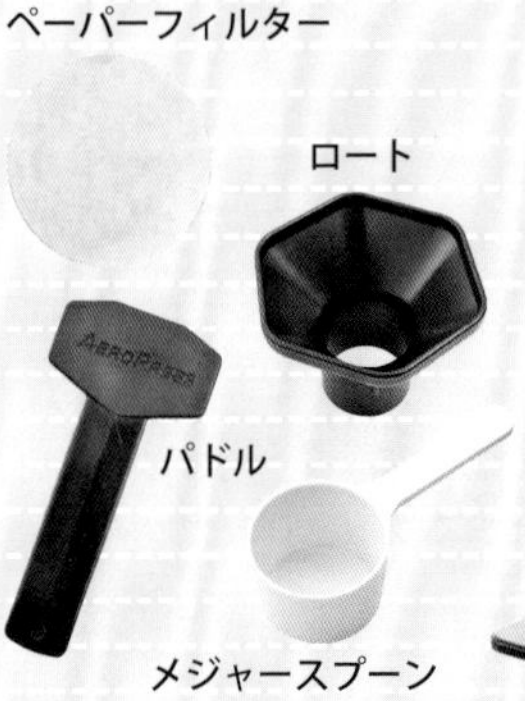

粉を入れたりかくはんするための付属品がある。通常は付属のペーパーフィルターを使用するが、エスプレッソ風に淹れるなら、別売のステンレスフィルターが向いている。

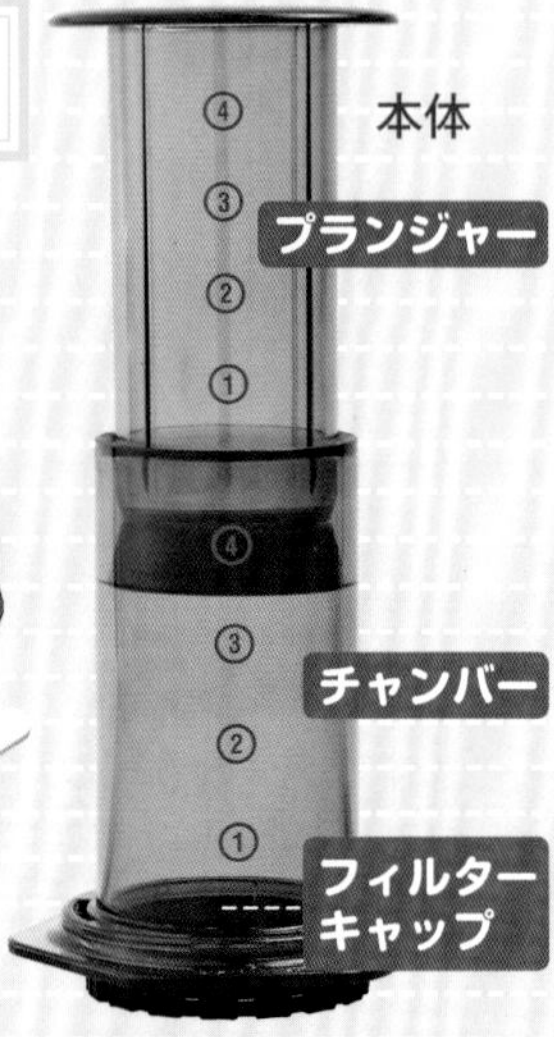

注射器のようにピストンで圧力をかけて抽出する。「チャンバー」という外側の容器に粉を入れ、「プランジャー」とよばれる容器を入れて圧力をかける。

おいしい淹れ方

1 ペーパーフィルターをセットする

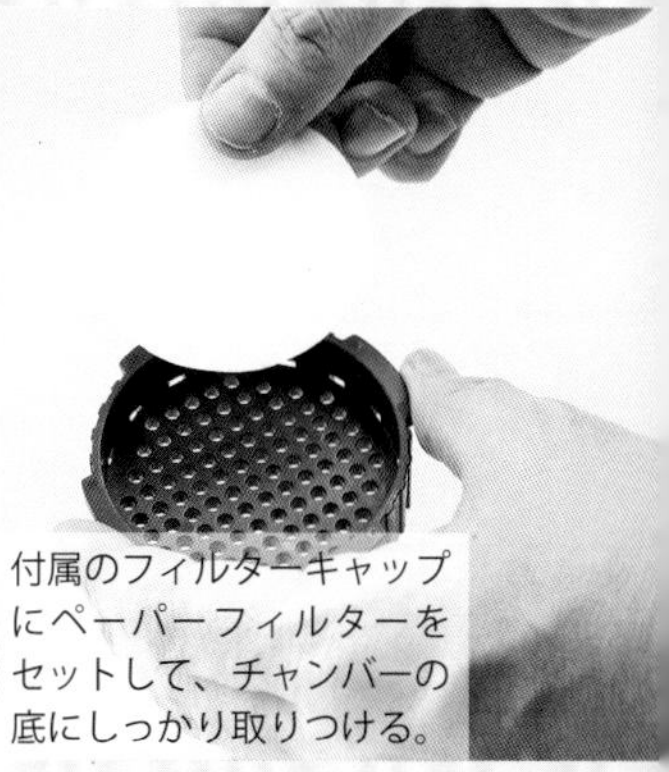

付属のフィルターキャップにペーパーフィルターをセットして、チャンバーの底にしっかり取りつける。

2 粉を入れる

分量（2杯分）
粉35g、湯360cc

ロートとメジャーカップを使って、粉を詰める。

3 90℃前後の湯をゆっくり注ぐ

粉が踊らないよう、チャンバーにゆっくりと湯を注いでいく。湯温は90℃前後が目安。

粉を踊らせると雑味が出るので、静かに注ぐ

4 パドルでかき混ぜ、3分間置く

付属のパドルを使って10秒ほど混ぜ、湯と粉を十分になじませる。その後2～3分間置く。濃い味が好みの場合は、時間を長めにする。

泡立てないようにそっとかき混ぜる

5 20～30秒間かけてプランジャーを押し下げる

プランジャーをチャンバーにさし入れ、上から押して抽出する。ゆっくり押すほど、濃いコーヒーに仕上がる。

プランジャーが傾かないよう、均一に力を入れて押す

抽出後の粉の状態

粉を細かく挽くとエスプレッソ風になる

圧力式の抽出法という意味では、エスプレッソと共通する。そのためエスプレッソ風のコーヒーも淹《い》れられるのが、この器具のおもしろい点だ。

エスプレッソ風に淹れるには、極細《ごくほそ》挽《び》きの豆を使い、ゆっくりプレスするのがコツ。好みによって、粉の量を少し増やしてもよい。

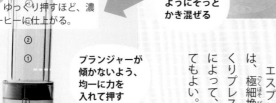

淹れ方のバリエーション 4

水出しで淹れる

水出しに適した豆を選ぶ

ドリップでは苦味がめだつ豆を使ってもいい

豆の種類

かつてはロブスタ種が使われていたが、現在はアラビカ種を使うのが普通。苦味が強すぎるなど、欠点が気になる豆にも向く。

焙煎度

成分が出にくいため、浅煎《あさい》りはより抽出しにくく、しかも長時間抽出すると味が変わりやすい。深煎《ふかい》りの豆が向いている。

挽き方

細かく挽《ひ》いたほうが、成分を抽出しやすい。深煎《ふかい》り豆を中細挽《ちゅうほそび》きにするのが原則で、あとは好みに応じて調整する。

苦味や渋みの強い豆に向いている

水で抽出する方法は、ダッチコーヒー（オランダコーヒー）ともいわれる。ロブスタ種（カネフォラ種、↓P121）という、クセの強い豆の欠点をカバーする方法として誕生したといわれている。

湯で抽出するより苦味成分が溶け出しにくく、マイルドなコーヒーに仕上がる。

抽出に数時間かかるのが難点だが、ゆったりした優雅な時間を楽しめるのも、水出しコーヒーの魅力のひとつである。

道具を揃える

喫茶店などでは業務用の大きな器具を使用することが多いが、家庭用のコンパクトなものも市販されている。抽出量やデザインなどで、好みのタイプを選ぼう。

上ボール
水を入れる場所

コック
水の量を調節する

粉受けボール
粉を入れる場所

金属フィルター
粉をろ過する

サーバー
コーヒー液をためる

おいしい淹れ方

1 粉を入れ、少量の水で湿らせる

分量（3 杯分）
粉 50g、水 500cc

粉受けボールに粉を入れ、少量の水を入れて、まんべんなく粉を湿らせる。

2 粉の上にフィルターを置く

水をまんべんなく浸透させるために使う

粉の表面を平らにならし、粉にまんべんなく水が浸透するよう、フィルターをのせる。

3 スタンドにセットして水を注ぐ

上ボールなどをセットし、分量の水を注ぐ。水は水道水でよい。

4 水の量を調節する

1 秒間に 1 滴を目安に落とす

1 秒間に 1 滴くらいのスピードで水が落ちるよう、コックを調節する。水がすべて落ちきったらできあがり。

ビギナーにおすすめ！

ポットや鍋を使って簡単水出しに挑戦

専用の器具がなくても簡単につくれる。お茶用のパックに粉を詰め、水とともにポットに入れれば、8 時間後には抽出完了。鍋に水と粉を入れ、ラップとフタをして 8 時間置き、フィルターでこして飲む方法もある。

ポットで

鍋で

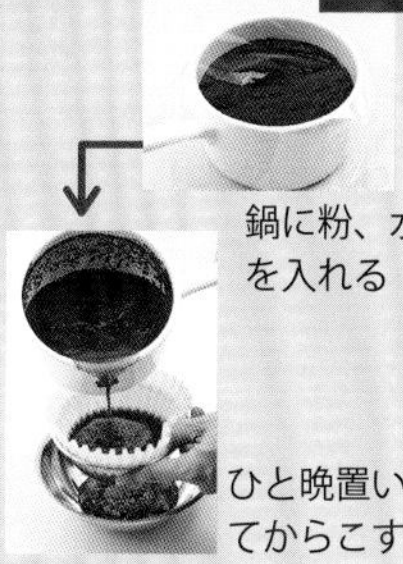

鍋に粉、水を入れる

ひと晩置いてからこす

アイスコーヒーや大人数の来客時に役立つ

就寝前にセットすれば、翌朝には抽出が完了している。手間がかからないので、アイスコーヒー用に多めにつくっておいてもいい。

来客数が多く、ドリップで淹《い》れるのがたいへんなときにも便利。器具の演出効果も含めて、おもてなしに向いたコーヒーといえる。

淹れ方のバリエーション５

サイフォンで淹れる

サイフォンに適した豆を選ぶ

苦味が出やすいので、マイルドな味の豆がいい

豆の種類

どんな豆でも合うが、苦味が強すぎない豆のほうが向いている。ドミニカなど、カリブ海系の豆を使うと特にさっぱり仕上がる。

焙煎度

湯と豆がふれる時間が少ないぶん、浅《あさ》煎《い》り豆だと抽出しにくい。深《ふか》煎《い》りだと苦味が強まるため、中《ちゅう》煎《い》り～中深《ちゅうふか》煎《い》りが最適。

挽き方

粉にすばやく湯をしみこませる必要があるので、粗《あら》挽《び》きは不向き。短時間でも成分が出やすい中《ちゅう》挽《び》き～中細《ちゅうほそ》挽《び》きが適している。

道具を揃える

家庭で淹《い》れる場合はアルコールランプを使う。火力の調整を手早くおこなうため、２つ用意しておくと楽。竹べらは、抽出液をかくはんするためのもの。

下部のフラスコに入れた湯が加熱によって上昇し、上部のロートで粉と混ざるしくみ。抽出したコーヒーは、フラスコに戻ってくる。

本体

ロート
粉を入れる場所。下から湯が上がってくる。

ネルフィルター
粉をろ過《か》する。円形のフィルターをネルでくるんで使う。

フラスコ
湯、または水を入れる場所。抽出後のコーヒーが落ちてくる。

高温で淹れるので香りも味も強く出る

サイフォンは、アルコールランプやハロゲンランプで加熱しながら抽出する方法だ。

ほかの抽出法のように、淹《い》れている間に湯の温度が下がることがなく、熱々のコーヒーが飲める。高温で淹れるため香りが強くなり、コーヒーらしいしっ

おいしい淹れ方

1 フラスコに湯を注ぐ

湯をフラスコに注ぐ。アルコールランプで沸騰させるので、湯《ゆ》温《おん》は何℃でもよい。

水でもよいが、
抽出時間が
長くかかる

分量（1 杯分）
粉 10g、湯 120cc
（2人分以上は、粉10g、水120ccずつ増やす）

2 ランプに火をつける

フラスコの底に
わずかに火が
接するよう、
火力を調整

アルコールランプに火をつけて、フラスコの下に置く。炎の先がフラスコにふれるくらいの火力が目安。

3 ロートに粉を入れ、フラスコの上に設置

フィルターをロートに入れる。フィルターについたバネを引っぱり、留め金をロートにしっかり引っかける。ロートに粉を入れ、フラスコの上に斜めに置く。

上から湯が
ふき出すのを
防ぐため、
斜めにつける

次ページへ

かりした苦味も感じられる。

透明なフラスコの湯が沸騰し、徐々に上昇していくという見た目のおもしろさ、器具の美しさも、サイフォン式の魅力だ。

長く抽出しすぎると強い苦味、雑味が出る

サイフォン式の場合、分量と抽出時間さえ守れば、誰でも確実においしく淹れられる。使用する豆も選ばない。ネルフィルターを使うため、雑味が出にくく、クリアな味に仕上がる。

反面、決められた時間より長い時間をかけて抽出すると、過剰抽出となり、強い苦味、雑味が出る。サイフォンならではのクリアな味に仕上げるには、抽出時間を守ることが何より重要だ。

また、焙煎直後の豆は避け、焙煎後1週間ほどたち、適度にガスが抜けた豆を使うといい。

4 フラスコの上にロートをさしこむ

湯がわいて、泡が途切れずに上がってくるようになったら、ロートを垂直にさしこむ。湯がわく前だと、低温抽出になるので注意。

沸騰する前に
さしこむ

5 湯がすべて上がるまで待つ

フラスコの湯がロートまで上がりきるのを待つ。

90℃強の湯が、
フィルターに
少しずつ
上がっていく

6 竹べらでかき混ぜる

湯と粉を、竹べらで3〜5回かくはんする。ぐるぐるまわさず、竹べらの面で湯を押す感覚で。

Column

180年前に開発されたクラシックな淹れ方

真空ろ過《か》式ともよばれるサイフォンは、1840年にイギリスの技師が考案した抽出法。ただ、それ以前からヨーロッパで使われていたとの説もある。演出効果が高いこともあって、日本ではとくに人気が高まった。一時期はすたれたものの、サードウェーブ（→ P261）の流れとともに欧米で再注目され、人気が復活してきている。

手入れをちゃんとできればビギナーにも最適

サイフォンは、手入れが煩雑《はんざつ》な面がある。ネルドリップ同様、使用後は必ずネルを洗い、冷蔵庫で保管しなくてはならない。ガラス製なので、器具の取り扱いにも注意が必要だ。

この点をクリアできれば、ドリップ式よりむしろ簡単な淹《い》れ方といえる。誰が淹れても安定した味を出しやすく、抽出時間も2分間以内と短い。

7 30 秒置いて分離させる

泡、コーヒー粉、液体の 3 層に分離してくる。火力やかくはんが適正にできていれば、きれいに分離される。

8 もう一度かき混ぜる

火力の弱いアルコールランプに切り替え、竹べらで3〜5回かき混ぜてからアルコールランプを外す。

9 フラスコにたまったコーヒーを注ぐ

フラスコに抽出液が流れ落ちてくる。液が落ちきったらロートを外し、器具を傾けてカップに注ぐ。

フラスコを
取り外さず、
器具全体を傾ける

After 使用前後の手入れで、味の劣化を防ぐ

使用後の手入れで特に留意したいのが、フィルターである。水でよく洗って下図の要領で煮沸《しゃふつ》し、水をはった密閉容器に入れて、冷蔵庫で保管する。ネルは使い続けるうちに劣化《れっか》し、やがては味が落ちる。数十回使って、味に変化を感じたタイミングで、新品に交換しよう。

ネルの中央にフィルターを置く

水洗いし、粉を取り除いたネルの中央にフィルターをのせる。

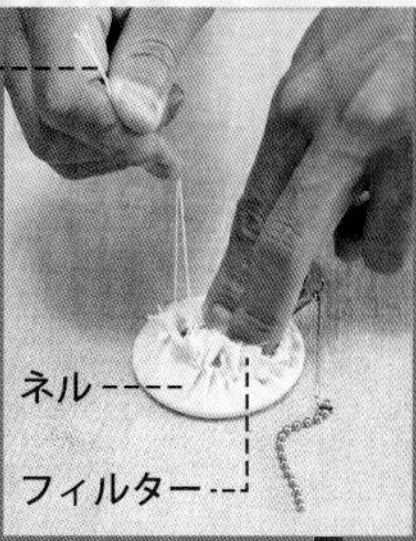
ネルのひも

ひもを引っぱり、フィルターを包む

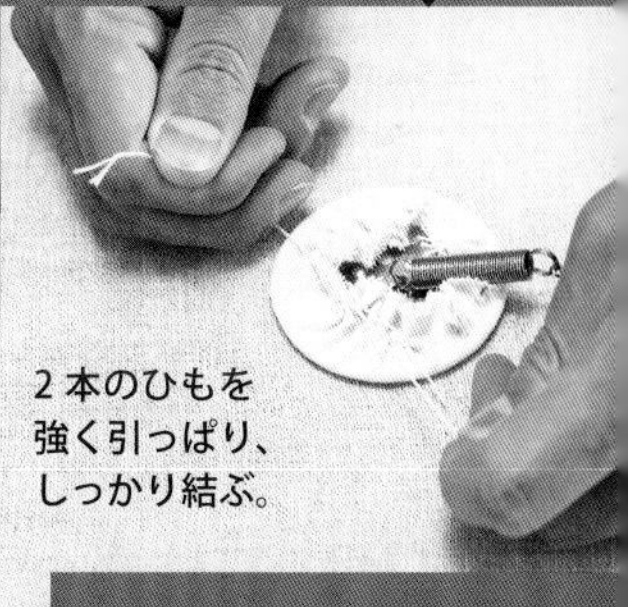

2 本のひもを強く引っぱり、しっかり結ぶ。

ひもを 1.5㎝残して切る

先端を 1.5㎝ほど残し、2 本のひもを切る。

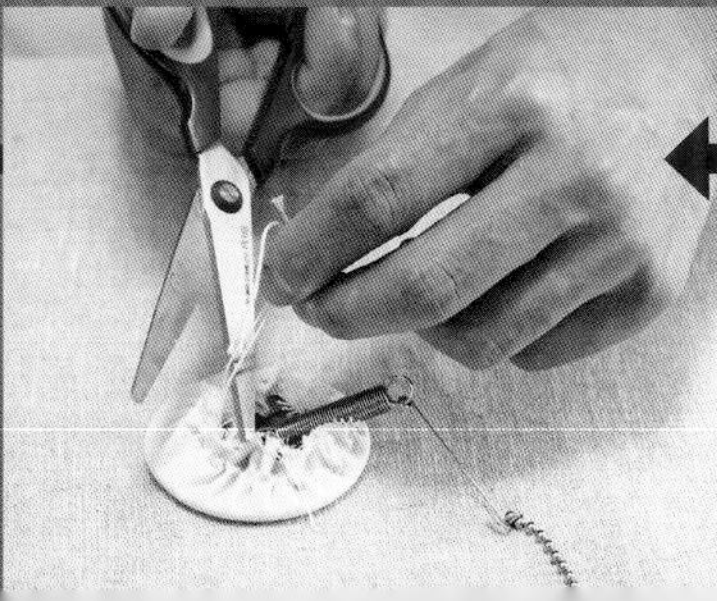

湯をわかした鍋に入れる

新しいネルに付着しているのりなどの異物を取り除くため、熱湯で 2 〜 3 分間煮沸する。

スウィーツ、パンとのマリアージュを楽しむ

スウィーツやパンとの組み合わせにも気を配りたい。
基本の法則さえ覚えておけば、後はむずかしいこと抜き。
好きな豆、個性的な豆で自由にマリアージュを楽しもう。

甘味の強いスウィーツには、濃いコーヒーを合わせる

脂質《ししつ》が多く濃厚な甘さがあるほど、しっかりした苦味とボディの深煎《ふかい》り豆が合う。

酸味

↓ 浅い　焙煎度　深い

苦味

例
- ブルーマウンテン No.1
- モカ・マタリ No.9

&

フルーツケーキ

マカロン

フルーツを使った酸味のあるケーキやタルト、食感の軽い焼き菓子には、軽い味わいの浅煎《あさい》りが合う。

例
- パナマ・ドンパチ・ティピカ
- ニカラグア SHG

&

チーズケーキ（スフレタイプ）

軽い酸味と舌ざわりをもつスフレタイプのチーズケーキには、同じくほどよい酸味とボディをもつ、中浅煎《ちゅうあさい》りのコーヒーが好相性。

例
- ハワイ・コナ
- タンザニア AA

&

シュークリーム

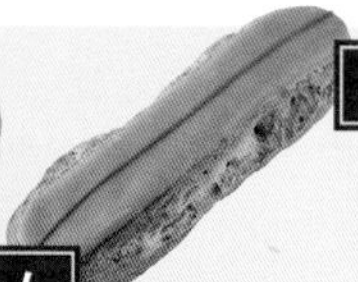

エクレア

カスタードクリームには、ほどよい苦味とボディをもつ中深煎《ちゅうふかい》りのコーヒーが向いている。

例
- スマトラ・マンデリン
- コロンビア・スプレモ

&

ナッツ系のケーキ

ナッツのように脂質が多く、コクのあるケーキやタルトには、濃厚なコーヒーが合う。特にナッティ系のフレーバーを持つ豆がいい。

例
- ケニア AA
- エチオピア・シダモ

&

チョコレートケーキ

チョコレートの濃厚な甘味や舌ざわりには、深煎りコーヒーかエスプレッソを。生クリームをたっぷり使ったケーキにも最適だ。

撮影協力／ノリエット

パンの個性に合わせて、焙煎度と豆を選ぶ

朝食はパンとコーヒーという人も多い。一般的に、脂肪分の多いリッチな味わいのパンには、濃厚なコーヒーが合う。いろいろと組み合わせて、自分にとってのベストマッチを見つけよう。

ドイツパン

&

酸味のあるコーヒー

ドイツパンのように、生地にほのかな酸味があるもの、ドライフルーツなどを練り込んだパンには、酸味のある豆もおすすめだ。

クロワッサン、デニッシュ

&

深煎りコーヒー

クロワッサンのような、バターを大量に使用した濃厚な味のパンには、苦味がある深煎りコーヒーが向いている。

イギリス食パン

&

浅〜中煎りコーヒー

脂質が少なく、クセのない風味の食パンには、バランスのとれた中《ちゅう》煎《い》りや、軽めの浅煎りがよく合う。

濃いめのコーヒーで味にコントラストをつける

日本ではケーキとともに紅茶が供されることが多いが、コーヒーのほうが、ケーキにはずっと合う。ケーキの甘さに負けない、苦さとボディがあるからだ。ヨーロッパでは老若男女を問わず、濃厚なケーキをコーヒーとともに味わうのが一般的だ。

泡立てた生クリームをのせる飲み方もあるように、クリームを使ったケーキとの相性は抜群である。チョコレートやナッツのケーキとも相性がいい。深《ふか》煎《い》りコーヒーかエスプレッソと組み合わせ、甘さと苦さのバランスを楽しむ。チョコレート系、ナッティ系の香味をもつ豆を選べば、マリアージュは完璧だ。

パンとコーヒーの場合、糖分、脂肪分の多いクロワッサンやデニッシュには、苦味の強い深煎りがよく合う。淡白な食パン類には、浅〜中煎りのコーヒーがとくに好相性だ。

Column

口の中でのハーモニーを楽しむ

ケーキを飲み込んでから、コーヒーを飲んで口の中をさっぱりさせる人が多い。しかしケーキを飲み込む前にコーヒーを口に含み、口の中でケーキとコーヒーを合わせる食べ方もおすすめ。相性がよりはっきりし、舌ざわりのマリアージュも楽しめる。

ケーキを口に入れたら……
すぐコーヒーをひと口！

うまい淹れ方のウソ、ホント

コーヒーの都市伝説を検証！

コーヒーの世界では、科学的な視点や検証を抜きにした俗説がささやかれがちだ。効率よく、おいしく淹れるために、よく耳にする説について、事実かどうかを確かめておこう。

伝説1 ペーパーでドリップするときは、フィルターをぬらしてペーパー臭をとる

Answer
「ペーパーには、においはありません。乾いたままのほうがおいしく淹れられます」

ペーパーをぬらすと、ドリッパーの壁に密着し、空気の逃げ道がなくなります。そのため抜けきらない空気が粉の表面に吹き出してしまい、粉の蒸らしが十分にできません。紙そのものににおいはないので、ぬらさずそのまま使いましょう。

ぬらすとドリッパーに密着しすぎて、空気の逃げ道がなくなる

伝説2 粉の中央をへこませると、味がよくなる

おいしくなーれ

Answer
「ネルドリップでおこなわれる方法で、ペーパーの場合は必要ありません」

粉の中央が盛り上がったりしていると、蒸らしがうまくできず、おいしく淹《い》れられないのは確かです。ですが、へこませればいいというものでもありません。ドリッパーを軽く振って粉を平らにし、湯が全体にうまくいきわたるようにすれば十分です。

伝説3 豆、粉をフライパンで煎ってから淹れると、香りが立つ

Answer
「香りはかえって抜けやすくなり、苦味だけが強まります」

焙煎《ばいせん》済みの豆、粉に、再度熱を加えることは、なるべく避けましょう。熱を加えるごとに、香り成分が失われてしまいます。特にフライパンで煎《い》ると、煎りムラで一部が焦げてしまい、焦げ臭くて苦いコーヒーになることもあります。

伝説4 使い込んだネルほどいい味が出せる

Answer
「おろしたてよりは味がよくなりますが、長く使うと味が落ちます」

いくら正しく手入れをしていても、徐々に目《め》詰《づ》まりして、おいしいコーヒーが淹れられなくなります。抽出時間が長くなる、味が落ちるなどの変化を感じたら、新品と交換しましょう。おいしく淹れられるのは、20～30回が目安です。

伝説5 自宅で淹れたコーヒーより、店のコーヒーのほうが断然おいしい

Answer
「基本のルールを守れば、店で飲む以上においしいコーヒーが淹れられます」

コーヒーの世界は、「長年の勘がものをいう」と思われがち。しかし正しい抽出法を守って毎日淹れ続けていれば、プロと同等の味を出せるようになります。さらに豆選び、粉の細かさなどで味を調整していけば、自分好みの最高の一杯が淹れられます。

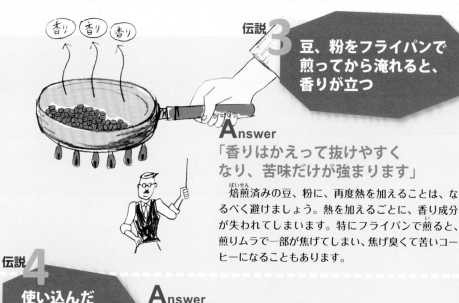

Part 2

コーヒーを楽しむ

ラテアートを施したカプチーノをはじめ、
見た目にも華やかなアレンジドリンクが大人気。
質の高い豆を選んでつくると
通も納得の、極上の一杯に仕上がる。

人気のアレンジドリンク、19バリエ

アレンジ

基本のアレンジレシピ

ドリップコーヒーをアレンジ

Iced Coffee

一気に冷やし、うまみを逃がさない

アイスコーヒー

冷たいアレンジドリンクの基本。
冷たいコーヒーは、
酸味が強く出やすく、
豆の苦味や甘味を感じにくい。
酸味がマイルドで、苦味の強い
豆を使うのがポイントだ。

最適な豆のタイプ

焙煎度	浅	中	**深**
苦味	弱	中	**強**
酸味	**弱**	中	強

アレンジコーヒーには中～深煎りの豆が合う

アレンジドリンクは、ドリップコーヒーがベースのものと、エスプレッソがベースのものに大別される。いずれの場合も、氷やミルクなどで薄まるため、ある程度の濃さが必要となる。

ドリップで淹《い》れる場合は、中《ちゅう》深《ふか》煎《い》りか深《ふか》煎《い》りの豆がよい。豆は通常のドリップコーヒーより多めに使い、味を濃くする。

エスプレッソでつくる場合は、高い圧力をかけてエキスを抽出するため、浅～中《ちゅう》煎《い》りでも濃度とコクが保たれる。かつては深煎りで淹れるのが一般的だったが、今は浅～中煎りの豆を使う店も多い。好みの焙《ばい》煎《せん》度《ど》を選ぶといい。

豆のランクも、スペシャルティでもそれ以外でもかまわない。好きな豆で自由に楽しもう。

材料（1人分）

コーヒーの粉（中細《ちゅうほそ》挽《び》き）……………12g
氷（できれば市販品）……………………適量
ミルク、シュガーシロップ……………各適量
＊シュガーシロップのつくり方はP56参照。

つくり方

1 ドリッパーにペーパーと粉をセットし、82～83℃の湯で、150ccのコーヒーを抽出する。濃いめが好きなら豆を極細《ごくぼそ》挽きにし、87～88℃の高温で淹《い》れる。

2 グラスいっぱいに氷を入れる。溶けて水が出てきていたら、水気をしっかり切る。

3 コーヒーをグラスに一気に注ぎ、スプーンで上下にかき混ぜる。好みでミルクやシュガーシロップを添える。

市販のロックアイスを使うと、氷がしまっていて溶けにくく、味が薄まりにくい

氷を持ち上げるようにして上下にかくはんすると、氷が溶けにくく、全体が効率よく冷える

バリエ1

水出しコーヒーでつくる

大量に淹れたいときに活躍

つくり方

大量に淹れたいときは、水出しが便利。夜のうちに粉を水に浸《ひた》しておけば、翌朝にはできあがる（→P72～）。欠点が気になる豆でも、マイルドにおいしく仕上がる。コーヒーが低温なので、氷は2～3個程度でよく、薄まりにくいのもメリットだ。

バリエ2

フレンチプレス、エアロプレスで淹れる

豆の味をより強く出せる

つくり方

濃さを増して、味も香りもはっきり出したいときは、フレンチプレス、エアロプレスでの高温抽出もおすすめだ（→P68、70）。豆の味がストレートに出るので、良質の豆を使うことがポイント。

バリスタ's memo　家庭の製氷器で氷をつくるときは、時間をかけて冷やし固めると、氷が硬く溶けにくくなる。さらに球形の氷にすると表面積が少なくなり、より溶けにくい。

たっぷりのミルクで、コーヒーをマイルドに

カフェ・オ・レ

**コーヒーの苦味と牛乳のコク、
まろやかな口当たりが魅力。
苦味の強い深煎り豆を使うと、
薄くなりにくく、味のバランスがとれる。**

Hot

材料（1人分）

コーヒーの粉（中細《ちゅうほそ》挽《び》き）……12g
牛乳……100～120cc

コーヒーを先にカップに注ぎ、温めたミルクを加える

つくり方

1 ペーパードリップでコーヒーを淹《い》れる（→ P36～）。82～83℃の湯で、150cc分抽出する。濃いめが好きなら豆を極細《ごくほそ》挽《び》きにし、87～88℃の高温で淹れる。

2 小鍋に牛乳を入れて中火にかけ、温める。コーヒーと同じ82～83℃が理想的だが、沸騰直前の高温でもよい。

3 コーヒーをカップに入れ、さらに牛乳を注ぎ入れる。

最適な豆のタイプ

焙煎度	浅	**中**	**深**
苦味	弱	**中**	**強**
酸味	**弱**	**中**	強

Ice

材料（1 人分）

コーヒーの粉（中細《ちゅうほそ》挽《び》き）…12g

牛乳 ……………………………50cc

氷（できれば市販品）………適量

シュガーシロップ（→ P56）…適量

つくり方

1　ペーパードリップで 150cc のコーヒーを淹れる（→ P36 ～）。濃いめが好きなら豆を極細挽きにし、87 ～ 88℃の高温で淹れる。

2　グラスいっぱいに氷を入れ、よぶんな水気は切っておく。甘味を加えたい人は、ここでシュガーシロップをグラスに注ぐ。

3　グラスにコーヒーを注いで牛乳を加え、スプーンでかき混ぜる。

最適な豆のタイプ

焙煎度	浅	中	**深**
苦味	弱	中	**強**
酸味	**弱**	中	強

スプーンで上下にかくはんし、一気に冷やす

Column

カフェ・オ・レとカフェラテ、何が違うの？

カフェ・オ・レはフランス発祥、カフェラテはイタリア発祥のドリンクである。「オレ（オーレ）」「ラテ（ラッテ）」は牛乳のことで、どちらも牛乳入りのコーヒーをさす。違いはベースのコーヒーにあり、前者はドリップコーヒー、後者はエスプレッソを使ってつくられる。

Wiener Kaffee

生クリームとコーヒーの温度差を楽しむ

ウインナコーヒー

熱いコーヒーと
冷たいホイップクリーム。
両者の温度、
触感のコントラストを楽しむ。
かき混ぜずにそのまま口に運び、
上唇と下唇で、温度、
触感の違いを感じたい。

材料（1人分）

コーヒーの粉（中細挽き《ちゅうほそび》）……… 12g
生クリーム ……………………………… 適量
グラニュー糖 …………………………… 適宜

クリームを1さじ分ずつのせて、花のような美しい模様に

最適な豆のタイプ

焙煎度	浅	中	**深**
苦味	弱	中	**強**
酸味	**弱**	中	強

つくり方

1 大きなボウルに氷をはり、生クリームを入れた小さなボウルをのせる。泡立て器かハンドミキサーで生クリームを泡立てる。角がしっかり立ち、泡立て器ですくっても落ちてこないくらいの硬さが目安。

2 ペーパードリップで150ccのコーヒーを淹《い》れる（→ P36～）。濃いめが好きなら極細挽き《ごくぼそび》の豆を使い、87～88℃の湯で淹れる。

3 カップにコーヒーを注ぐ。甘味を加える場合は、ここでグラニュー糖を入れて溶かし混ぜる。

4 スプーンを使って、コーヒーの上に生クリームをそっとのせる。熱いコーヒーにフタをするのが目的なので、コーヒーが見えなくなるまで、たっぷりのせる。

ここがプロ技！

生クリームにキルシュを加える

生クリームにリキュールを加えてホイップすると、リキュールの風味で脂っぽさが緩和される。さくらんぼのリキュール（キルシュヴァッサー）などが特によく合う。

バリスタ's memo 正しくは「アイン・シュペンナー」という。オーストリア・ウィーン発祥のコーヒーなので、日本ではウインナコーヒーと呼ばれるようになった。

炭酸水で
口直ししながら、濃いコーヒーを味わう

カフェ・シュヴァルツァー

Kaffee Schwarzer

最適な豆のタイプ

焙煎度	浅	中	**深**
苦味	弱	中	**強**
酸味	**弱**	**中**	強

「シュヴァルツァー」とはドイツ語で、ブラックコーヒーのこと。濃いコーヒーを甘い菓子、炭酸水とともに楽しむウィーンのカフェ文化にヒントを得てつくられた、カフェ・バッハのオリジナルドリンクだ。

材料（1人分）

コーヒーの粉（粗《あら》挽《び》き）……………… 30g
炭酸水…………………………………… 適量
焼き菓子（フィナンシェなど）…… 1個

つくり方

1 ドリッパーにペーパーと粉を入れ、82～83℃の湯を1滴ずつゆっくりたらし、100cc分抽出する。

2 小ぶりのカップにコーヒーを注ぐ。グラスに注いだ炭酸水、焼き菓子とともに器にのせる。

粗挽きの粉をたっぷり使い、ポタポタと湯をたらすのがポイント

基本のアレンジレシピ

エスプレッソをアレンジ

たっぷりのミルクフォームをのせた、朝の定番ドリンク

Cappuccino

カプチーノ

最適な豆のタイプ

焙煎度	浅	中	深
苦味	弱	中	強
酸味	弱	中	強

ふわふわのミルクフォームが、
イタリアの修道士の帽子「カップッチョ」に
似ていることから、その名がついた。
ミルクと泡をそのまま注ぎ、
シンプルに仕上げてもいい。

材料（1人分、150ccのカップを使用）
コーヒーの粉（極細《ごくほそ》挽《び》き）……………12g
牛乳 ………………………………………120cc

レシピ考案・撮影協力（P90～92）／石谷貴之　撮影協力（P90～92）／FBCインターナショナル

ミルクの注ぎ方

つくり方

1 エスプレッソマシンで、エスプレッソを約 30cc 分淹《い》れる（→ P64）。ミルクジャグに、分量より多めの 150cc の牛乳を入れ、エスプレッソマシンのスチーム機能を使って泡立てる（下の写真参照）。

2 カップを手前側に傾け、中央にミルクを注ぐ。

3 液面がカップの半分以上の高さになったら、注ぎ口を奥に動かし、左右に細かく振りながら、手前側に向けてミルクを注ぐ（葉っぱの原型をつくる）。手前側にいくほど、振り幅を細くするのがポイント。

4 さらに手前側にミルクを丸く注ぎ、花の原型をつくる。奥側に向けて一直線に注ぎ、チューリップの形に仕上げる。

Let's Try!

ふわふわのフォームドミルクをつくる

エスプレッソ系のアレンジドリンクには、泡立てたミルクが欠かせない。泡のきめ細かさが、なめらかな口当たりの決め手となる。

材料（1 人分）

コーヒーの粉（極細挽き）……………12g

ミルク ………………………………………120cc

エスプレッソマシンを使う

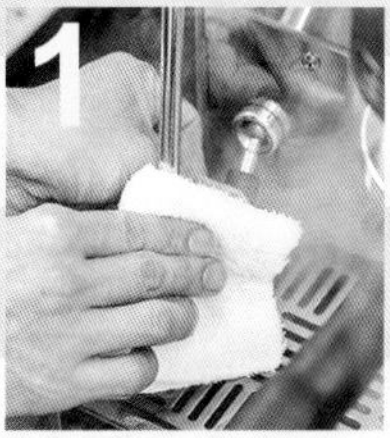

スチーム管の水分、空気を抜く

スチーム管によぶんな水分、空気が残っていると、泡立ちが悪くなる。ノブを 1 ～ 2 秒間全開にし、水分、空気を抜く。

ノブを全開にし、泡立てる

牛乳にスチームノズルを 1 ～ 2㎝ほど沈め、ノブを全開にする。深く沈めすぎると泡立ちにくく、浅すぎると泡が粗《あら》くなる。

温度をチェックする

上層は泡、下は液体の層になる。ミルクジャグの側面に手を当てて温度をチェックし、60℃前後になったらノブを閉める。慣れるまでは温度計で測って確認しよう。

家庭用ミルクフォーマーを使う

ポットに牛乳を入れて電子レンジで加熱し、ミルクフォーマーをさしこみ、かくはんする。泡が軽く、シンプルなカプチーノはつくれるが、ラテアートには不向き。

写真提供（ミルクフォーマー）／ HARIO 株式会社

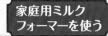

Caffe Macchiato

カプチーノより苦味があり、食後の一杯に合う

カフェ マキアート

最適な豆のタイプ

焙煎度	浅	中	深
苦味	弱	中	強
酸味	弱	中	強

マキアートとは、イタリア語で「しみ」のこと。エスプレッソに少量のミルクでしみをつくった、イタリアの定番ドリンクだ。カプチーノよりミルクの割合が少なく、食後にも最適だ。

材料（1人分、60ccのカップを使用）

コーヒーの粉（極細《ごくほそ》挽《び》き）…………12g

牛乳…………………………………30cc

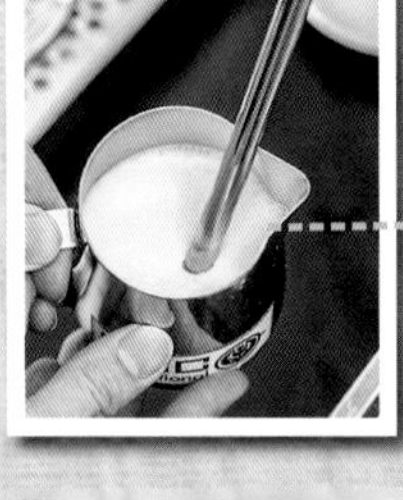

カプチーノより牛乳が少なく、きめ細かく泡立てるのがむずかしい。分量より多めに牛乳を使うと、泡立てやすい

つくり方

1. エスプレッソマシンで、約30cc分のエスプレッソを淹《い》れる（→ P64）。
2. 分量より多い120ccの牛乳を使い、フォームドミルクをつくる（→ P91）。
3. カプチーノと同様に30cc分のミルクを注ぎ、チューリップの模様を描く（→ P91）。

バリスタ's memo 泡立てた牛乳をベースにすると「ラテマキアート」になる。フォームドミルク120cc分をカップに注ぎ、エスプレッソ30ccを中央から注ぐ。

レモンの栽培がさかんな
シチリア生まれのコーヒー

ローマン・エスプレッソ

最適な豆のタイプ

焙煎度	浅	中	**深**
苦味	弱	**中**	**強**
酸味	**弱**	中	強

マキネッタで淹れたお手軽エスプレッソに、
レモンのさわやかな風味を添えて。
甘味が欲しいときは、
はちみつを加えてもおいしい。

材料（1人分）

コーヒーの粉（極細挽き）…………10g

レモン（3～5㎜スライス）…………1枚分

つくり方

1 レモンを半分に切る。1枚は半月切りのまま、もう1枚はさらに1/2～1/3サイズにカットし、内側に切り込みを入れる。

2 マキネッタに粉を詰めて火にかけ、60cc分のエスプレッソを淹れる（→P67）。

3 デミタスカップにエスプレッソを注ぎ、小さく切ったレモンをカップの縁に飾る。半月切りのレモンを搾っていただく。

スクイーザーでレモンを搾ると手が汚れない。なければ指でひねって果汁を搾る

上級テクニック　ライムやすだちなど、より個性的なかんきつ類を使って、コーヒーの苦味、酸味との相性を楽しむのもいい。

Let's Try!

自宅で楽しむ ラテアート&デザインカプチーノ

カプチーノの魅力は、なめらかな舌ざわり、味だけにとどまらない。
ミルクの浮かべ方ひとつで、見た目のかわいらしさ、美しさも楽しめる。
プロのデザインテクニックをまねて、自宅でも挑戦してみよう。

基本をおさえれば バリエは無限に広がる

一般にラテアートとよばれるものは、厳密には「ラテアート」「デザインカプチーノ」の2種類に分けられる。

ラテアートは、道具を使わずに模様を描くもの。ミルクジャグを振りながらミルクを注ぐことで、ハートやリーフなどの美しい模様が浮かび上がる。この技法を「フリーポア」という。

対するデザインカプチーノでは、ピックなどを使ってクレマのキャンバスに絵を描く「エッジング」という技法を用いる。

いずれの場合も、クレマが十分に浮いたおいしいエスプレッソを淹《い》れることが最大のコツだ。土台がしっかりしていないと、ミルクが上にのらず、コーヒーと混ざり合ってしまう。

ミルクのスチーミングも重要だ。きめ細やかで、適度な重みのあるミルクが理想的。できるだけ、エスプレッソマシンのスチーム機能を使うようにする。

用意するもの

ピック
デザインカプチーノをつくるときに、絵柄を描くための道具。竹串でも代用できる。

ミルクジャグ
ミルクをスチームするときに使う耐熱容器。

エスプレッソ用グラス
抽出時に使う。分量を正確に測ることができる。

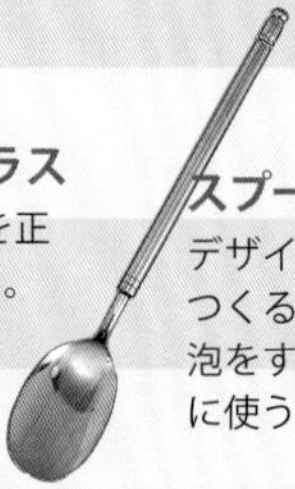

スプーン
デザインカプチーノをつくる際に、ミルクの泡をすくったりするのに使う。

＋

エスプレッソマシン

または

ミルクフォーマー

フォームドミルクをつくるときは、エスプレッソマシンのスチーム機能を使う。なければ家庭用のミルクフォーマーで代用。

取材・撮影協力（P94～97）／石谷貴之　撮影協力 (P94～97)／FBC インターナショナル

Latte Art

初級編

♥ ハート

はじめてのラテアートに
最適な、基本のモチーフ。

エスプレッソ、フォームドミルクを用意する

エスプレッソはP64の方法で30cc分を抽出。フォームドミルクはP91のつくり方を参照し、ミルク150cc分を用意する。

ジャグを振りながらミルクを注ぐ

カップを傾け、エスプレッソの中央にミルクを静かに注ぐ。液面がカップの半分くらいまできたら、ジャグをカップに近づけ、左右に軽く振る。このとき、注ぎ口はカップ中央に。

ジャグを傾ける

注ぎ口を中央にしたままジャグを傾けていく。カップは徐々に水平に戻していく。

注ぎ口の位置をやや高くし、手前から奥側に向かって、一直線にミルクを注ぐ。

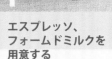

Design Cappuccino

中級編

♥ ♥ ♥

ミニハート

デザインカプチーノの一種。泡がゆるいと模様が描けないので、ミルクフォーマーではなく、エスプレッソマシンのスチーム機能を利用する。

1

中央からミルクを注ぐ

エスプレッソ 30cc 分（→ P64）、フォームドミルクは牛乳 150cc 分（→ P91）を用意。ミルクが浮き上がってこないよう、エスプレッソの中央にミルクを静かに注ぐ。

2

泡をすくってのせる

ジャグに残った泡をスプーンですくい、液面にのせ、小さな丸を 9 個つくる。

3

ピックでハート模様をつくる

小さな丸の中央にピックを通し、時計まわりに動かして、丸と丸をつなげる。

4

すべての丸をつなげる

ピックをそのまま時計まわりに動かし、すべての丸をつなげてハート模様にする。

Latte Art

上級編

リーフ

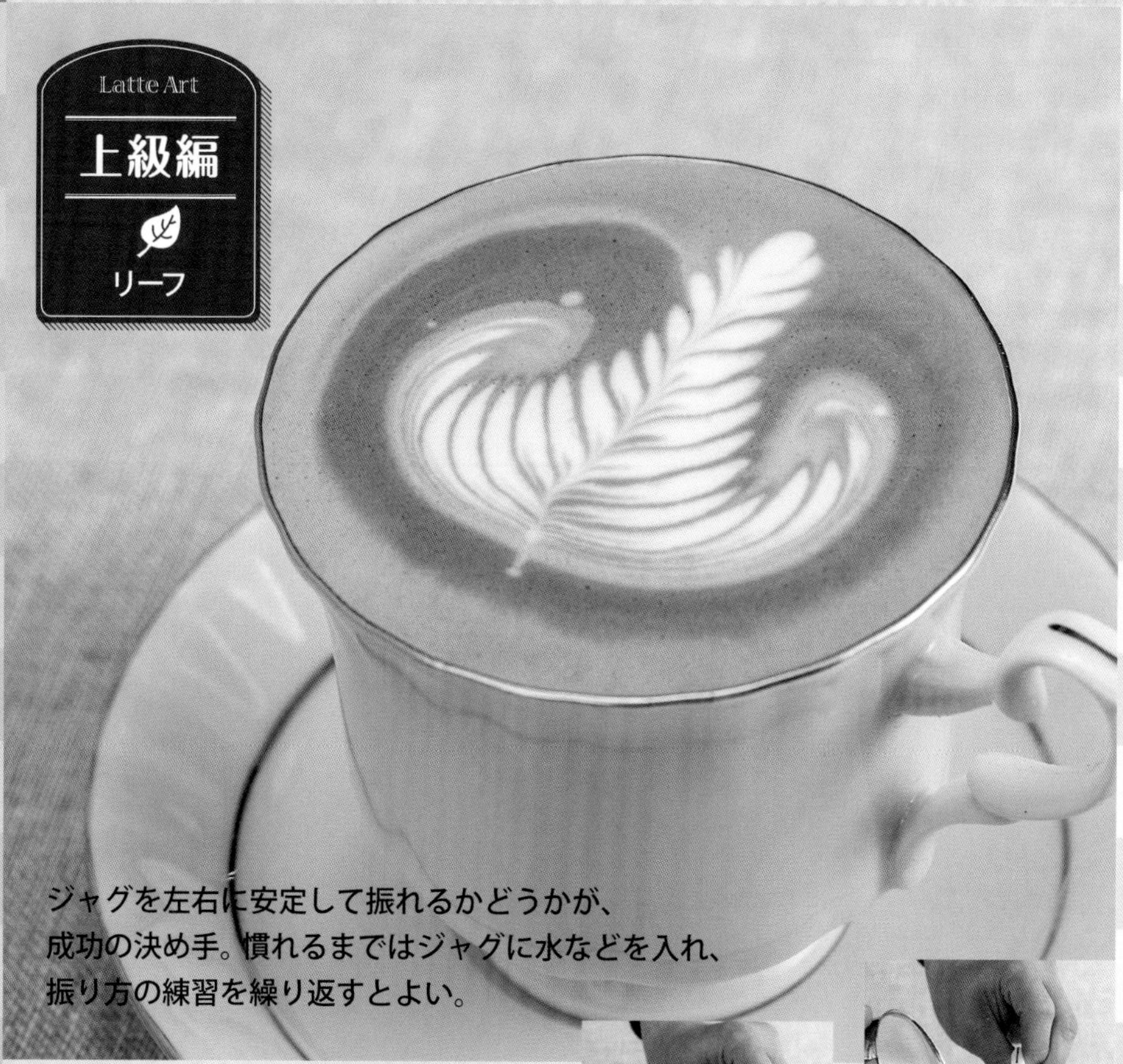

ジャグを左右に安定して振れるかどうかが、
成功の決め手。慣れるまではジャグに水などを入れ、
振り方の練習を繰り返すとよい。

1 中央にミルクを注ぐ

エスプレッソ30cc分（→P64）、フォームドミルクはミルク150cc分（→P91）を用意。カップを傾け、エスプレッソの中央にミルクを静かに注ぐ。

2 左右に大きく振りながら注ぐ

カップを傾け、奥側から手前側に向け、ジャグを左右に大きく振りながらミルクを注ぐ。

3 振り幅をせばめながら注ぐ

ジャグの振り幅を徐々にせばめながら、手前側まで注ぎきる。

4 一直線にミルクを注ぐ

手前から奥側に向けて、一気にミルクを注ぎ、中央の線を描く。

甘党におすすめのアレンジバリエ

クリームやチョコレート類を使った、甘くなめらかなアレンジドリンク6種。口あたりのよさも、大きな魅力。

たっぷりの生クリームに、シナモンで香りづけ

シナモンコーヒー

コーヒーベース

ウインナコーヒーのアレンジ版。生クリームに砂糖を加えると泡立ちが悪くなるので、コーヒーに砂糖を加えておくのがポイントだ。

最適な豆のタイプ

焙煎度	浅	中	**深**
苦味	弱	中	**強**
酸味	**弱**	中	強

材料（1人分）

コーヒーの粉（中細《ちゅうほそ》挽《び》き）……12g
グラニュー糖……大さじ1
生クリーム……適量
シナモンスティック……1本
シナモンパウダー……適量

つくり方

1 大きなボウルに氷をはり、生クリームを入れた小さなボウルをのせる。泡立て器かハンドミキサーで、角が立つまでしっかり泡立てる。

2 ペーパードリップで150cc分のコーヒーを淹《い》れる（→P36〜）。濃いめに仕上げたいときは、極《ごく》細《ほそ》挽《び》きに豆を挽《ひ》き、87〜88℃の高温の湯を注ぐ。

3 カップにグラニュー糖を入れ、コーヒーを注ぎ、スプーンで静かに混ぜる。生クリームをスプーンですくってのせる。

4 シナモンパウダーを振り、シナモンスティックを添える。

生クリームは5〜6さじ分のせて、コーヒーに厚いフタをする

バリスタ's memo メキシコのアレンジコーヒー「カフェ・デ・オーヤ」のように、オレンジの香りをプラスしてもおいしい。シナモンパウダーを振った後に、オレンジの皮を削って入れる。

コーヒーベース

はちみつを使った、やさしい甘味のアイスコーヒー

ハニーコールド

アイスコーヒーにはちみつを加えたアレンジドリンク。シュガーシロップに比べて、味の深み、質感のなめらかさが格段にアップする。

材料（1人分）

コーヒーの粉（中細挽き）……… 12g
はちみつ……………………………… 大さじ1
氷（できれば市販品）……… 適量

最適な豆のタイプ

焙煎度	浅	中	**深**
苦味	弱	**中**	**強**
酸味	**弱**	**中**	強

つくり方

1 ペーパードリップで、150cc分のコーヒーを淹れる（→ P36〜）。濃いめが好みなら、豆を極細挽きにし、87〜88℃の高温で淹れる。

2 コーヒーにはちみつを入れ、かき混ぜて溶かす。

3 グラスいっぱいに氷を入れ、コーヒーを注ぐ。

ここがプロ技！

はちみつの個性をプラス

はちみつのフレーバーは、原料に使われる植物によって異なる。一般的なのはレンゲやアカシアのはちみつで、クセがなく使いやすいのが特徴だ。スタンダードな味を試した後は、みかんなどの樹からとれるフルーツ系のはちみつを使い、豆の香りとのマリアージュを楽しむのもいい。

コーヒーが熱いうちにはちみつを入れると、溶けやすい

アイスコーヒーと同様、一気に注いで急速に冷やす

Hot Mocha Java

チョコレートを使ったデザート感覚のコーヒー

ホット・モカ・ジャバ

生クリームのコクに、チョコレートの甘味、香りを加えてスウィーツ風に。ウインナコーヒーと同様、かき混ぜずにそのまま口に入れ、クリームとコーヒーの温度差、質感の違いを楽しみたい。

コーヒーベース

最適な豆のタイプ

焙煎度	浅	**中**	**深**
苦味	弱	**中**	**強**
酸味	**弱**	中	強

材料（1人分）

- コーヒーの粉（中細《ちゅうほそ》挽《び》き）…12g
- チョコレートシロップ………大さじ1
- 生クリーム…………………………適量
- チョコレート（飾り用）……適量

つくり方

1. カップに熱湯を注ぎ、温めておく。
2. 大きなボウルに氷をはり、生クリームを入れた小さなボウルをのせる。泡立て器かハンドミキサーで泡立てる。泡立て器ですくうと、ぽたりと落ちてくる程度の硬さがめやす。
3. ペーパードリップで、150ccのコーヒーを淹れる（→P36～）。
4. カップの湯を捨ててチョコレートシロップを入れ、コーヒーを注ぎ入れる。コーヒー全体を覆うように、生クリームをそっとのせる。
5. チョコレートを包丁で削り、ホイップクリームの上に飾る。

温めたカップにチョコレートシロップを入れると、ほどよく溶けてコーヒーとよくなじむ

バリスタ's memo 甘さよりコクを立たせたいときは、カカオ濃度の高いチョコレートを湯せんして溶かし、シロップ代わりに使うといい。

Espresso Blanc

やさしい甘味とともに、スウィーツのような香りを楽しむ

エスプレッソ・ブラン

ホワイトチョコレートの甘味、
ココナッツシロップの甘い香りで
スウィーツ感覚に仕上げたアレンジドリンク。
苦味だけでなく、チョコレート系の甘さを
持つ豆がよく合う。

材料（1人分）

- エスプレッソ……30cc
- ホワイトチョコ……15g
- ココナッツシロップ……5cc
- バニラビーンズ……適量
- 牛乳……150cc

つくり方

1 ミルクジャグに、エスプレッソ以外の材料をすべて入れ、フォームドミルクと同じ要領でスチーミングする（→ P91）。

2 耐熱グラスに **1** を注ぎ、さらにエスプレッソを注ぐ。

3 グラスに残ったエスプレッソをすくって、液面にのせ、P96 の要領でミニハートの模様を描く。

残りのエスプレッソで、小さな丸を6個つくる

ピックを丸の中央に通し、すべての丸をつなげる

最適な豆のタイプ

焙煎度	浅	中	深
苦味	弱	中	強
酸味	弱	中	強

 レシピ考案・撮影協力（P101 ～ 104）／石谷貴之　撮影協力（P101 ～ 104）／FBC インターナショナル

エスプレッソベース

生クリームを使った、
クリーミーなカクテル風ドリンク

フィーユ・フレイズ

チョコレートの甘味、いちごの酸味、
エスプレッソの苦味のバランスが絶妙！
エスプレッソには、ベリー系のフレーバー、酸味をもつ豆を選びたい。

カクテルシェイカーを使用

材料（1人分）

エスプレッソ ……………30cc
いちごソース……………15g
チョコレートソース……………1.5g
生クリーム……………10cc
牛乳……………20cc
ココアパウダー……………適量

つくり方

1 ココアパウダー以外の材料をシェイカーに入れ、10秒間ほどシェイクする。
2 グラスに注ぎ、ココアパウダーを全体に振る。

シェイカーを胸の前に持ち、手首をスナップさせて振る

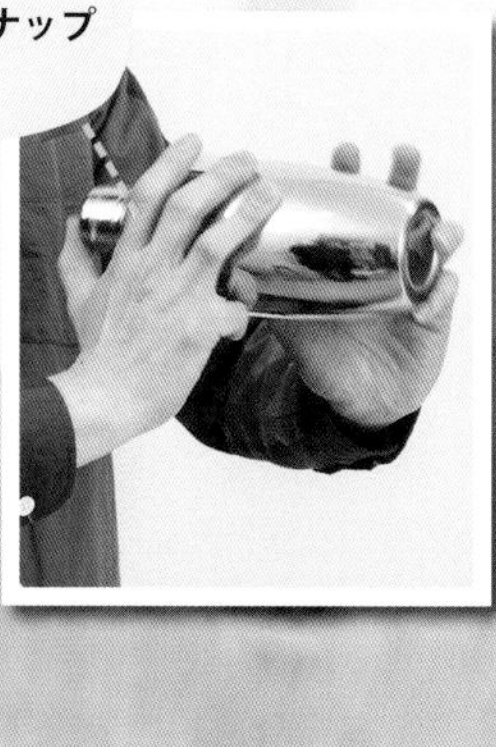

最適な豆のタイプ

焙煎度	浅…中…深
苦味	弱…中…強
酸味	弱…中…強

熱いエスプレッソに、冷たいヨーグルトソース、
オレンジソースを重ねたドリンク。
飲むときはかき混ぜて
ほんのり温かい状態で味わう。

材料（1人分）

- エスプレッソ……………………30cc
- バニラシロップ…………………5cc
- オレンジソース…………………15g
- ヨーグルトソース………………10g
- スチームミルク…………………適量
- オレンジピール…………………適量

つくり方

1. エスプレッソにバニラシロップを加え混ぜる。
2. オレンジソース、ヨーグルトソース、1を、順にグラスに注ぐ。
3. ミルクをスチームし（→P91）、2の上に静かに注ぐ。
4. オレンジピールを飾る。

スプーンで受けながら静かに注ぐと、美しい層ができる

エスプレッソベース

Bonheur

オレンジのさわやかな後味が、心地よく舌に残る

ボヌール

最適な豆のタイプ

焙煎度	浅	中	深
苦味	弱	中	強
酸味	弱	中	強

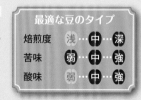

お酒が好きな人におすすめのアレンジバリエ

オリジナルのレシピから、基本のコーヒーカクテルまで、アルコールを使ったドリンク６種に挑戦。

クリーミーな甘さ、
舌ざわりを楽しむ

エスプレッソベース

カフェ・アメンドウ

アーモンド風味の「アマレット」、
バニラやカカオが香る
「ベイリーズ」を組み合わせた、
ほのかな甘さのあるコーヒーカクテル。

材料（１人分）

エスプレッソ	30cc
アマレット	15cc
ベイリーズ	5cc
牛乳	150cc
アーモンドプラリネ	適量

つくり方

1 アマレット、ベイリーズ、牛乳をミルクジャグに入れてスチーミングし（→ P91）、耐熱グラスに注ぐ。

2 エスプレッソを１に注ぎ、アーモンドプラリネを飾る。

注ぎ口を液面に近づけると、エスプレッソが沈み、きれいな層ができる

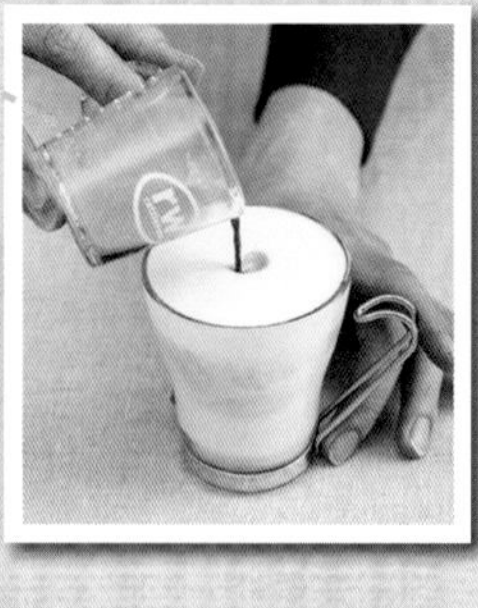

最適な豆のタイプ

焙煎度	浅	中	深
苦味	弱	中	強
酸味	弱	中	強

エスプレッソベース

アイルランド生まれの定番コーヒーカクテル

アイリッシュコーヒー

アイルランドで旅客機の乗客のために考案され、世界に広まったドリンク。クリームでしっかりフタをして、温度を保つことが最大のポイントだ。

最適な豆のタイプ

焙煎度	浅	中	深
苦味	弱	中	強
酸味	弱	中	強

＊コーヒー豆はタイプを問わず、好みのものを使用する。

材料（1人分）

エスプレッソ（またはコーヒー）…60cc
シングルモルトウイスキー…30cc
和三盆糖……10g
※グラニュー糖でも可
湯……120cc
生クリーム……90cc
粉糖……適量

つくり方

1 生クリーム、粉糖以外の材料を耐熱グラスに入れ、温める。

2 シェイカーに生クリームを入れてシェイクし、**1**のグラスに注ぎ入れる。仕上げに粉糖を振る。

ここがプロ技！

個性の強いお酒でアレンジ

通常使われるアイリッシュウイスキーは、スムースな味わいが特徴。ここではよりキャラクターが強く、果実味とピート香が感じられるウイスキー「余市」を使用している。バーボンを使ってもおいしい。

クリームをスプーンで受けながら注ぎ、コーヒーに混ざらないようにする

 レシピ考案・撮影協力（P105～109）／西谷恭兵

スパイシーで
個性的な風味のリキュールを使って

エスプレッソ シェケラート

**ハーブやスパイスの香りが
豊かなリキュール「ドランブイ」を
ベースにしたドリンク。
ヨーグルトの酸味を加え、
よりすっきりした味わいに仕上げている。**

最適な豆のタイプ

焙煎度	浅	中	深
苦味	弱	中	強
酸味	弱	中	強

＊コーヒー豆はタイプを問わず、好みのものを使用する。

材料（1人分）

エスプレッソ（またはコーヒー）…… 60cc
ヨーグルト…… 20cc
ドランブイ …… 10cc
グラニュー糖…… 10g
氷 ……適量

つくり方

1 ドリンクミキサーに材料をすべて入れ、かくはんする。ドリンクミキサーがなければ、家庭用ミキサーを使う。
2 グラスに注ぐ。

ドリンクミキサーを使うと、クレマ（→P64）が空気と反応し、ムース状になる

バリスタ's memo エスプレッソでつくる方法が定番だが、ハンドドリップやフレンチプレスで濃いコーヒーを淹《い》れてつくってもかまわない（P109 まですべて同様）。

材料（1 人分）

エスプレッソ（またはコーヒー）……30cc
牛乳……60cc
フランジェリコ……10cc
（ヘーゼルナッツリキュール）
※なければ好みのリキュールを使用
ガムシロップ……5cc
オレンジの皮……2 枚
チョコレートソース……適量
アーモンドプラリネ……適量

つくり方

1　グラスの内側にチョコレートソースをランダムに塗る。アーモンドプラリネを加えて、チョコレートにプラリネをくっつける。

2　残りの材料をすべてシェイカーに入れ、かくはんする。

3　デコレーションした **1** のグラスに **2** を注ぐ。

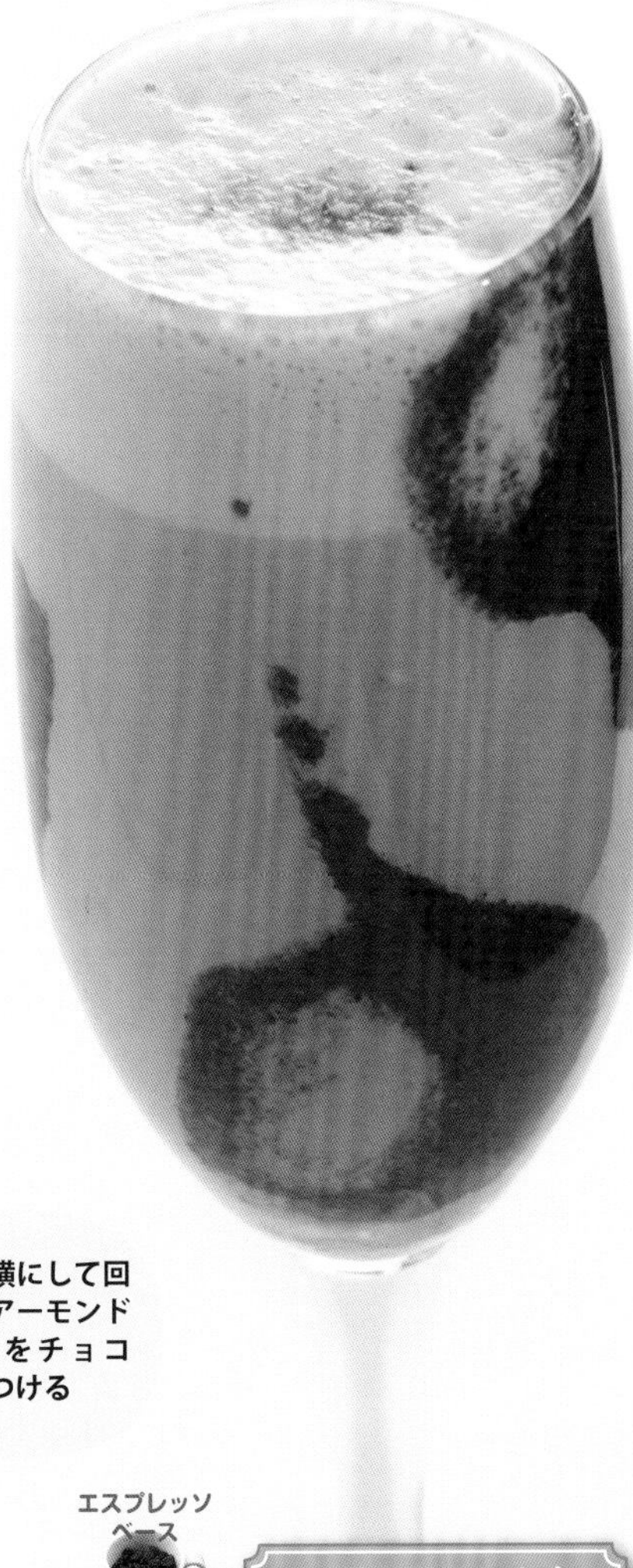

グラスを横にして回転させ、アーモンドプラリネをチョコレートにつける

オレンジのさわやかな後味も魅力

カフェラテシェケラート

エスプレッソベース

最適な豆のタイプ

焙煎度	浅	中	深
苦味	弱	中	強
酸味	弱	中	強

＊コーヒー豆はタイプを問わず、好みのものを使用する。

シェイクしたミルクの泡の舌ざわり、口どけを楽しむ。

チョコレートソースとプラリネでグラスをコーティングするテクニックは、ほかのアレンジドリンクでも試してみたい。

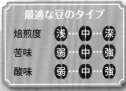

最適な豆のタイプ			
焙煎度	浅	中	深
苦味	弱	中	強
酸味	弱	中	強

＊コーヒー豆はタイプを問わず、好みのものを使用する。

エスプレッソの酸味に、
甘酸っぱいカシスが好相性

エスプレッソ&カシス

エスプレッソベース

苦味の強い豆はもちろん、
酸味がしっかりした豆でエスプレッソを淹れると、
カシスとの相性が際立つ。
さわやかさとほのかな甘さが魅力だ。

材料（1人分）

エスプレッソ（またはコーヒー）…… 15cc
カシスリキュール…………………… 30cc
レモンジュース……………………… 5cc
生クリーム…………………………… 15cc
アーモンドプラリネ………………… 適量

つくり方

1 グラスのフチ半分にレモンの輪切り（分量外）を当てて果汁をつけ、さらにアーモンドプラリネをつけて飾る（ハーフムーン）。

2 残りの材料をシェイカーに入れてかくはんし、グラスに注ぐ。

グラスのフチ半分にレモンの輪切りを当てる

レモン果汁をつけた部分に、プラリネを押しづけする

バリスタ's memo　バリスタというと、日本では「エスプレッソなどのコーヒーを淹《い》れる人」と思われがち。しかし本場イタリアでは、シェイカーを振り、カクテルをつくれるのが当然とされている。

生クリームを浮かべた ウォッカベースのカクテル

エスプレッソ ホワイト ルシアン

Espresso White Russian

コーヒーリキュールとウォッカに、生クリームを浮かべるのが本来のつくり方。今回はエスプレッソとコーヒーリキュールにウォッカ、生クリームをシェイキングして浮かべ、クリームを香り高く仕上げている。

最適な豆のタイプ

焙煎度	浅	中	深
苦味	弱	中	強
酸味	弱	中	強

＊コーヒー豆はタイプを問わず、好みのものを使用する。

氷に当ててクリームを注ぐと、コーヒーとのきれいな層ができる

材料（1人分）

エスプレッソ（またはコーヒー）…… 20cc
コーヒーリキュール …… 30cc
ウォッカ …… 25cc
生クリーム …… 25cc
氷 …… 適量

つくり方

1 グラスに氷を入れ、エスプレッソ、コーヒーリキュールを入れてステアする（混ぜる）。

2 ウォッカ、生クリームをシェイカーでかくはんし、**1**に注ぐ。

Let's Try! リキュールを使ったオリジナルドリンクに挑戦

オレンジ系リキュール

チョコレート系リキュール

ナッツ系リキュール

アレンジドリンクに使うアルコールとして、特に合わせやすいのは、左の3種類。
ただしパターン化された組み合わせにはとらわれず、自宅にあるリキュールを使って自由に楽しんでほしい。

Part 3

の豆に

世界のスペシャルティコーヒー、
選りすぐりの 122 銘柄を紹介！
どんな豆を選んでいいかわからないとき、
いつもとは違う豆を試してみたいときは、
本章の豆カタログを参考に
好みの銘柄を探してみよう。

最新・スペシャルティコーヒー122銘柄

自分好み出合う

カフェでも家庭でも高級銘柄が気軽に味わえる

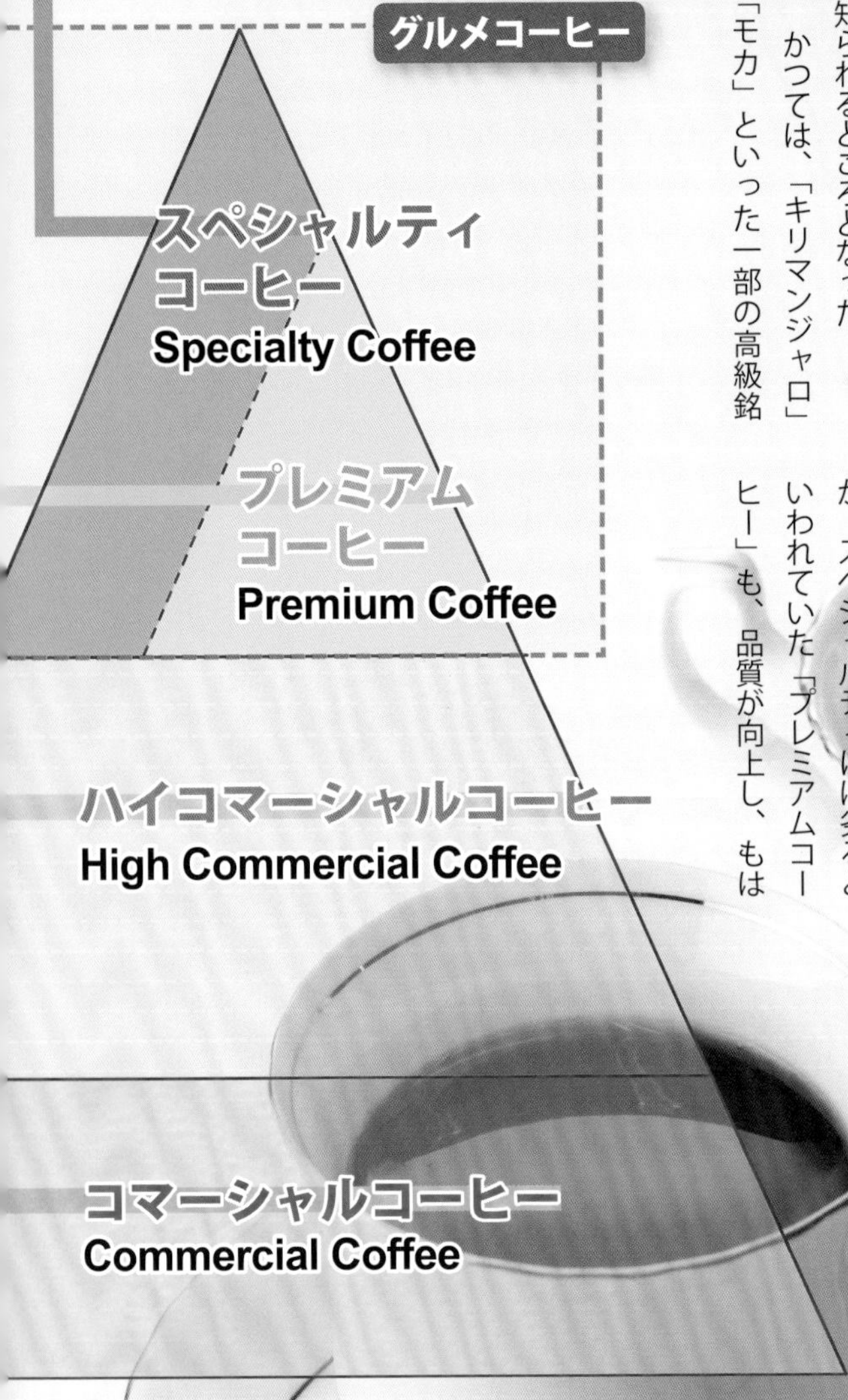

コーヒー界の新たな潮流、スペシャルティの登場

ここ約20年のコーヒー業界は激動の時代といっていい。スペシャルティコーヒーという、コーヒー界のエリート種がまたたく間に注目を集め、一般にも知られるところとなった。

かつては、「キリマンジャロ」「モカ」といった一部の高級銘柄が知られているだけで、国別の味わいを楽しむくらいが一般的だった。しかし今では、生産地域、農園名、品種、精製法に至るまで、あらゆるスペックが高い付加価値を生み、高値で取引されている。付加価値はあるが、スペシャルティには劣るといわれていた「プレミアムコーヒー」も、品質が向上し、もはやスペシャルティとの明確な区分はむずかしい。

スーパーやコンビニで売られている大量生産のコーヒーも、良質の豆を使用し、価格より質にこだわる商品が増えている。

希少価値の高さで4タイプに分類される

スペシャルティコーヒー
Specialty Coffee

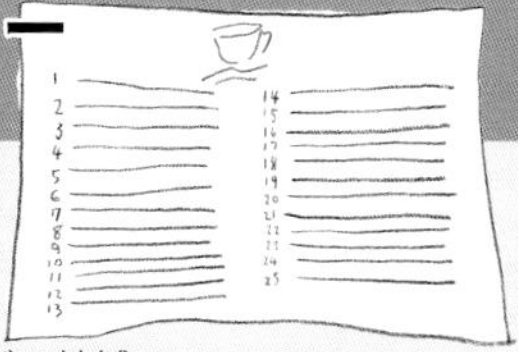

トレーサビリティが明確で個性が際立つ最高級豆

トレーサビリティといって、どの国のどの地域で、誰の手によってつくられたコーヒーかが明らかな高級品で、さらにカッピング（テイスティング）審査で高評価を受けたものをさす。「レモンティーのようなフレーバー」など、明確な個性を持つものが高評価を受ける傾向にある。

プレミアムコーヒー
Premium Coffee

高品質が保証されたブランド銘柄

品種や生産地域などが特定されているブランドコーヒー。カップテストを経ていないが、品質は非常に高い。最近は多くがスペシャルティコーヒーに転化しており、このような呼び方はあまりされなくなってきた。

希少価値が高いのが「スペシャルティ」「プレミアム」の２種。この区分はむずかしく、グルメコーヒーとして、まとめて考えたほうがわかりやすい。

ハイコマーシャルコーヒー
High Commercial Coffee

大量に取引され、一般的に使われている豆

生産国での規格でグレード分けされ、世界中に大量流通している豆。私たちが普段口にするコーヒーの多くはこのタイプで、味が劣るわけではなく、希少価値が高くないことが上記２種との違い。メインストリームコーヒーともいう。

コマーシャルコーヒー
Commercial Coffee

インスタントコーヒーなどに使われる

もっとも多く流通している豆。かつては低品質・低コストといわれていたが、最近はこのタイプも品質が向上し、インスタントコーヒーや缶コーヒーにもブランド銘柄が使われることが増えてきた。

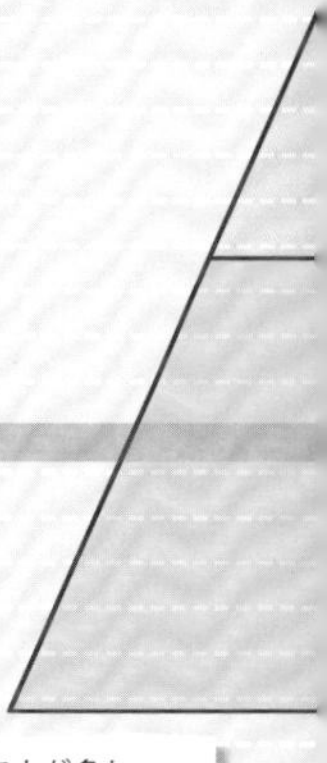

バリスタ's memo　市場に出しても価格がつかない豆は、産地の人々の飲料用として消費されることが多かった。しかし現在は、産地でも非常においしいコーヒーが飲まれるようになってきている。

スペシャルティコーヒーの特徴

スペシャルティコーヒーはコーヒー界のエリート種

世界的にスペシャルティブームが巻き起こる

スペシャルティコーヒーという言葉が誕生したのは、1978年。産地や農園ごとの微妙な自然環境の違い、つまり「テロワール」によって、個性的な香味のコーヒーができるという考えが提唱された。フランスのコーヒー国際会議でのことだ。

その後は欧州、米国、日本の3か所にスペシャルティコーヒー協会が誕生し、個性際立つ銘柄に注目が集まりだした。今では、世界中にスペシャルティコーヒーが定着した感がある。

スペシャルティコーヒーの定義

（日本スペシャルティコーヒー協会資料より引用）

- 消費者（コーヒーを飲む人）の手に持つカップの中のコーヒーの液体の風味が素晴らしい美味しさであり、消費者が美味しいと評価して満足するコーヒーであること
- 風味の素晴らしいコーヒーの美味しさとは、際立つ印象的な風味特性があり、さわやかな明るい酸味特性があり、持続するコーヒー感が甘さの中で消えていくこと
- カップの中の風味が素晴らしい美味しさであるためには、コーヒーの豆（種子）からカップまでのすべての段階において一貫した体制・工程・品質管理が徹底していることが必須である（From Seed to Cup）

コーヒーのおいしさを豆ではなく抽出液で評価している点、ほかにはない個性、生産履歴にも重きを置いている点が特徴だ。

スペシャルティの定義はいまだあいまい

しかしスペシャルティコーヒーの定義は今も発展途上で、専門家でもひと言では答えられない。協会によって定義も異なる。共通しているのは、トレーサビリティ（生産履歴）が明確で、さらにカッピングにより香味の評価を受けている点だ。

では、今まで私たちが親しんでいた「モカ」「マンデリン」といった銘柄は、スペシャルティではないのか。一概にそうとはいえない。以前は産地や品種が明らかなブランドコーヒーとして、プレミアムに分類されていたが、現在はカッピング審査を受けたうえで生産履歴を明示したものが増えている。境界線はますますあいまいになり、現在ではプレミアムという呼び名自体があまり使われなくなってきた。

バリスタ's memo　日本でもスペシャルティコーヒー専門店が増えていて、豆の味がストレートに出るという理由から、フレンチプレスやエアロプレスを積極的に使っている店もある。

スペシャルティコーヒーのおもな特徴

定義がつかみにくいスペシャルティコーヒーだが、
具体的には以下のような特徴をもつ。

Ⅰ トレーサビリティが明確

トレーサビリティとは、生産から消費までの経路を追跡できる状態をさす。コーヒーであれば、どの地域のどの農園で栽培・精製・収穫され、どのような流通経路で消費地まで来たかがはっきりしていること。

国単位ではなく、生産者ごとに評価を受ける

Ⅱ 抽出後の味がよい

粉を湯に溶かして、香味をチェックする

カップテストによって、カップに淹《い》れた後の風味や味のよさが確認されていること（→ P222 ～）。SCAJ（日本スペシャルティコーヒー協会）式、SCAA（アメリカスペシャルティコーヒー協会）式があり、日本は前者が採用されている。

Ⅲ 産地、品種の個性が際立っている

産地や農園の環境、品種による香味の違いも重要。単においしいだけではなく、ほかにはない香り、味を持つものが高い評価を得る。とにかく香りを強く出すために、浅《あさ》～中《ちゅう》煎《い》りに焙煎《ばいせん》し、提供されることも多い。

パナマ産らしいフレーバー
ゲイシャ種らしい酸味とアロマ

Ⅳ 欠点豆が少ない

いくら高品質の豆でも、欠点豆が混ざっていると、カップの味は著しく低下してしまう。そのため、生産者によるハンドピックがていねいにおこなわれ、従来の豆よりも欠点豆が非常に少ないのが特徴だ。

欠点豆が少なく、サイズも揃っている

欠点豆が多く、粒の大きさにもムラがある

手ごろなコーヒーの楽しみ方

手間ひまかけたコーヒーは スペシャルティの質になる

手ごろな値段の豆は ていねいにハンドピックする

焙煎《ばいせん》も自分でおこなう人は、生豆《なままめ》を購入するところから、コーヒー選びが始まる。しかし生豆には、欠点豆や異物が混入している。

ハンドピック（1回目）

トレイに豆を広げて、欠点豆、異物を手で取り除く。生産国にもよるが、手ごろな豆の場合は、20%前後は捨てる覚悟で臨む。

雑味、えぐ味の原因となる 欠点豆 を取り除く

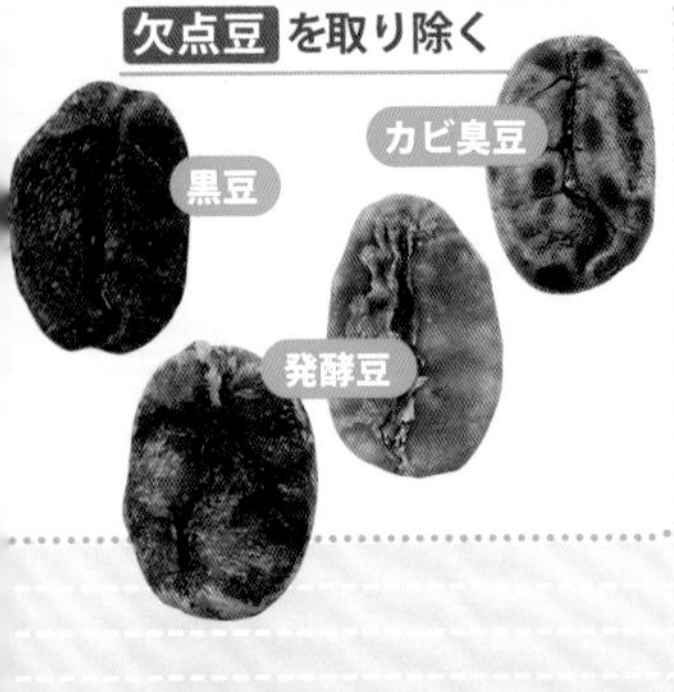

普段使いのコーヒーこそおいしく飲みたい

スペシャルティコーヒーが美味なのは確かだが、そればかりがコーヒーではない。スペシャルティコーヒーとの線引きがむずかしいだけあって、プレミアムコーヒーにもすばらしい香味がある。両者を厳密に区別せず、おいしく感じるものを自由に味わってほしい。

とくに普段使いのコーヒーは、煎《い》りたて、挽《ひ》きたて、淹《い》れたてにこだわるだけで、味も香りも格段によくなる。

焙煎前後のハンドピックをていねいに

自分で豆を焙煎《ばいせん》する場合は、挽き方、淹れ方だけでなく、生《なま》豆《まめ》の選別作業も重要だ。

生豆を購入すると、虫食い豆などの欠点豆、サイズが極端に違う豆、異物が混じっている。それを手で取り除く作業が「ハンドピック」である。

生豆の段階だけでなく、焙煎後もていねいにハンドピックすれば、普段のコーヒーがスペシャルティ並みの品質になる。

「焙煎までは無理」という人は、購入した豆がどの程度きれいに選別されているか、チェックしてみよう。一部が焦げている豆、色の違う豆などが何個も混ざっていたら、ハンドピックが不十分な証拠。よい焙煎豆を手に入れるためにも、ハンドピックの知識は役に立つ。

異物を取り除いた豆を焙煎する。煎っている間に、熱の入りすぎたものなど、不良豆ができることがある。

焙煎後、再度ハンドピックをおこない、焦げた豆、ほかとは色が違う豆などを取り除く。焙煎豆を購入して飲む人も、品質チェックのために確認してみよう。

スペシャルティ並みの極上の一杯になる

世界のコーヒー豆の品種

国ごとの環境によって生産される品種が異なる

高地にはアラビカ種、
低地にはロブスタ種が多い

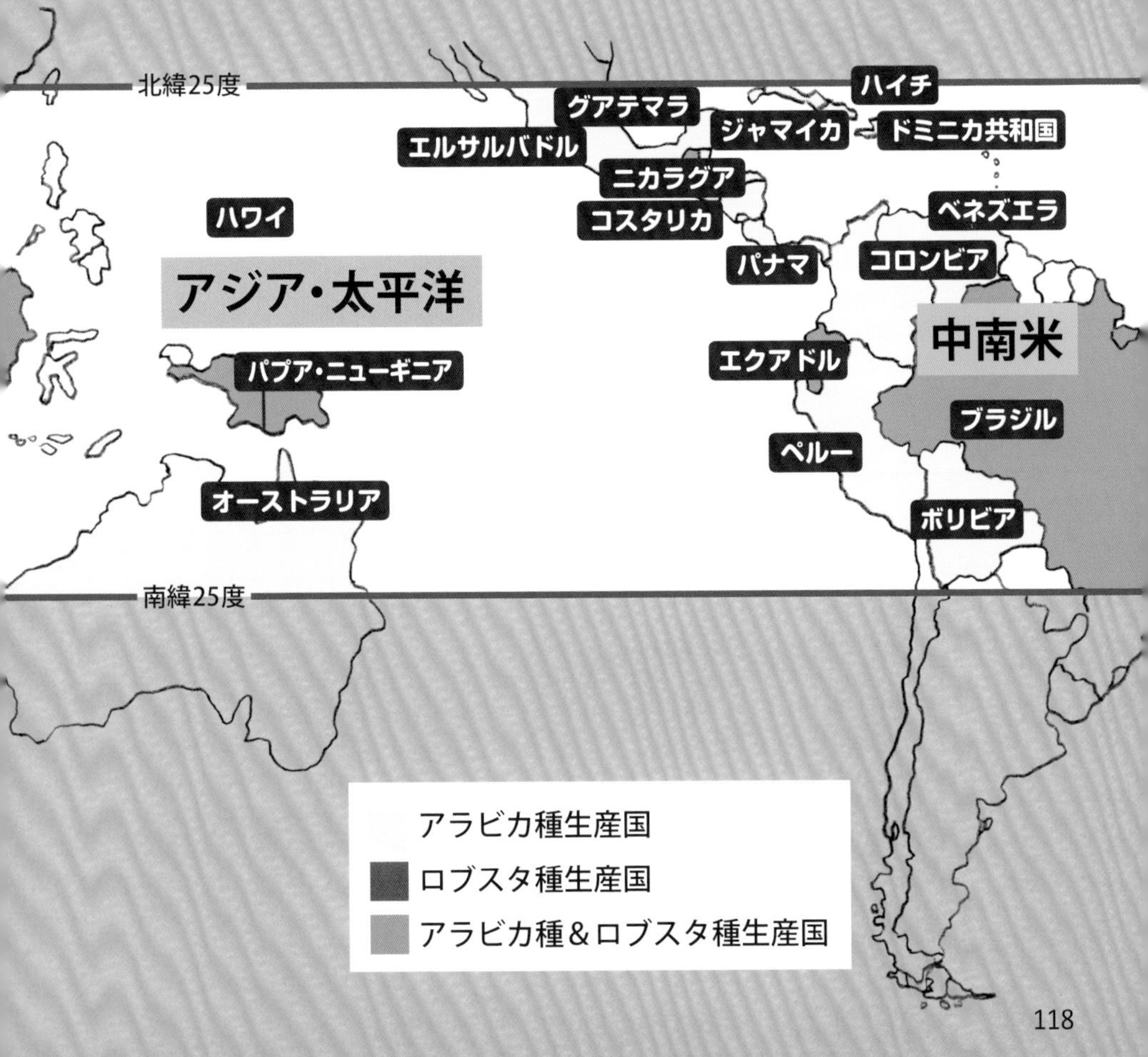

「コーヒーノキ」から生まれた2大品種

おいしいコーヒーを選ぶには、世界のコーヒーの品種についても理解しておきたい。

コーヒー豆は、アカネ科の「コーヒーノキ」という植物の種子である。実は成熟すると赤くなり、中には2粒の種子が実る。これが俗にいうコーヒー豆だ。コーヒーノキは40種ほどあり、熱帯を中心に生育している。

ただしコーヒー豆として収穫できるのは、アラビカ種とロブスタ種、リベリカ種の3種のみ。このうちリベリカ種は1%にも満たないため、世界に流通する豆の約65%はアラビカ種で、残る約35%はロブスタ種という分布である。

どちらかをメインに栽培している国もあれば、両方を栽培している国もある。

コーヒーベルト

コーヒーノキの多くは、南北回帰線《なんぼくかいきせん》の間の熱帯・亜熱帯地域で栽培されている。この一帯はコーヒーベルトとよばれる。生産国は60か国ほどである。丈夫なロブスタ種はどんな土壌でもよく育つが、アラビカ種は、熱帯の中でも涼しい場所で、かつ土壌がよくないと育たない。そのため高地ではアラビカ種、低地ではロブスタ種が多く栽培されている。

品種ごとの形、香味の違い

アラビカ種の人気品種、味の特徴を知る

アラビカ種の人気品種

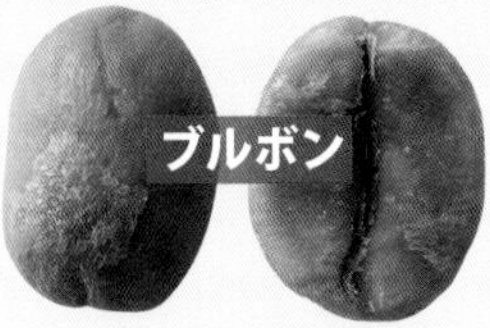

ティピカの突然変異種で、S字のセンターカットが入った小粒豆。良質の香り、コクがあるが、隔年収穫のため流通量は多くない。

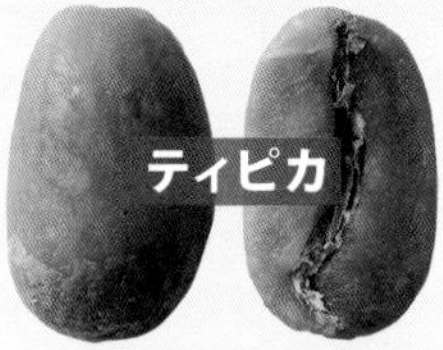

アラビカ種の中では栽培の歴史が古い。すぐれた香り、酸味があるが、病気に弱く、現在では生産量が非常に少ない。

6世紀以前から、エチオピアに自生していた品種。中南米を中心に、ケニアやエチオピアなどの東アフリカ諸国、アジアなどで生産されている。ティピカ、ブルボンは古くからある品種で、この2種をもとに、ほかの品種がつくり出された。

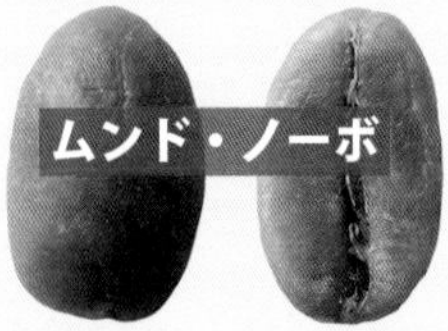

ブラジルで見つかった自然交配種で、ブラジルの主力品種。苦味と酸味のバランスがよく、量が多く採れる利点もある。

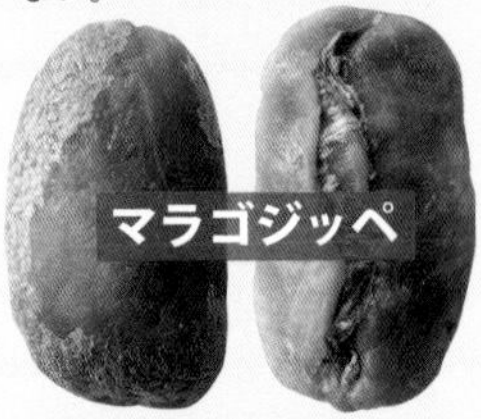

ブラジルで発見されたティピカの突然変異種。味がやや淡白だが、大粒で見栄えがよいことから、好んで買う人もいる。

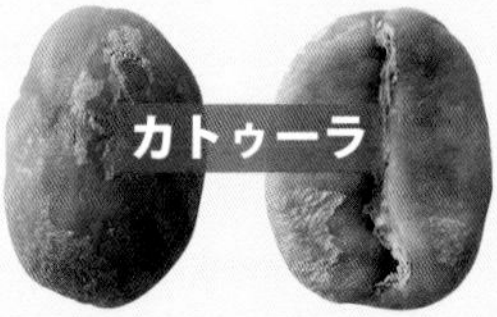

形がいびつでゴツゴツしている。豊かな酸味が魅力だが、渋味がやや強い。ブルボン同様、隔年収穫のため、生産量は限られる。

アラビカ種には70以上もの品種がある

コーヒー豆の大部分を占めるアラビカ種は、高級品として取り扱われる。レギュラーコーヒーとして飲まれる豆のほとんどは、アラビカ種と考えていい。

アラビカ種は、風味や香りにすぐれているが、病虫害に弱く、各国でさかんに品種改良が進められてきた。突然変異で誕生した品種も含めると、現在は70種以上もある。

ブルーマウンテン、キリマンジャロ、モカ・マタリ、マンデリン、ハワイ・コナなど、一般によく知られているコーヒーもみな、アラビカ種である。

ロブスタ種には独特の「ロブ臭」がある

アラビカ種は熱帯の中でも冷涼な高地でよく生育するのに対し、ロブスタ種は高温多湿な低

カネフォラ種のおもな品種

アラビカ種に比べると歴史が浅く、19 世紀に入ってから、アフリカで発見された。インドネシア、ベトナム、中央・西アフリカ諸国などで生産されている。

ロブスタ種

現在ではカネフォラ種と同義。丸みのある形状が特徴で、独特の香りと苦味を持つ。

インスタントコーヒーでおなじみ

取引価格が非常に安く、インスタントコーヒーなどの原料として使われることが多い。

レモンティーのようなフレーバーで一大ブレイク！

レモンティーのような格別に個性的な風味で、コーヒー界に彗星のごとく現れ、スペシャルティコーヒーブームの火付け役となった。

Geisha

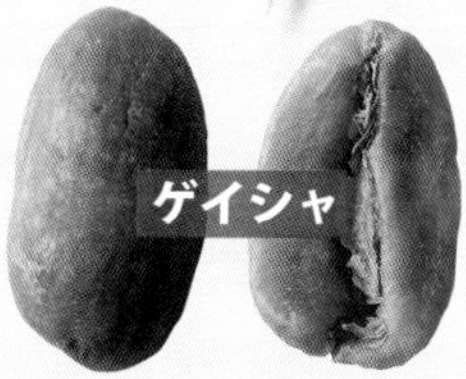

エチオピアで発見された品種。レモンティー風で、「ゲイシャだけは香りでわかる」という人もいるほど、突出した個性がある。

エルサルバドルで開発された、大粒の交配種。適度な苦味、酸味、コクを備えていて、豆がやわらかく焙煎《ばいせん》しやすいのが特徴。

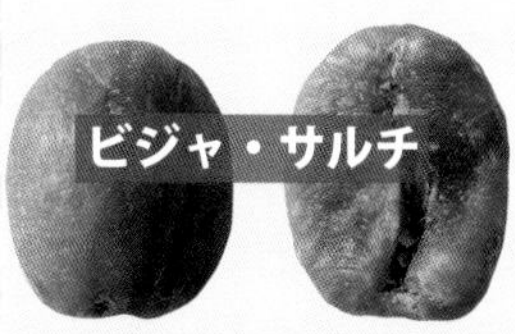

コスタリカで発見された、ブルボンとティピカの突然変異種。形はカトゥーラに近い寸胴タイプ。酸味が豊かでフルーティ。

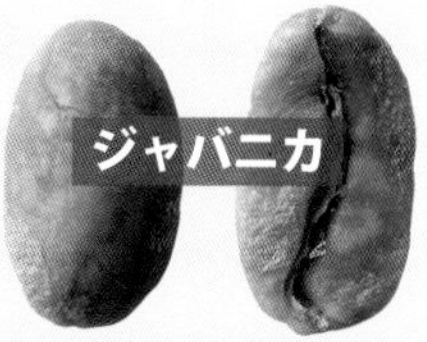

インドネシア・ジャワ島で生まれた交配種。大粒で先がとがっているのが特徴。ゲイシャと同系統で、かんきつ類の香りがする。

Column

超レア品種のリベリカ種って、どんな豆？

市場に出まわらないコーヒーと聞くと、「幻のコーヒー⁉ 一度飲んでみたい！」と興味がそそられるが……。

栽培量が少ない訳は、病気に弱く育ちにくいうえ、あまりおいしくないから。現地消費用に収穫されることはあっても、商品にはならないというのが実際のところだ。

地で育ちやすい。

ロブスタ種は、正確にはカネフォラ種の一変種だが、ロブスタ種の名称が広く知られているため、現在はカネフォラ種＝ロブスタ種とされることが多い。

ロブスタ種の最大の特徴は、ロブ臭《しゅう》とよばれる独特の香りと苦味があることだ。

そのためストレートコーヒーとして飲まれることはなく、おもにインスタントコーヒーなどに用いられている。

銘柄名の読み方

銘柄名だけで品種、等級、生産者がわかる

コーヒーの名前はなぜ長い？

コーヒーの名前は、いつの間にこれほど長くなったのか。おそらくはスペシャルティコーヒーが広まった、ここ20年ほどの間だ。覚えにくいことこの上ないが、法則さえ覚えておけば、豆選びの大きな目安になる。

銘柄名の最初にくるのは、生産国名である。その次に、生産地区や農園名、品種などを組み合わせることが多い。

銘柄名を見れば、どこで採れたどのような豆なのかがだいたいわかる。

スペシャルティコーヒーは特に、生産地区が銘柄になっていることが多く、そのコーヒーの個性までもが浮き彫りになる。

スペシャルティコーヒーの名前を読みとく

栽培地の環境、精製法などが味の個性を際立たせるため、国名の後に詳細な産地や農園名、品種などが記される。

例1

パナマ ドンパチ ブルボン

国名 ／ 生産者（ドンパチ農園） ／ 品種（ブルボン種）

パナマのドンパチ農園で生産された、ブルボンという品種のコーヒーであることを示す。

コスタリカ ウェスト・バレー ビジャ・サルチ

国名 ／ エリア名（ウェスト・バレー地区） ／ 品種（ビジャ・サルチ種）

コスタリカのウェストバレー地区で生産された、ビジャ・サルチ種のコーヒーのこと。

例2

例3

エチオピア・シダモ・ウォッシュト

国名 ／ エリア名（シダモ地区） ／ 精製法（水洗式）

エチオピア・シダモ地区産の、ウォッシュト（水洗式）で精製されたコーヒーをさす。

プレミアムコーヒーの名前を読みとく

例１のように、国名のあとに、生産国による格付けが続くことが最も多い。格付けの方法は各国で異なっている。

例1　パナマ SHB

国名 ― パナマ
標高の高さ ― SHB

パナマ、グアテマラ、エルサルバドルなど、おもに中米の産地では、産地の標高を格付け指標にしている。SHBは最上級品で、パナマの場合は標高 1550 m以上の高地でつくられた豆が該当する。

例2　コロンビア・マラゴジッペ

国名 ― コロンビア
品種・豆のサイズ ― マラゴジッペ

コロンビアでは、豆の大きさによってスプレモとエキセルソに分類している。マラゴジッペは品種名だが、大粒品種であることから、スプレモにあたる。

例3　ドミニカ・ハラバコア

国名 ― ドミニカ
エリア名 ― ハラバコア

ハラバコアは､ドミニカ共和国の中でも優秀なコーヒー豆の生産地。ハラバコア産であることを明記するだけで、豆の質が推定できる。

例4　ブラジル・ナチュラル

国名 ― ブラジル
精製法 ― ナチュラル

ナチュラルは、コーヒーの実を乾燥させて豆を取り出す精製法のこと（→ P173）。ブラジル産のナチュラル製法の豆であることがわかる。

「SHB」などの記号は国別の格付けを表す

コーヒー豆は、生産国の規格によって格付けされている。プレミアムコーヒーの銘柄名は、国名のあとに国別の格付けがつけられることが多い。

各国の規格は、それぞれ異なる。おおまかには、「栽培地の標高」「生豆《なままめ》の大きさ」「欠点豆の数」に大別できる。一般に、標高の高い土地で生産される大粒豆ほど、味も香りもよいからだ。

格付けによって味が保証されるわけではないが、品質の高さを知る大切な目安となる。

一方、ハイコマーシャルコーヒー、コマーシャルコーヒーの銘柄名では、このような格付けはあまり見かけない。「コロンビアコーヒー」「モカブレンド」というように、国名だけを入れるのが一般的だ。

豆の性質＆焙煎適性をチェック

A〜Dの4タイプ分類でベストの焙煎度がわかる

焙煎度は、A → D の順に浅煎り→深煎り

生豆《なままめ》の色、焙煎《ばいせん》時のふくらみ具合、焙煎時の色の変わり具合という４つの物さしによってコーヒー豆を４分類したもの。

銘柄ごとのタイプ分類は、P128の豆カタログを参照。

Aタイプの豆

水分が少なく白っぽい。浅煎りで豊かなアロマが出る

水分含有量が少なく、全体に白っぽい色をしている。表面はなめらかで、ツルッとした感触。扁平《へんぺい》で肉が薄いぶん、火の通りがよく、浅煎《あさい》り〜中煎《ちゅうい》りが適している。深く煎《い》ると肝心の香りがとんでしまい、苦味だけが強く出る。

ハイチなど、カリブ海周辺の豆にこのタイプが多い。

焙煎度	適性
浅煎り	◎
中煎り	○
中深煎り	△
深煎り	×

例
- ブラジル ナチュラル カルモデオーロ
- イエメン モカ ホワイトキャメル

Bタイプの豆

浅煎りにも中深煎りにも合う入門編的なコーヒー

パナマ、ブラジル、ハワイなど、低地〜中高地産の豆。少し枯れた感じの見た目で、表面には多少デコボコがある。

水分量は少なめだが、Aタイプほど火の通りがよくないので、中煎りがベスト。渋み、雑味の少ない豆なら浅煎りでもいいし、香りが強い豆の場合は、中深煎《ちゅうふかい》りでもおいしく飲める。

焙煎度	適性
浅煎り	○
中煎り	◎
中深煎り	○
深煎り	△

例
- ドミニカ アロヨ・ボニート
- ハイチ マール・ブランシュ

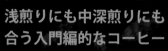

やわらかい豆は浅く硬い豆は深く煎る

コーヒーをひと口飲んで、銘柄をいい当てられる人はそう多くない。おそらくカッピングのトレーニングを積んだ専門家に限られる。コーヒーの味は銘柄だけでは決まらず、焙煎度《ばいせんど》による違いが大きいためだ。

どのように焙煎《ばいせん》すれば、それぞれの豆の魅力を引き出せるかは、一概にはいえない。しかし、肉が薄い豆は浅煎《あさい》りのほうが適しているとか、硬い豆は深煎《ふかい》りがいいなど、豆の特性ごとの傾向ははっきりしている。

そこで長年の経験と研究によって、コーヒー豆を4つにグルーピングしたのが、下図のABCD分類である。自分が購入した豆が、このうちどのグループに入るかがわかれば、最適な焙煎度を知ることができる。

Cタイプの豆

焙煎度	適性
浅煎り	△
中煎り	○
中深煎り	◎
深煎り	○

例 ●エチオピア シダモ ウォッシュト
●ペルー エルパルゴ

肉厚の豆。しっかり火を入れたほうがおいしい

エチオピア、ニカラグアなどの高地で採れる硬質の豆。緑がかった色をしており、比較的肉厚で、表面のデコボコが少ない。香味豊かな良質の豆なので、豆の風味が最も香り立つといわれる中深煎りが適している。焙煎が浅いと青臭く、不快な渋みばかりがめだつので注意する。

Dタイプの豆

焙煎度	適性
浅煎り	×
中煎り	△
中深煎り	○
深煎り	◎

例 ●ケニア カラチナファクトリー
●ジャマイカ ブルーマウンテン

大粒で厚みのある豆。重層的な味わいが魅力

グアテマラ、コロンビアなどの高地産でつくられる、肉厚で硬い大粒豆。
酸味が豊富な豆なので、浅煎りだと酸っぱくて飲めない。深煎《ふかい》りにして酸味を抑え、味のバランスをとると、濃厚な風味の世界を引き出せる。香りの華やかさを前面に出したい場合は、中深煎りもおすすめだ。

世界の人気豆カタログ

スペシャルティコーヒー 厳選！122銘柄

産地別の味を知って 好みの銘柄を見つける

スペシャルティコーヒーが浸透してきた昨今では、国ごとの味の傾向より、銘柄ごとの個性が重視される向きがある。「コロンビアらしい」といったおおまかな感想ではなく、「フローラル系のアロマ」「オレンジのような明るい酸味」など、味の表現が個別化、複雑化している。

しかし初心者にとっては、このような複雑な香味はわかりにくく、どんな豆を選んでよいか悩んでしまうこともある。

そこで参考にしてほしいのが、産地別の味の傾向を簡略化して表した左の図だ。

これを手がかりに、さらにP128以降の豆カタログで苦味、酸味、香り、コクの4つの要素をチェックし、好みの産地銘柄を探してみよう。

世界のコーヒー産地、味のマトリックス

酸味

P128 以降で紹介している世界の豆を、苦味と酸味で分類すると、下図のようになる。この場合の苦味と酸味は、おすすめの焙煎度《ばいせんど》で煎《い》った場合のもの。焙煎度が異なれば、味わいも当然異なってくる。

中南米
アフリカ
アジア・太平洋

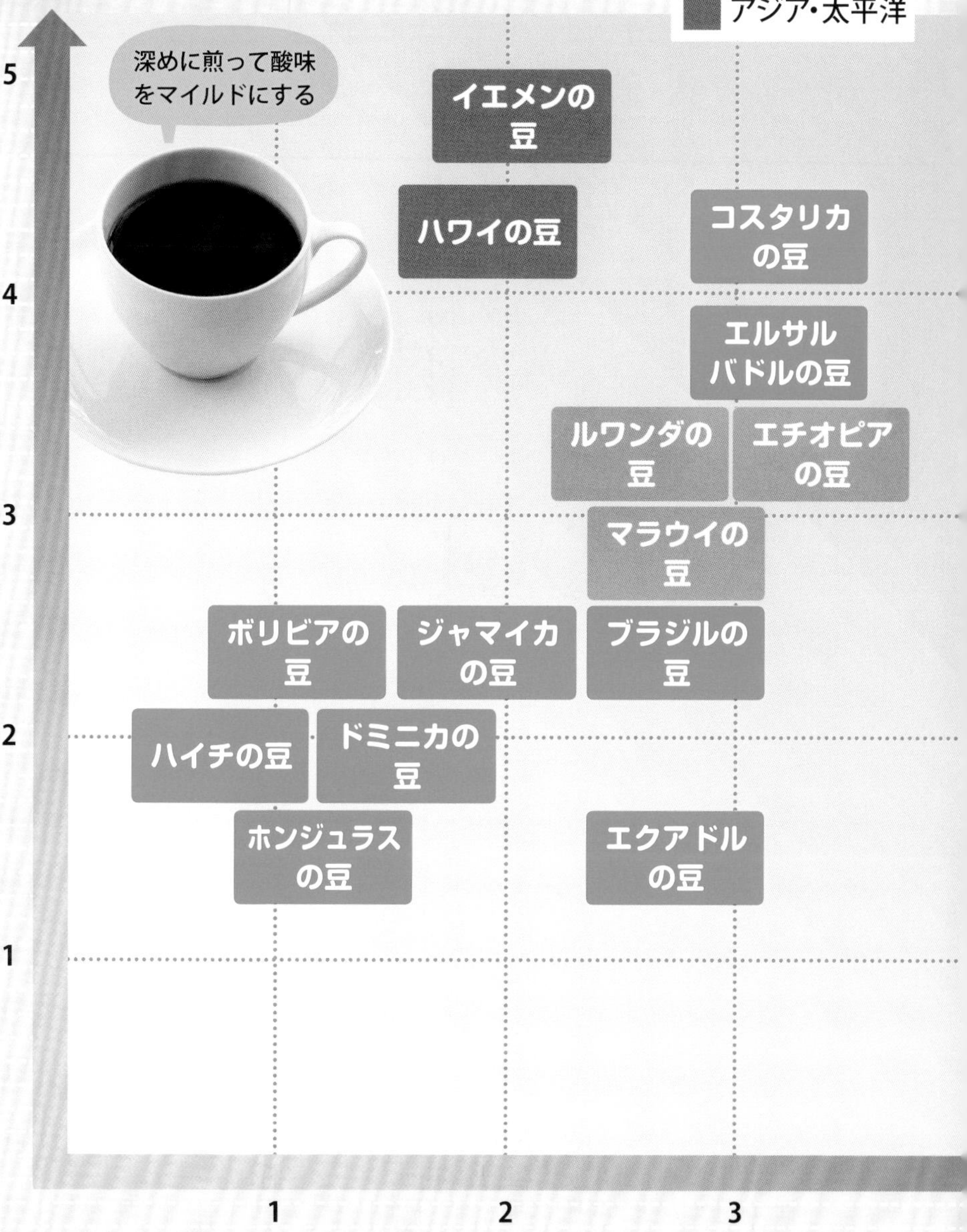

ブラジル
Brazil

マイルドで飲みやすく酸味は控えめ

高級豆から安い豆まで品質のばらつきが大きい

ブラジルは、コーヒー栽培面積も生産量も世界一、消費量もアメリカに次ぐ世界第二位を誇るコーヒー大国である。大規模農園での栽培がさかんにおこなわれている。

多くはカネフォラ種だが、残る20％程度はロブスタ種。高級品から手ごろなものまで、品質もまちまちだ。しかしスペシャルティコーヒー時代に入って以降は、カッピングによる世界レベルの品質評価が導入され、豆の質は確実に向上している。

中米に比べると低地で栽培されることが多く、総じて肉薄の小さな豆が多い。適切な焙煎度《ばいせんど》は、浅煎《あさい》り～中煎《ちゅうい》り。コーヒーらしい苦味はあるが、酸味が少なくクセのない味わいで、ブレンドに使われることも多い。

ブラジル豆は３つの格付けで評価される

Ⅰ 欠点豆の数で格付け

ブラジルでは古くからおこなわれている品質評価法で、欠点が少ないほど高級品となる。

欠点豆が少ない
No.2
No.3
No.4
No.5
No.6
No.7
No.8
欠点豆が多い

Ⅱ 豆のサイズで格付け

スクリーン 19 は約 7.5㎜以上の大粒豆で、スクリーン 12 は、約 4.8㎜以上の小粒豆をさす。

大粒
19
18
17
16
15
14
13
12
小粒

Ⅲ カップテストで格付け

1～3は「ソフト」と総称され、口あたりがやわらかく、味のバランスがよいことを表す。

高品質
1 ストリクトリー・ソフト
2 ソフト
3 ソフティッシュ
4 ハード
5 リアード
6 リオ
低品質

例：ブラジル・サントス Ⅰ No.2 Ⅱ スクリーン19 Ⅲ ストリクトリーソフト

上記のような名称の場合、欠点豆が非常に少なく、粒の大きさも味わいも最上級の豆であることがわかる。

＊Ⓐ、Ⓑ、Ⓒ、Ⓓは、焙煎のタイプ分類を表しています（→ P180 参照）。

写真提供／フレッシュロースター珈琲問屋

バイア ウォッシュト サンタフェドイス農園

Bahia Washed Santa Fe Dois

B

ベストな焙煎度
浅煎り
香りを
損なわないよう
浅煎りに

クリアな味わいでブレンドにも最適

ウォッシュト（水洗式）で精製されているため、ナチュラル（自然乾燥）タイプに比べ、品質が安定している。クリアな味わいが特徴で、酸味控えめで非常に飲みやすい。ブラジルの主要生産地域のひとつ、バイア州で栽培されている。

豆データ

小粒で、形は寸詰まりぎみ

香り：★★★★☆
コク：★★★★☆
苦味：★★★★★
酸味：★★★☆☆
入手しやすさ：★★☆☆☆

パッセイオ ブルボン ナチュラル

Passeio Bourbon Natural

A

3世代にわたる名門農園、パッセイオ農園の豆。火山性ミネラルを含む土壌で栽培されていて、上品な甘さのあるやさしい味わい。

香り：★★★★★
コク：★★★★☆
苦味：★★★☆☆
酸味：★★★★☆
入手しやすさ：★★★☆☆

カルモデオーロ ナチュラル

Carmo de Ouro Natural

A

フルーティな香り、きれいな酸味が特徴。深く煎《い》ると酸味が損なわれるため、中《ちゅう》煎《い》りで味わいたい。

香り：★★★★☆
コク：★★★★★
苦味：★★★★☆
酸味：★★★☆☆
入手しやすさ：★★★☆☆

サン・アントニオ農園

Santo Antonio

B

黄色いコーヒーチェリーがなるイエローブルボン（アマレロブルボン）種で、甘味が強いのが特徴。ビターチョコレートのようなコク、ナッツ系の香りがする。

香り：★★★★☆
コク：★★★☆☆
苦味：★★★☆☆
酸味：★★★☆☆
入手しやすさ：★★★☆☆

カクェンジ農園 イエローブルボン

Kaquend Yellow Bourbon

B

2008年のCOE（カップ・オブ・エクセレンス）で1位を獲得した豆。ナッツやチョコレート、スパイスのような独特の甘いフレーバーをもつ。

香り：★★★★☆
コク：★★★★☆
苦味：★★★☆☆
酸味：★★★★☆
入手しやすさ：★★★☆☆

ベストな焙煎度
浅煎り
浅煎りで
フルーティさ
をいかす
豆データ
豆質が
やわらかく
火の通りが
いい

サンタ・イネス農園 パルプド・ナチュラル

Santa Ines Pulped Natural

B

香り：★★★★★
コク：★★★☆☆
苦味：★★★★☆
酸味：★★★★☆
入手しやすさ：★★★☆☆

やわらかな甘さがあり後味まで上質！

カルモデミナス地区のサンタ・イネス農園で生産されている、COE 受賞歴多数の人気銘柄。一般的なブラジルコーヒーに比べて、香りにも味にもはっきりとした甘さがあり、果実のようなジューシーさ、やわらかな後味もあわせもつ。

アリアンサ農園 ナチュラル No.2

Alianca Natural No.2

A

認証コーヒー（→ P177）。ほどよいコクと甘い口あたりが特徴で、ナッツのようなフレーバーも感じ取れる。

香り：★★★★☆
コク：★★★☆☆
苦味：★★★☆☆
酸味：★★★☆☆
入手しやすさ：★★★★☆

サンタ・イネス農園 イエローブルボン ナチュラル

Santa Ines Yellow Bourbon Natural

A

イエローブルボン種の豆。アプリコットのような明るい酸味、フレーバーを損なわないよう、浅《あさ》煎《い》り～中《ちゅう》煎《い》りで楽しみたい。

香り：★★★★★
コク：★★★★☆
苦味：★★★☆☆
酸味：★★★★☆
入手しやすさ：★★★☆☆

サン・ジュダス・タデウ パルプドナチュラル

Sao Judas Tadeu Pulped Natural

A

パルプド・ナチュラル式精製法ならではの丸み、甘味のある味で、舌ざわりがなめらか。

香り：★★★☆☆
コク：★★★★★
苦味：★★★☆☆
酸味：★★★★☆
入手しやすさ：★★★☆☆

自然乾燥されたナチュラルタイプが基本

ブラジルではこれまで、収穫した実をそのまま乾かす「ナチュラル（自然乾燥）式精製法」が中心だった。しかしこの方法では、異物や欠点豆などが混ざるというマイナス面がある。

そこで最近では、パルプド・ナチュラル式を採用する農園も増えてきた。種子のまわりのヌルヌルの部分（ミューシレージ）を残して乾燥させる方法だ。品質が安定するうえ、はちみつのような甘さ、質感が加わる。

ブラジルには大規模農園が多い。整然と管理された環境で複数の銘柄が栽培されていることもめずらしくない。

写真提供（右下）／UCC コーヒーアカデミー

中南米

グアテマラ Guatemala

硬くて焙煎しにくいが味は世界最高峰

スペシャルティコーヒーの名産地・アンティグア州のサン・ミゲル農園。丈夫なロブスタ種の根にアラビカ種の苗を接ぎ木し、病気に負けないための工夫をしている。

天日乾燥で豆を精製している様子。

グアテマラ国立コーヒー協会「Anacafe」では、生産者のための研修にも力を入れている。

ウエウエテナンゴ地区のスペシャルティが大人気

中米北部に位置するグアテマラは、大部分が3000m級の山々が連なる山岳地帯であり、その斜面でコーヒーが栽培されている。火山灰の土壌や高地の冷涼な気温など、コーヒー栽培に適した環境をもつ。

19世紀にスペインから独立して以降、コーヒー栽培がさかんにおこなわれ、良質なコーヒー豆産地として世界に名を馳《は》せるに至った。

現在、特に脚光を浴びているのが、ウエウエテナンゴ地区である。同国でも最高地にあるこの地で、数多くのスペシャルティコーヒーが誕生している。

グアテマラの豆は総じて大粒で硬く、酸味と香りが非常に豊かだ。中《ちゅう》煎《い》り～中深煎《ちゅうふかい》りで焙煎《ばいせん》すると、豊かな風味、奥行きのある味わいが引き出される。

グアテマラ豆の格付け

グアテマラ豆の格付けは、標高が基準となる。高地の豆ほど昼夜の寒暖差が激しく、硬質で味の詰まった豆が採れるためだ。最高級の豆は、4500フィート（約1370m）以上の高地で栽培されたもの。

等級	名称	略称	標高
1	ストリクトリー・ハード・ビーン	SHB	4500フィート～
2	ハード・ビーン	HB	4000～4500フィート
3	セミ・ハード・ビーン	SH	3500～4000フィート
4	エクストラ・プライム・ウォッシュト	EPW	3000～3500フィート
5	プライム・ウォッシュト	PW	2500～3000フィート
6	エクストラ・グッド・ウォッシュト	EGW	2000～2500フィート
7	グッド・ウォッシュト	GW	～2000フィート

写真提供／犬飼康雄

＊Ⓐ、Ⓑ、Ⓒ、Ⓓは、焙煎のタイプ分類を表しています（→ P180 参照）。

ウエウエテナンゴ ラ・エスペランサ農園 パカマラ Ⓒ

Huehuetenango
La Esperanza Pacamara

硬質の大粒豆。味に厚み、深みがある

標高 1350m 以上の高地で栽培されていて、非常に硬く、見た目がゴツゴツしている。豊かな酸味、風味と、チョコレートのような香り、甘味がある。濃厚なスウィーツとの相性も抜群だ。焙煎度《ばいせんど》が浅いと酸味が強く出るので、中煎《ちゅうい》りが最適。

ベストな焙煎度
中煎り

深く煎りすぎず、
豊かな酸味を
残す

豆データ

硬質でゴツゴツ
しているが、
大きすぎない

香り：★★★★★
コク：★★★★★
苦味：★★★☆☆
酸味：★★★★☆
入手しやすさ：★★☆☆☆

アンティグア カペティージョ農園 Ⓓ

Antigua Capetillo

ラ・ソレダー農園、ラ・フォリー農園と同じアンティグア産だが、こちらはチョコレートのような苦味、甘味に加え、繊細でさわやかな酸味が広がる。

香り：★★★★☆
コク：★★★☆☆
苦味：★★★☆☆
酸味：★★★★☆
入手しやすさ：★★★☆☆

アンティグア ラ・フォリー農園 Ⓓ

Antigua La Folie

チョコレートやカラメル、ナッツを思わせる甘さ、香ばしさ。中深煎り～深煎《ふかい》りが最適で、コクと深みをいかして、カフェ・オ・レなどにしてもおいしい。

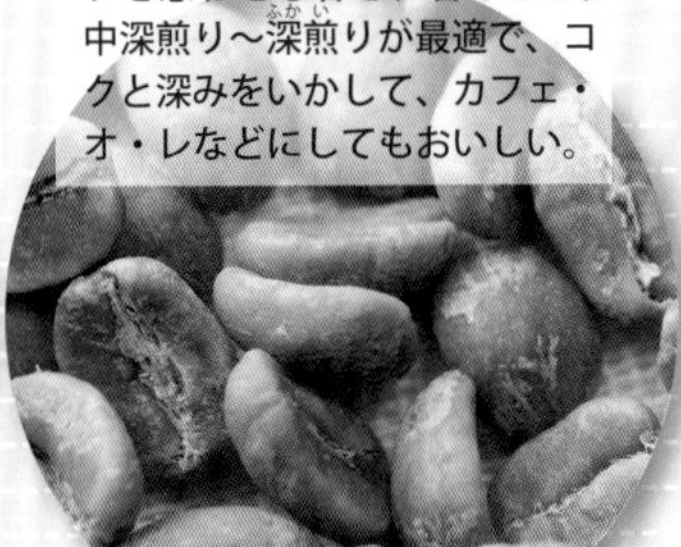

香り：★★★★★
コク：★★★★☆
苦味：★★★☆☆
酸味：★★★★☆
入手しやすさ：★★★☆☆

アンティグア ラ・ソレダー農園 Ⓓ

Antigua La Soledad

アーモンドやチョコレートのような風味が特徴。周囲を火山に囲まれた土壌、高地ならではの寒暖の差で、硬く締まった味のよいコーヒーが実る。

香り：★★★★☆
コク：★★★★☆
苦味：★★★☆☆
酸味：★★★★☆
入手しやすさ：★★★★☆

＊Ⓐ、Ⓑ、Ⓒ、Ⓓは、焙煎のタイプ分類を表しています（→ P180 参照）。

コバン ブルボン
Coban Bourbon　A

香り：★★★★☆
コク：★★★☆☆
苦味：★★★☆☆
酸味：★★★★☆
入手しやすさ：★★★☆☆

オレンジのようなフルーティな酸味、香りの後に、ブルボン種特有の甘さが感じられる。香りと酸味をいかすには、中《ちゅう》煎《い》り～中深煎りが最適。

グアテマラ マラゴジッペ
Guatemala Maragogype　C

香り：★★★★★
コク：★★★☆☆
苦味：★★★☆☆
酸味：★★★☆☆
入手しやすさ：★★☆☆☆

総じて大粒のグアテマラ豆の中でも、さらに大粒のマラゴジッペだけを集めたもの。マラゴジッペは大味ともいわれるが、グアテマラ産の場合は芳醇な味わいがある。

エル・インヘルト農園 パカマラ２番摘み
El Injerto Pacamara　D

香り：★★★★★
コク：★★★★★
苦味：★★★☆☆
酸味：★★★★★
入手しやすさ：★★☆☆☆

COE で３年連続１位に輝いた人気銘柄。美しいフローラルフレーバーと、ワインのように深みのある芳醇な味わいが最大の魅力だ。

ウエウエテナンゴ ラ・ボルサ農園
Huehuetenango La Bolsa　D

香り：★★★★★
コク：★★★★★
苦味：★★★☆☆
酸味：★★★★☆
入手しやすさ：★★☆☆☆

苦味、酸味はそれほど強くなく、やさしい甘さがある。ウエウエテナンゴ地区は、国内一標高の高いエリアで、コーヒーの評価が急激に上昇している。

ベストな焙煎度
中煎り
深煎りまで
煎っても OK
豆データ
硬質で、
浅煎りだと
芯が残る

アンティグア サン・ミゲル農園
Antigua San Miguel　D

香り：★★★★★
コク：★★★★☆
苦味：★★★★☆
酸味：★★★★★
入手しやすさ：★★☆☆☆

グアテマラ豆の入門編としてもおすすめ

チョコレートのようなコク、かんきつ系の酸味、はちみつやピーチを思わせる甘さが、バランスよくまとまっている。舌ざわり、のどごしもとてもなめらか。強い主張はないが、グアテマラらしい上質な味わいだ。

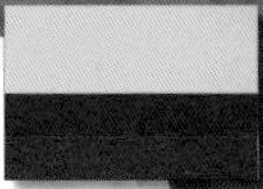

コロンビア
Colombia

大粒で肉厚の豆が多い。力強いボディ、苦味が魅力

エル・サントゥアリオ農園　ブルボン Ⓓ
El Santuario Bourbon

丸みのある味わいで、チョコレートのような風味に、スイートオレンジ、ベリーのような明るいフレーバーもある。

香り：★★★★☆
コク：★★★☆☆
苦味：★★★☆☆
酸味：★★★★★
入手しやすさ：★★★☆☆

サン・アグスティン Ⓓ
San Agustino Forest

世界遺産に登録されている、ウイラ地区内の小さな街「サン・アグスティン」産。完熟オレンジ、ドライフルーツ、チョコレートなど、複雑なフレーバーをもつ逸品。

香り：★★★★☆
コク：★★★★☆
苦味：★★★☆☆
酸味：★★★★☆
入手しやすさ：★★★☆☆

コロンビア マラゴジッペ Ⓒ
Colombia Maragogype

コクが深いのにクリーンな味わい

マラゴジッペとは、スクリーン19（約7.5㎜以上）の大粒豆。味が淡白になりやすいので、あまり深く煎《い》らずに、中《ちゅう》煎《い》りにとどめるのが理想的。酸味控えめで雑味がなく、非常に飲みやすい。

豆データ
超大粒で、豆質はやわらかい

ベストな焙煎度
中煎り

ホロホロとくずれやすいので、煎りすぎに注意

香り：★★★★☆
コク：★★★★☆
苦味：★★★☆☆
酸味：★★★☆☆
入手しやすさ：★★☆☆☆

焙煎の難易度は高いが香りは世界トップクラス

コロンビアは国土の半分ほどが山岳高原地帯で、気温、降雨量、土壌の性質など、栽培環境が非常によい。香り高く質のよい豆が採れるうえ、欠点豆の混入率が低く、世界的な評価も高い。生産量は世界第三位である。

コロンビアの豆は硬質で、酸味が強いのが特徴だ。浅《あさ》煎《い》りでは酸っぱすぎるし、深《ふか》煎《い》りでは苦すぎる。難易度は高いが、中《ちゅう》深《ふか》煎《い》りでうまく煎《い》りあげると、豊かなコクと香りが楽しめる。

コロンビア有数のコーヒー山地、南部のウイラ地区の農園。高地産ならではの大粒の実がなる。

写真提供（左下）／UCC コーヒーアカデミー

＊Ⓐ、Ⓑ、Ⓒ、Ⓓは、焙煎のタイプ分類を表しています（→ P180 参照）。

ナリーニョ スプレモ
Narino Supremo
D

ナリーニョ地区で栽培されるスプレモ（最高級品）。大粒で肉厚、濃い緑色をした、見た目にも良質の豆。中深煎《ちゅうふかい》りにすると、質のよい酸味、香りが出る。

香り：★★★★☆
コク：★★★☆☆
苦味：★★★☆☆
酸味：★★★☆☆
入手しやすさ：★★★★☆

テケンダマ
Tequendama
D

通常のスプレモより大粒で、焙煎《ばいせん》後はさらにふっくらとして見栄えがする。甘味、芳醇な香り、力強いボディが際立つ。

香り：★★★★☆
コク：★★★★☆
苦味：★★★☆☆
酸味：★★★☆☆
入手しやすさ：
★★★☆☆

ウイラ スプレモ
Huila Supremo
D

安定した品質を誇る、ウイラ地区の農園でつくられる最高級品。ひとつの味が突出することなく、酸味、苦味、甘味、香りのバランスがとれた良質の豆。

香り：★★★★☆
コク：★★★★☆
苦味：★★★☆☆
酸味：★★★★★
入手しやすさ：★★★☆☆

ゲイシャ
Geisha
D

希少品種のゲイシャ種はそのほとんどがパナマ産だが、コロンビアでもわずかに栽培されている。レモンのようなフルーティな酸味、香りが口の中に広がる。

香り：★★★★★
コク：★★★☆☆
苦味：★★☆☆☆
酸味：★★★☆☆
入手しやすさ：
★☆☆☆☆

ナリーニョ・タミナンゴ
D
Narino Taminango

真っ赤に熟した実だけを使った、芳醇なコーヒー

ほどよいコクがあり、後味はすっきり。ダークチョコレートのような甘味もある。よく熟した豆だけをていねいに手摘みしていて、ワインのような芳醇な味わいだ。

ベストな焙煎度
中煎り
風味が豊かで、
ほどよい苦味になる

豆データ

硬い豆のわりに、
深く煎ると
風味がとぶ

香り：★★★★☆
コク：★★★☆☆
苦味：★★★★☆
酸味：★★★☆☆
入手しやすさ：
★★★☆☆

コロンビア豆の格付け

コロンビア豆は、他国に輸出される際に、サイズを基準に2種類に分けられている。「スクリーン17」は64分の17インチで、「スクリーン14」は64分の14インチを表す。

I スプレモ

スクリーンサイズが17以上、つまり6.75㎜以上の豆が、全体の80％以上を占める。

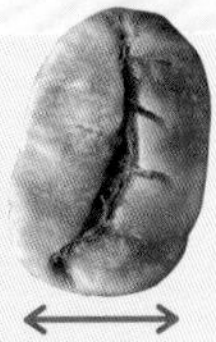
6.75㎜以上

II エキセルソ

スクリーン14～16（約5.56㎜以上）の豆が、全体の80％以上を占める。

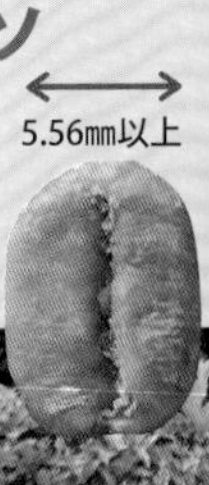
5.56㎜以上

パナマ Panama

スペシャルティコーヒー「ゲイシャ種」が大ヒット

エスメラルダ、ドンパチ、ママカタの3大農園がある

19世紀末、移民によってコーヒー栽培が始まったが、そのほとんどはアメリカに輸出されたため、パナマ産は日本にはあまりなじみがなかった。ところが「ゲイシャ種」の登場によって、パナマ・コーヒーは、一気に世界に名を馳《は》せた。2004年のパナマ国際オークションで、エスメラルダ農園のゲイシャが市場最高値で落札され、一大ゲイシャブームが起きたのである。

エスメラルダ農園、そしてドンパチ農園、ママカタ農園が、パナマの3大ゲイシャ農園だ。

なお、華やかな香りをもつゲイシャにばかり注目が集まりがちだが、その他のパナマ産コーヒーも非常においしい。浅《あさ》煎《い》り～中《ちゅう》煎《い》りにすると、上品な香り、ほのかな酸味がいきてくる。

Ⓑ ドンパチ農園 ゲイシャ ナチュラル
Don Pachi Geisha Natural

ナチュラル特有のほのかな甘さがある

ドンパチ農園の農園主は「パナマ・ゲイシャの父」ともよばれ、ゲイシャ種の質の高さは折り紙つき。エチオピアのイルガチェフにも似たフレーバーで、シトラス系の華やかな香り、豊かなコクが楽しめる。

香り：★★★★★
コク：★★★★★
苦味：★★★★☆
酸味：★★★★★
入手しやすさ：★☆☆☆☆

豆データ

全体に細長く、先細りした形

Ⓑ ドンパチ農園 ゲイシャ ウォッシュト
Don Pachi Geisha Washed

香り：★★★★★
コク：★★★★☆
苦味：★★★☆☆
酸味：★★★★☆
入手しやすさ：★☆☆☆☆

ナチュラル製法のゲイシャ種に比べ、すっきりとした味わい。

パナマ豆の格付け

パナマの豆のグレードは、栽培地の標高で決まる。最上級は SHB で、豆の成熟度が高いのが特徴。

等級	名称	略称	標高
1	ストリクトリー・ハード・ビーン	SHB	1350m ～
2	ハード・ビーン	HB	1200 ～ 1350 m
3	エクストラ・プライム・ウォッシュト	EPW	900 ～ 1200m

＊Ⓐ、Ⓑ、Ⓒ、Ⓓは、焙煎のタイプ分類を表しています（→ P180 参照）。

パナマにゲイシャ種をはじめて持ち込んだ、ドンパチ農園の農園主と、その父である先代オーナー。左の写真は、ドンパチ農園のゲイシャ種の木。

アフリカで生まれた棚干し乾燥法「アフリカンベッド」

ドンパチ農園 ブルボン B

Don Pachi Bourbon

フルーツのような酸味があるが、強く主張することなく、日本人好みのやわらかでデリケートな味わい。

香り：★★★★☆
コク：★★★★☆
苦味：★★★☆☆
酸味：★★★★★
入手しやすさ：★☆☆☆☆

ドンパチ農園 カトゥーラ・ハニー B

Don Pachi Caturra Honey

香り：★★★☆☆
コク：★★★★☆
苦味：★★★☆☆
酸味：★★★★☆
入手しやすさ：★☆☆☆☆

「ハニー」とはパルプド・ナチュラルで精製された豆のこと。豊かなボディ、後味、はちみつのような甘味が特徴。浅《あさ》煎《い》りで飲むと、さくらんぼのような甘酸っぱさがいきる。

ママカタ農園 ゲイシャ・ハニー B

Mama Cata Geisha Honey

パルプド・ナチュラル式で精製された、風味の強い豆

パナマ3大ゲイシャ農園のひとつ、ママカタ農園産のゲイシャ種。かんきつ系の強いフレーバー、ヨーグルトのような酸味をもつ個性的なコーヒーで、浅めの中《ちゅう》煎《い》りにすると香りが引き立つ。

香り：★★★★★
コク：★★★★★
苦味：★★★★☆
酸味：★★★★★
入手しやすさ：★☆☆☆☆

浅煎り～
フルーティな
香りがもっとも

豆データ

浅～中煎りなので、
焙煎後も大きく
ふくらまない

ドンパチ農園 ティピカ B

Don Pachi Typica

香り：★★★★☆
コク：★★★★☆
苦味：★★★☆☆
酸味：★★★★★
入手しやすさ：★★☆☆☆

ナッツやココア系のフレーバーが特徴で、バランスがよく繊細な味わいが最大の魅力。やや浅めの中煎りが最適で、焙煎《ばいせん》度《ど》が少しでも深いと、香りが急激に抜けてしまう。

写真提供（上3点）／犬飼康雄

ニカラグア
Nicaragua

知名度は低いが上質で飲みやすい豆揃い

グアテマラより軽く エルサルバドルより濃厚

中米の中では、栽培環境も技術もやや立ち後れていた国。しかし2002年にCOEの品評会が開かれるようになってから、個性豊かなスペシャルティコーヒーが生まれ、国際的に高評価を得るようになった。

日本での知名度はまだまだだが、ボディの重さがほどよく、誰もがおいしく飲めるコーヒーが揃っている。定番の人気種だけでなく、ニカラグアにしかない希少銘柄「ジャバニカ種」も一度は味わってみたい。

ニカラグア豆の格付け

ニカラグアの栽培地は標高が高く、SHG はもちろん、HG の豆でも十分おいしい。

等級	名称	略称	標高
1	ストリクトリー・ハイ・グロウン	SHG	1500 ~ 2000m
2	ハイ・グロウン	HG	1300 ~ 1500m
3	ミディアム・グロウン	MG	1000 ~ 1300m
4	ロー・グロウン	LG	500 ~ 1000m

レフォルマ農園 SHG ティピカ
La Reforma SHG Typica
Ⓒ

豆データ

長さは短くコロンとした形

フルーティで、かつ力強い味わい

ニカラグア特有の豊かな酸味、ボディが最大の魅力。フルーティな香りで、ハーブのようなフレーバーも備えている。品質規格がきびしく、水分含有量、欠点豆の数、スクリーンサイズまで厳重に管理されている。

香り：★★★★☆
コク：★★★★★
苦味：★★★☆☆
酸味：★★★★☆
入手しやすさ：★★☆☆☆

ベストな焙煎度
中煎り

フローラルフレーバーがしっかり出る

ジャバニカ

Javanica　C

香り：★★★★☆
コク：★★★☆☆
苦味：★★★☆☆
酸味：★★★★☆
入手しやすさ：★★☆☆☆

ジャスミンのような華やかな香り

エチオピアのロングベリー種から生まれた「ジャバニカ」は、栽培に非常に手間がかかる貴重な銘柄だ。ジャスミンのようなフローラル系の香り、シトラス系のフレーバーが広がり、非常に華やかな印象。

ベストな焙煎度
中煎り

やわらかな酸味、香りの特徴がいきる

豆データ

ゲイシャ種よりも細長い形

エルリモン農園 ジャワ

El Limon Java　C

香り：★★★★☆
コク：★★★☆☆
苦味：★★★☆☆
酸味：★★★★☆
入手しやすさ：★★☆☆☆

ジャバニカと同じ系統の品種。フローラル系の華やかな香りと、ジューシーな味わい、咽ごしが特徴。苦味は控えめでさっぱりしている。

ヘンリー・パディージャ フルウォッシュト カトゥーラ

Henry Padilla FW Caturra　C

香り：★★★★☆
コク：★★★★★
苦味：★★★☆☆
酸味：★★★★☆
入手しやすさ：★★☆☆☆

豊かな酸味が特徴の、カトゥーラ種100%のコーヒー。水洗式で精製されているため、酸味がはっきりと出ていて、クリアな味わいが特徴だ。

パディージャ ブルボン

Padilla Bourbon　B

香り：★★★★☆
コク：★★★★☆
苦味：★★★★☆
酸味：★★★★☆
入手しやすさ：★★☆☆☆

香り、コクがすぐれたブルボン種タイプ。ジューシーな質感、咽ごしで、酸の質がすばらしい。中《ちゅう》煎《い》りに焙煎《ばいせん》すると、持ち味である酸味がいきる。

パディージャ ハニー

Padilla Honey　B

パディージャ農園産の、パルプド・ナチュラルで精製された豆。はちみつのようなほのかな甘さがある。

香り：★★★★★
コク：★★★★☆
苦味：★★★☆☆
酸味：★★★★☆
入手しやすさ：★★☆☆☆

＊A、B、C、Dは、焙煎のタイプ分類を表しています(→ P180 参照)。

エルサルバドル El Salvador

大粒のパカマラ種はオークションの常連銘柄

シベリア農園 ブルボン ハニー A
La Siberia Bourbon Honey

パルプ・ドナチュラル精製法のため、この豆の持ち味である酸味、コクに加え、やさしい甘味もある。

香り：★★★★☆
コク：★★★★☆
苦味：★★★☆☆
酸味：★★★☆☆
入手しやすさ：★★☆☆☆

シベリア農園 B
La Siberia

シベリア農園のブルボン種で、カカオやナッツのようなコクと、酸味のバランスのよさが絶妙。マイルドで飲みやすい。

香り：★★★★☆
コク：★★★★☆
苦味：★★☆☆☆
酸味：★★★☆☆
入手しやすさ：★★★☆☆

シャングリラ農園 B
Shangrila

よく熟した実だけを手摘みしていて、カラメル、ピーチ、熟した果実のような甘さがある。

香り：★★★★☆
コク：★★★☆☆
苦味：★★☆☆☆
酸味：★★★☆☆
入手しやすさ：★★★☆☆

エル・カルメン農園 パカマラ B
El Carmen Pacamara

香り：★★★★★
コク：★★★★☆
苦味：★★★☆☆
酸味：★★★★☆
入手しやすさ：★★★☆☆

豆データ

粒が大きく、
全体に丸みがある

大粒だが
やわらかく、
火の通りがよい
ベストな焙煎度
中煎り

きれいな酸味と甘いフレーバーが際立つ

「パカマラ」はエルサルバドルで生まれた大粒の品種で、世界的にも評価が高い。すっきりとした酸味が特徴で、キャラメルを思わせる甘くほろ苦いフレーバーと、完熟フルーツのような甘さをあわせもつ。

＊A、B、C、Dは、焙煎のタイプ分類を表しています（→ P180 参照）。

サンタリタ農園 ブルボン ナチュラル C

Santa Rita Bourbon Natural

香り：★★★★☆
コク：★★★☆☆
苦味：★★★☆☆
酸味：★★★☆☆
入手しやすさ：★★☆☆☆

ワインのような熟成感のある香りと、甘味が持ち味。甘味のあるブルボン種をよく完熟させて摘み取り、ナチュラル（自然乾燥式）で精製することで、持ち味を最大限に引き出している。

エル・カルメン農園 ブルボン A

El Carmen Bourbon

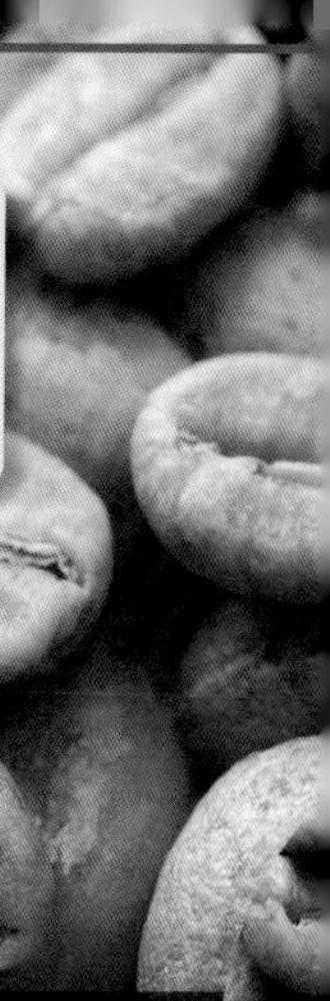

香り：★★★★☆
コク：★★★☆☆
苦味：★★☆☆☆
酸味：★★★☆☆
入手しやすさ：★★★☆☆

豆データ

大粒なわりに、味は比較的淡白

ベストな焙煎度
中煎り

香りがとばないよう、浅煎りに近い中煎りに

パカマラに比べてあっさりと飲みやすい

環境に配慮し、「レインフォレスト・アライアンス」（→ P177）を受けているエル・カルメン農園産。明るい酸味が特徴だが、強く主張することなく、おだやかで丸みのある味わいだ。やさしい甘味も感じられる。

国立コーヒー研究所が品種改良に成功！

エルサルバドルは、19世紀半ばにグアテマラから独立した、中米の中でも小さな国である。

主要産業である農業の中でも、国をあげて支援を続けてきたのがコーヒー生産である。国立コーヒー研究所が中心になり、品種改良や生産技術の向上に力を入れてきた。その成果として結実したのが、エルサルバドル特有の、パカマラという新しい品種である。ブルボン種の突然変異種とマラゴジッペの交配種で、スペシャルティコーヒーとして、高い評価を受けている。

エルサルバドル豆の格付け

標高を基準に格付けしている。エルサルバドルはそれほど標高が高くなく、やわらかめの豆が多い。

等級	名称	略称	標高
1	ストリクトリー・ハイ・グロウン	SHG	1200m ～
2	ハイ・グロウン	HG	900 ～ 1200m
3	セントラル・スタンダード	CS	500 ～ 900 m

エル・カルメン農園の天日乾燥の様子。甘味のあるブルボン種にこだわり、よく熟した赤い実だけを手摘みで収穫する。

写真提供（左下２点）／犬飼康雄

コスタリカ
Costa Rica

品種はすべてアラビカ豆。かんきつ系のフレーバー

小農園でていねいにつくられる、高品質コーヒー

1729年にキューバからコーヒーノキが移植されたコスタリカでは、高品質のアラビカ種のみを栽培している。多くは小農園だが、政府支援のコスタリカコーヒー協会による全面バックアップもあり、高品質コーヒーの産地として知られるようになった。特に標高1200m以上の高地で採れるスペシャルティコーヒーは、上品なコクと香りに定評がある。

ウェスト・バレー ビジャサルチ D
West Valley Villa Sarchi

香り：★★★★☆
コク：★★★★★
苦味：★★★☆☆
酸味：★★★★★
入手しやすさ：★★★☆☆

コスタリカ固有の品種で透明感のある味わい

ビジャ・サルチはコスタリカ固有の希少銘柄で、甘くやわらかい酸味、飲み口が特徴。カカオやナッツ系の香りも感じられる。苦味控えめのマイルドな味わいで、コスタリカコーヒーの入門編として最適。

ベストな焙煎度
中煎り

風味が抜けやすいので、深煎りは避ける

ラ・カンデリージャ ゲイシャ ウォッシュト C
La Candelilla Geisha Washed

オレンジ、レモンのようなかんきつ系のフレーバーは、ゲイシャ種ならでは。さわやかな飲み口で、気品ある香りをもつ。硬質の豆だが、香り、酸味を損なわないよう、中深煎《ちゅうふかい》りでの焙煎《ばいせん》が望ましい。

香り：★★★★☆
コク：★★★★☆
苦味：★★★☆☆
酸味：★★★★☆
入手しやすさ：★☆☆☆☆

ラ・カンデリージャ ゲイシャ ナチュラル C
La Candelilla Geisha Natural

コスタリカのゲイシャ種は、パナマ以上に数量が少なく貴重。かんきつ系のゲイシャフレーバーの中に、ナチュラル（自然乾燥式）精製法らしい甘味、丸みが感じられる。

香り：★★★★★
コク：★★★★☆
苦味：★★★☆☆
酸味：★★★★★
入手しやすさ：★☆☆☆☆

ブルマス マイクロミル レッドハニー

Brumas Micromill Red Honey　D

コクのある甘味、なめらかな舌ざわりが魅力

ビターチョコレート、キャラメルのような風味をもつ。レッドハニーとは、パルプド・ナチュラル式精製法の一種。ミューシレージを多く残しているため、コクのある甘味とともに、とろりとした舌ざわりが感じられる。

ベストな焙煎度
中深煎り

やや中煎りにすると、甘味と質感がいきる

香り：★★★★★
コク：★★★★★
苦味：★★★☆☆
酸味：★★★★★
入手しやすさ：★☆☆☆☆

豆データ

コロコロとした肉厚豆。焙煎でさらにふくらむ

エルサル カトゥーラ

Helsar Caturra　D

標高の高いウェスト・バレー地区の中でもとくに高地で栽培されていて、豆質は硬く引き締まっている。明るい酸味と甘さがあり、質感が非常になめらか。フローラル系の高貴な香りもあわせもつ。

香り：★★★★☆
コク：★★★★☆
苦味：★★★☆☆
酸味：★★★★☆
入手しやすさ：★★★☆☆

豆データ

豆質が非常に硬く、焙煎時にゆっくり色づく

上質な酸味をもつコーヒーで知られる、タラス地区の農園。

プロスペリダ農園

La Prosperidad　D

香り：★★★★☆
コク：★★★☆☆
苦味：★★★☆☆
酸味：★★★★☆
入手しやすさ：★★☆☆☆

非常にさわやかな酸味が特徴。パルプド・ナチュラル精製法ならではの丸さ、甘味もあるので、強い酸味が苦手な人にもおすすめだ。

＊A、B、C、Dは、焙煎のタイプ分類を表しています（→ P180 参照）。

　写真提供（左下）／石光商事株式会社

ドミニカ共和国 Dominican Republic

さわやかで飲みやすい カリブ海系コーヒーの代表格

フンカリート ミゲル・テハダ農園 Ⓑ

Juncalito Miguel Tejada

前半と後半で 味と舌ざわりの変化を楽しむ

香りと酸味のバランスがよいティピカ種と、フルーツ系の強い酸味をもつカトゥーラ種のミックス。配合種のためか、ワインのように深みのあるフレーバーをもつ。冷めてくると、上質のミルクティーのようななめらかさも感じられる。

香り：★★★★☆
コク：★★★★☆
苦味：★★★☆☆
酸味：★★★★☆
入手しやすさ：★★☆☆☆

ラミレス農園 AAA Ⓑ

Ramirez AAA

ドミニカ最大のラミレス農園産。苦味が控えめで、フルーティで軽い香りが特徴。口あたりも軽く、コーヒー初心者にもおすすめだ。

香り：★★★★☆
コク：★★★☆☆
苦味：★★★☆☆
酸味：★★★★★
入手しやすさ：★★★☆☆

地域ごとに異なる魅力がある

中米の中でも、コーヒー栽培の歴史は古い。起伏に富んだ地形で、地域によって豆の味わいが異なる。高地にあるハラバコア地区産の豆はフルーツ系フレーバー、バラオナ地区はハーブのような香り、シバオ地区は豊かなフレーバーが特徴だ。

ドミニカのコーヒーは、キューバ、ハイチ、ジャマイカなどと似ていて、「カリブ海系コーヒー」と総称される。カリブ海の島の比較的低地でつくられる豆で、浅《あさ》煎《い》りでさっぱり仕上げるのが適している。さわやかさ、軽さが持ち味で、非常に飲みやすいコーヒーといえる。

焙《ばい》煎《せん》しやすく、いつも同じ味に仕上げやすいのも特徴で、ブレンドの味を安定させるために使われることもある。

＊Ⓐ、Ⓑ、Ⓒ、Ⓓは、焙煎のタイプ分類を表しています（→ P180 参照）。

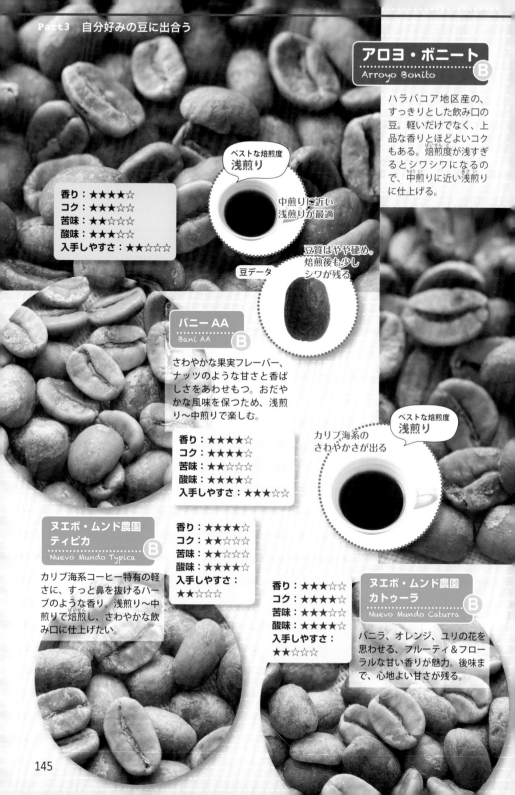

アロヨ・ボニート Ⓑ
Arroyo Bonito

ハラバコア地区産の、すっきりとした飲み口の豆。軽いだけでなく、上品な香りとほどよいコクもある。焙煎度《ばいせんど》が浅すぎるとシワシワになるので、中煎《ちゅうい》りに近い浅煎《あさい》りに仕上げる。

香り：★★★★☆
コク：★★★☆☆
苦味：★★☆☆☆
酸味：★★★☆☆
入手しやすさ：★★☆☆☆

ベストな焙煎度
浅煎り

中煎りに近い浅煎りが最適

豆データ

豆質はやや硬め。焙煎後も少しシワが残る

バニー AA Ⓑ
Bani AA

さわやかな果実フレーバー、ナッツのような甘さと香ばしさをあわせもつ。おだやかな風味を保つため、浅煎り～中煎りで楽しむ。

香り：★★★★☆
コク：★★★★☆
苦味：★★☆☆☆
酸味：★★★★☆
入手しやすさ：★★★☆☆

ベストな焙煎度
浅煎り

カリブ海系のさわやかさが出る

ヌエボ・ムンド農園 ティピカ Ⓑ
Nuevo Mundo Typica

カリブ海系コーヒー特有の軽さに、すっと鼻を抜けるハーブのような香り。浅煎り～中煎りで焙煎《ばいせん》し、さわやかな飲み口に仕上げたい。

香り：★★★★☆
コク：★★☆☆☆
苦味：★★☆☆☆
酸味：★★★★☆
入手しやすさ：★★☆☆☆

ヌエボ・ムンド農園 カトゥーラ Ⓑ
Nuevo Mundo Caturra

バニラ、オレンジ、ユリの花を思わせる、フルーティ＆フローラルな甘い香りが魅力。後味まで、心地よい甘さが残る。

香り：★★★☆☆
コク：★★★★☆
苦味：★★★☆☆
酸味：★★★★☆
入手しやすさ：★★☆☆☆

ジャマイカ
Jamaica

大粒で華やかなアロマの「ブルーマウンテン」が有名

ジャマイカ豆の格付け

等級	名称	スクリーン	欠点豆の割合
1	ブルーマウンテン No.1	S-17/18	最大 2%
2	ブルーマウンテン No.2	S-16/17	最大 2%
3	ブルーマウンテン No.3	S-15/16	最大 2%
4	ブルーマウンテン セレクト	S-15/18	最大 4%
5	ピーベリー	S-10MS	最大 2%
6	ハイマウンテン	S-17/18	最大 2%
7	ジャマイカプライム	S-16/18	最大 2%
8	ジャマイカセレクト	S-15/18	最大 4%

ブルーマウンテン Ⓒ
Blue Mountain

山脈の中腹にある「ブルーマウンテン地区」の豆だけが、ブルーマウンテンブランドを名乗ることができる。

「ブルマン」の略称でもおなじみの高級銘柄。フローラルな香りと芳醇な味わいで知られ、酸味と苦味のバランスも非常によい。中《ちゅう》煎《い》りにすると、香りの華やかさも十分に堪能できる。

香り：★★★★★
コク：★★★★★
苦味：★★★★☆
酸味：★★★★☆
入手しやすさ：★★☆☆☆

写真提供（中央）／UCC コーヒーアカデミー

ブルーマウンテンピーベリー Ⓑ
Blue Mountain Peaberry

ブルーマウンテンのうち、丸く小さな豆だけを集めたもの。小粒豆のなかに甘味、酸味、苦味、コクがバランスよく凝縮されている。

香り：★★★★★
コク：★★★★☆
苦味：★★★★☆
酸味：★★★★☆
入手しやすさ：★☆☆☆☆

ハイマウンテンシュプリーム Ⓑ
High Mountain Supreme

ブルーマウンテン地区以外で栽培される、ジャマイカ産コーヒー。品質は最高ランクの「シュプリーム」で、ブルーマウンテンに似た味わい。

香り：★★★★☆
コク：★★★☆☆
苦味：★★★☆☆
酸味：★★★★☆
入手しやすさ：★☆☆☆☆

霧の多い気候が豆を豊かに熟成させる

「森と水の大地」を意味する国名のとおり、雨量が豊富で、コーヒー栽培に最適な環境だ。なかでも良質な豆の産地が、東部にあるブルーマウンテン山脈である。特定地域をブランド名にしたのは、これが世界初。高価だが、日本でも根強いファンの多いコーヒーだ。

＊Ⓐ、Ⓑ、Ⓒ、Ⓓは、焙煎のタイプ分類を表しています（→ P180 参照）。

ホンジュラス
Honduras

フルーティさが魅力！果物のスウィーツに合う

フルーティで後味すっきり。ビギナーにもおすすめ

国土の大部分が1000mを超す熱帯山地で、コーヒー栽培が主要産業である。災害の影響などで他国に遅れをとっていたが、政府も再興に力を注ぎ、すぐれた豆が次々に誕生している。シトラス系のフルーティフレーバーを持つ豆が多く、バランスのよさも魅力といえる。

ロスイカケス農園 SHG スペシャル D
Los Hicaques SHG Special

香り：★★★★☆
コク：★★★☆☆
苦味：★★★☆☆
酸味：★★★★☆
入手しやすさ：★★★☆☆

Q グレーダーが認定したスペシャルティコーヒー

世界で活躍するコーヒー鑑定士「Q グレーダー」（→ P253）認定の高品質のコーヒー。かんきつ系のフルーティなフレーバーが持ち味。

ホンジュラスにある小農園の、水洗式精製設備。社会情勢の不安定さから、最新設備を持つ工場はまだ少ない。

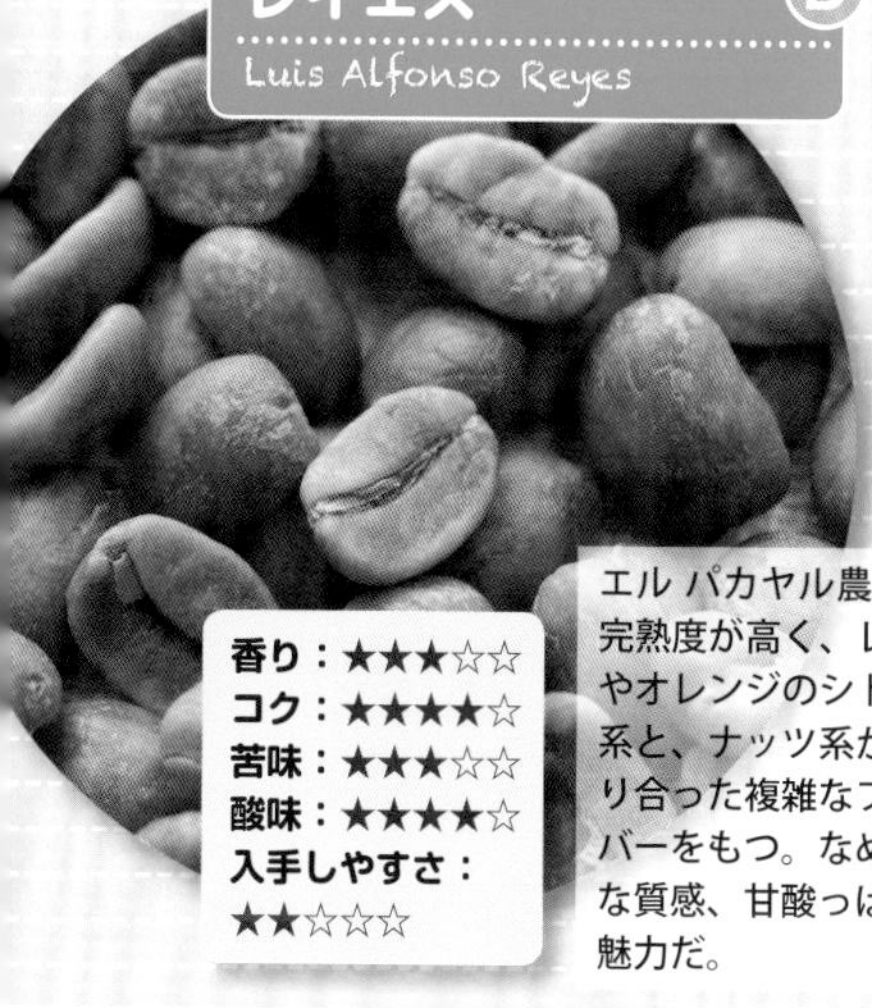

ルイス アルフォンソ レイエス D
Luis Alfonso Reyes

香り：★★★☆☆
コク：★★★★☆
苦味：★★★☆☆
酸味：★★★★☆
入手しやすさ：★★☆☆☆

エル パカヤル農園産。完熟度が高く、レモンやオレンジのシトラス系と、ナッツ系が混ざり合った複雑なフレーバーをもつ。なめらかな質感、甘酸っぱさも魅力だ。

ラ・クンブレ農園 B
La Cumbre

香り：★★★★☆
コク：★★★☆☆
苦味：★★★☆☆
酸味：★★★★☆
入手しやすさ：★★☆☆☆

パカマラ種という大粒の品種で、ブルボン種の亜種「パカス」と、大粒豆の「マラゴジッペ」をかけあわせたもの。フルーツのようなジューシーさ、さわやかさが特徴。

 写真提供（中央）／石光商事株式会社

ペルー
Peru

オーガニックがさかんで素直な味の豆が多い

エルパルゴ Ⓒ
El Pargo

香り：★★★★☆
コク：★★★★★
苦味：★★★★★
酸味：★★★★☆
入手しやすさ：★★☆☆☆

よい意味で無個性、すっきりしていて飲みやすい

苦味と甘さのバランスにすぐれていて、クセがない。雑味がなくすっきりとしていて、誰にでも好まれるタイプのコーヒー。最適な焙煎度は深《ふか》煎《い》りだ。

オーガニック・オロベルデ Ⓒ
Organic Oro Verde

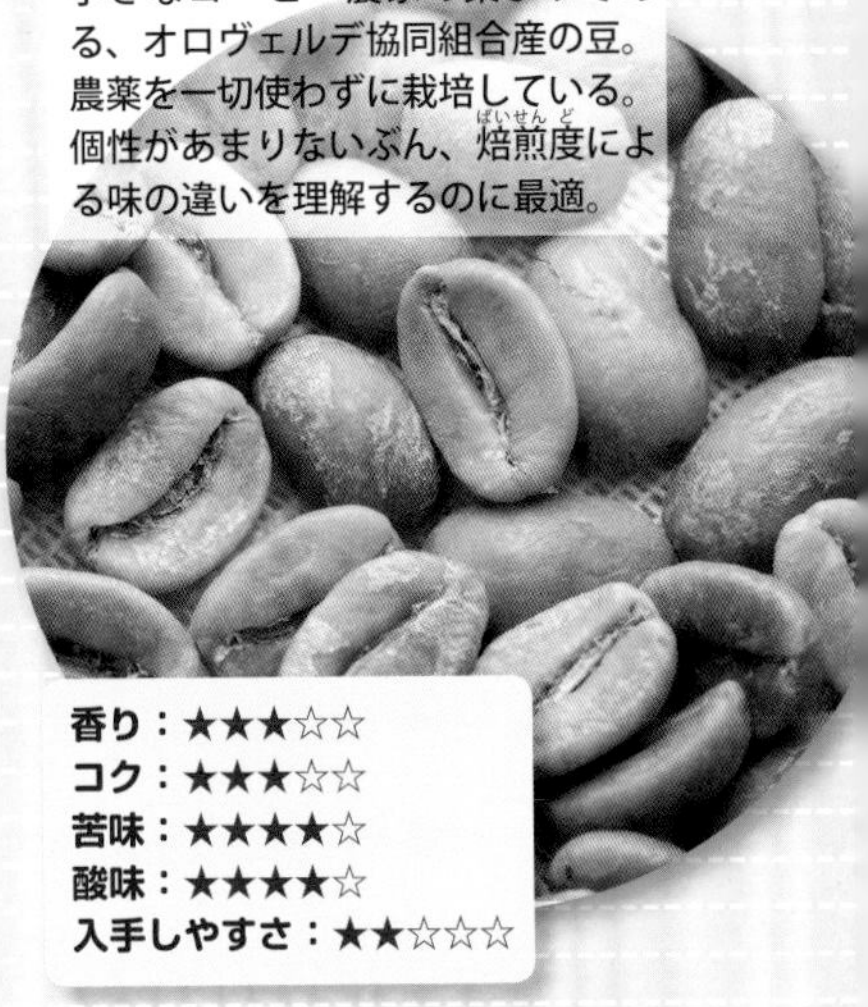

小さなコーヒー農家の集まりである、オロヴェルデ協同組合産の豆。農薬を一切使わずに栽培している。個性があまりないぶん、焙煎《ばいせん》度《ど》による味の違いを理解するのに最適。

香り：★★★☆☆
コク：★★★☆☆
苦味：★★★★☆
酸味：★★★★☆
入手しやすさ：★★☆☆☆

チャンチャマイヨ Ⓒ
Chanchamayo

チャンチャマイヨ渓谷でつくられる、酸味が少なくマイルドなコーヒー。香ばしさ、苦味は比較的しっかり感じられるので、ブレンドやアイスコーヒーにも適している。

香り：★★★★☆
コク：★★★☆☆
苦味：★★★☆☆
酸味：★★★☆☆
入手しやすさ：★★☆☆☆

有機農法で豆の付加価値を高める

ペルーのコーヒーには、必ずといっていいほど認証マークがついている。代表的なのは、農薬を使わず有機栽培していることを表す「バイオラティーナ有機認証」マーク。豆の付加価値を高めるために、国全体で有機農法に取り組んでいるのだ。

味の傾向は、苦味がやや強め。よい意味で個性に欠ける豆が多く、焙煎《ばいせん》特性が素直に出る。

＊Ⓐ、Ⓑ、Ⓒ、Ⓓは、焙煎のタイプ分類を表しています（→ P180 参照）。

エクアドル
Ecuador

産地としての歴史は浅いが香りに定評がある

ナッツ系の香り、やわらかな酸味を楽しむ

赤道直下に位置し、アンデス山脈の山岳地帯でコーヒーが栽培されている。

東側では低価格のロブスタ種、西側では高価なアラビカ種がおもにつくられている。

エクアドルの豆は粒揃いがよく、ナッツ系のフレーバーを持つ。やわらかな酸味、口あたりも魅力だ。反面、突出した個性がないことから、ブレンドに使用されることも多い。

ビルカバンバ Ⓑ
Vilca bamba

香り：★★★☆☆
コク：★★★★☆
苦味：★★★★☆
酸味：★★★☆☆
入手しやすさ：★★☆☆☆

カルダモンのような香りが後半に立ち上がる

「聖なる谷」を意味する、ビルカバンバ渓谷で栽培されている豆。ほどよい酸味があり、カルダモンのようなスパイス系の甘い香りが漂う。スパイスや砂糖を使ったアレンジドリンクにもよく合う。

厳選されたビルカバンバの豆を、麻袋に詰めて出荷。すべて手作業でおこなわれている。

アンデス・マウンテン Ⓑ
Andes Mountain

香り：★★★★☆
コク：★★★☆☆
苦味：★★★☆☆
酸味：★★★☆☆
入手しやすさ：★★☆☆☆

品のよい酸味とナッツ系のフレーバーがあり、苦味はごく控えめ。標高が高い地域のわりに豆質はやわらかく、中《ちゅう》煎《い》り程度で香りよく仕上がる。

写真提供（左下）／アタカ通商株式会社

ボリビア
Bolivia

産地の知名度は低いが上質のフレーバーを持つ

熟した果実のような甘酸っぱさがある

ボリビアは、ブラジル、ペルーにはさまれるように位置する内陸国である。アンデス山脈が国土の大半を占めることから「高原の国」とよばれ、コーヒー栽培にはもってこいの環境だ。

標高は非常に高いが、豆はやわらかく、中《ちゅう》煎《い》り～中《ちゅう》深《ふか》煎《い》りにするとおいしい。

よく熟成された実を手摘みしているため、甘酸っぱいフレーバーも特徴だ。

カルメロ・ユフラ Ⓒ
Carmelo Yujra

香り：★★★★★
コク：★★★★☆
苦味：★★★☆☆
酸味：★★★★☆
入手しやすさ：★★☆☆☆

中煎り～中深煎りの中間で甘酸っぱさを楽しむ

COEで二度の受賞歴を誇る高品質の豆で、質のよい酸味が最大の特徴。淹《い》れたてはフローラル系の香りがあり、冷めると甘酸っぱいフレーバーが強く感じられる。

コパカバーナ農園 Ⓒ
Copacabana

超高地で栽培されているが、そのわりに豆質がやわらかく、中《ちゅう》煎《い》り～中《ちゅう》深《ふか》煎《い》りが適している。適度な酸味と、ボリビアらしい甘い香りが特徴。

香り：★★★★☆
コク：★★★★☆
苦味：★★★★☆
酸味：★★★★☆
入手しやすさ：★★☆☆☆

ダミアン・ウアンカ農園 Ⓒ
Damian Huanca

香り：★★★★☆
コク：★★★☆☆
苦味：★★★☆☆
酸味：★★★★☆
入手しやすさ：★★☆☆☆

ボディは非常にしっかりしているが、雑味がなくクリーンな味わい。ピーチやオレンジのような、フルーティな甘さもある。

標高約1500mに位置する、コパカバーナ農園。周囲を山に囲まれた小さな街は、「コーヒーの街」ともよばれている。

写真提供（右下）／アタカ通商株式会社

中南米

ハイチ
Haiti

ミネラル分を含むマイルドなコーヒーが多い

日本ではなじみはないが質のよいコーヒーの生産地

カリブ海に浮かぶハイチは、海のミネラルを豊富に含む土壌、豊富な雨量に恵まれた、良質のコーヒーの産地。経済的に貧しい国にあって、コーヒー栽培は重要な産業だ。少しでも高い値がつくよう、生産者は努力を惜しまない。そのため非常によく選別された、良質の豆が届く。

軽い味わいの豆が多く、硬水《こうすい》と同じミネラル分も感じられる。

ハイチ南部の街、マール・ブランシュ。コーヒーチェリーをロバで運んでいる。

バプティスト Ⓐ
Baptist

バプティスト地域でつくられる、ティピカ種の豆。明るくさわやかな酸味、クリーンな飲み心地を損なわないよう、浅煎《あさい》りで楽しみたい。

香り：★★★☆☆
コク：★★★☆☆
苦味：★★☆☆☆
酸味：★★★☆☆
入手しやすさ：★★☆☆☆

モンラセル Ⓑ
Mont La Salle

香り：★★★★☆
コク：★★★☆☆
苦味：★★★☆☆
酸味：★★★★☆
入手しやすさ：★★☆☆☆

酸味はあるが、舌にやわらかくのるイメージで、全体にさわやかな印象を与える。シロップのようななめらかな質感、甘さも感じられる。

マール・ブランシュ Ⓑ
Mare Branche

香り：★★★★☆
コク：★★★☆☆
苦味：★★☆☆☆
酸味：★★★☆☆
入手しやすさ：★★☆☆☆

軽やかで飲みやすく甘味もほどよくある

カリブ海系コーヒーらしく、蜜のような甘味、香りがあり、軽やかな味わい。ミネラル分を豊富に含む土壌で育つためか、硬水《こうすい》のようなミネラル感、ほのかな塩気もある。

＊Ⓐ、Ⓑ、Ⓒ、Ⓓは、焙煎のタイプ分類を表しています（→ P180 参照）。

写真提供（右上）／アタカ通商株式会社

エチオピア Ethiopia

アフリカ最高峰の豆揃い。特にイルガチェフ産が人気

エチオピアでは、ナチュラル（自然乾燥式）で精製し、天日で乾燥させることが多い。ただし最近は、ウォッシュト（水洗式）で精製する農園も増えている。

エチオピア豆の格付け

等級	欠点豆の数（300g中）
G-1	0 ～ 3 個
G-2	4 ～ 12 個
G-3	13 ～ 27 個
G-4	28 ～ 45 個
G-5	46 ～ 90 個

エチオピアの豆は、欠点豆の少なさでランク分けされている。最上級のG-1では、300g中3個以下と、異例の少なさだ。

アラビカ種の原産地で個性際立つ豆が多い

エチオピアはアラビカ種の原産地であり、自生のコーヒーノキも現存している。多くは輸出用に栽培されているが、消費国としての歴史も長く、飲料としてのコーヒーはここから始まったのではないかとの説もある。

総じて上質な豆が揃う国だが、現在はとくに、「イルガチェフ」「シダモ」「ハラー」の3大ブランドに力を入れている。いずれも世界的に評価の高いスペシャルティコーヒーで、ボディが力強く、香りが非常に華やかだ。

特にイルガチェフはシトラス系の香りが強く、パナマのゲイシャ種と並ぶ人気銘柄。浅めに焙煎《ばいせん》して個性を前面に出すのがトレンドだが、コーヒーらしいバランスのよさをとるなら、中《ちゅう》～深煎《ふかい》りがおすすめだ。

写真提供／（右上）ワタル株式会社　（左上、右下）石光商事株式会社

イルガチェフ G1 ウォッシュト Ⓒ

Yirgacheffe G1 Washed

香り：★★★★★
コク：★★★★☆
苦味：★★★☆☆
酸味：★★★★★
入手しやすさ：★☆☆☆☆

スペシャルティらしい華やかなフレーバー

シトラス系の香りと、ワインのような熟成感、ボディを備えたすばらしい豆。高級な紅茶にたとえられることも多い。ウォッシュト（水洗式）は、ナチュラル（自然乾燥式）に比べ、繊細でスマートな味わいがある。浅《あさ》煎《い》りにして、個性的な香味を過不足なく引き出したい。

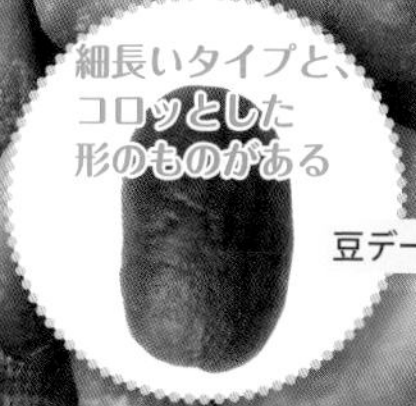
細長いタイプと、コロッとした形のものがある
豆データ

ベストな焙煎度
浅煎り
香り重視なら浅煎り、飲みやすさ重視なら中～深煎りに

イルガチェフ ベレカ G1 Ⓒ

Yirgacheffe Bereka G1

紅茶のようなフレーバーが強く、冷めてからは、甘味がはっきりと立ち上がる。余韻まで甘く、贅沢な気分になれるコーヒー。

香り：★★★★☆
コク：★★★★☆
苦味：★★★☆☆
酸味：★★★★☆
入手しやすさ：★☆☆☆☆

イルガチェフ ナチュラル Ⓑ

Yirgacheffe Natural

香り：★★★★★
コク：★★★★☆
苦味：★★☆☆☆
酸味：★★★☆☆
入手しやすさ：★☆☆☆☆

ウォッシュトタイプより甘さが強く、ボディも力強い。完熟りんごのような甘酸っぱさもある。中《ちゅう》煎《い》りにすると香りがいきる。

イルガチェフ サンイルガ Ⓑ

Yirgacheffe Sunyirga

イルガチェフ特有のかんきつ系フレーバーを、さらに強調してつくられた銘柄。完熟フルーツのような甘さもある。

香り：★★★★★
コク：★★★★☆
苦味：★★★☆☆
酸味：★★★★★
入手しやすさ：★☆☆☆☆

＊Ⓐ、Ⓑ、Ⓒ、Ⓓは、焙煎のタイプ分類を表しています（→ P180 参照）。

シダモ ウォッシュト Ⓒ
Sidamo Washed

香り：★★★★☆
コク：★★★★★
苦味：★★★★☆
酸味：★★★★☆
入手しやすさ：★☆☆☆☆

イルガチェフより はっきりした味わい

イルガチェフ同様に紅茶のような香味があるが、濃厚で、味に締まりがある。スペシャルティコーヒーらしさを前面に出すため、浅《あさ》煎《い》りで提供されることが多いが、最もおいしいのは中深《ちゅうふか》煎《い》りだ。

ベストな焙煎度
中深煎り

深煎りにしても香りよく、バランスのよい味になる

豆データ

高地産らしい硬さだが、サイズはそれほど大きくない

ハラー G1 Ⓐ
Harrar G1

モカフレーバーとよばれる豊かな酸味が特徴。品のあるイルガチェフとは対照的で、野性的なまでの強いボディ、香りを感じる。

香り：★★★★☆
コク：★★★★☆
苦味：★★★☆☆
酸味：★★★★★
入手しやすさ：★☆☆☆☆

ハラースター Ⓐ
Harrar Star

「ハラー」は、細長い形をしたロングベリータイプ。明るい酸味と甘味があり、後味までさわやかな印象が続く。やわらかい豆で火の通りがいいので、中《ちゅう》煎《い》りにとどめ、酸味をほどよく残すといい。

香り：★★★★☆
コク：★★★☆☆
苦味：★★★☆☆
酸味：★★★★☆
入手しやすさ：★☆☆☆☆

Column

「モカ」は品種ではなく港の名前だった！

　エチオピアコーヒーはモカコーヒーともよばれる。じつはこの呼び名、イエメンのコーヒーにも使われるもので、イエメンのモカ港に由来する。かつてイエメンやエチオピアのコーヒーは、モカ港から世界に向けて輸出されていたため、いつの間にかコーヒーの代名詞になってしまったのだ。ただし命名の由来であるモカ港は、現在は使われていない。

高級銘柄が揃う国だけに、買い付ける人の表情も真剣。

＊Ⓐ、Ⓑ、Ⓒ、Ⓓは、焙煎のタイプ分類を表しています（→ P180 参照）。

写真提供／（右下）ワタル株式会社

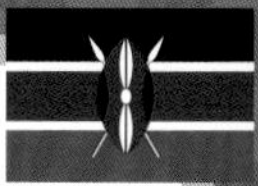

ケニア
Kenya

甘さ、コクが強く キレのある風味が口に残る

最高級のＡＡは ヨーロッパの評価も高い

コーヒー発祥の地ともいわれるエチオピアに隣接しているが、ケニアで栽培が始まったのは19世紀末と、比較的新しい。

しかし１９３５年に、世界初のコーヒー研究機関であるスコットランド・ラボラトリーの指導でブルボンの交配種を栽培するようになってから、その心地よい酸味とコクのある風味で、ケニアコーヒーの名声は一気に高まった。特にヨーロッパでは、最高級豆として高い評価を受けている。

豆の分類はタンザニアと同様で、乾燥したアプリコットのような甘酸っぱさ、香りが特徴で、ほかの品種豆との相性もよく、ブレンドに使ってもおいしい。深く焙煎《ばいせん》しても香り、酸味が損なわれにくいので、中深《ちゅうふか》煎《い》り～深《ふか》煎《い》りで味わいたい。

ケニア豆の格付け

等級	名称
1	AA＋
2	AA
3	AB
4	C
5	E
6	TT
7	T

おもにサイズでランク分けされる。ここで紹介しているのはＡＡ以上かピーベリーの豆。

＋

ピーベリー（PB）

小さいが希少な豆

「アフリカンベッド」とよばれる棚干しの乾燥法。異物が入りにくいため、特に高級銘柄で採用されている。

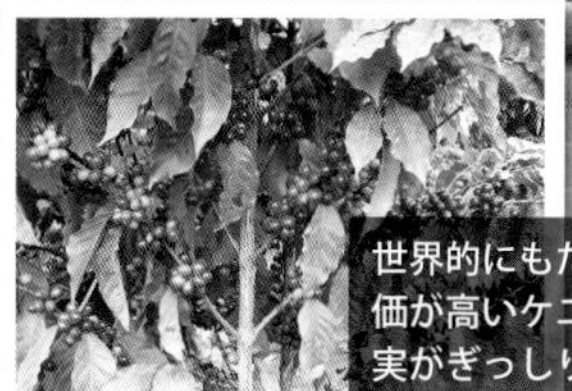

世界的にもたいへん評価が高いケニアの豆。実がぎっしり詰まっているのが特徴だ。

ケニアのコーヒー農園は、ほとんどが小農家。「ファクトリー」とよばれる水洗加工場に豆が持ち込まれ、各ファクトリーの名前で出荷される。

 写真提供（下３点）／石光商事株式会社

ワムグマ・ファクトリー

Wamuguma Factory

D

香り：★★★★☆
コク：★★★★★
苦味：★★★☆☆
酸味：★★★★☆
入手しやすさ：
★★☆☆☆

心地よい甘味があり、ケニアの豆の中では酸味が弱め。バランスのよさが持ち味だ。深煎りが基本だが、フルーツ系の香味を強く出したい場合は、中《ちゅう》煎《い》りでもよい。

ンダロイニファクトリー

Ndaroini Factory

D

香り：★★★★★
コク：★★★★★
苦味：★★★★☆
酸味：★★★★★
入手しやすさ：
★★☆☆☆

熟成したワインのようなコクと酸味をもつ。ボディがしっかりしているが、ベリー系の甘い香りもあり、重層的な世界を楽しめる。中《ちゅう》深《ふか》煎《い》り〜深《ふか》煎《い》りで味わいたい。

ムシャガラ・ファクトリー

Muchagara Factory

D

丸みのある甘さ、ケニアらしい酸味、コクのバランスが非常によい。雑味がなく、クリーンな味わいだ。ほのかなフローラルフレーバーも感じさせる。

香り：★★★★☆
コク：★★★★☆
苦味：★★★☆☆
酸味：★★★★☆
入手しやすさ：
★★☆☆☆

グアマ・ファクトリー

Guama Factory

D

ブルーベリーのような甘味が最大の特徴で、ボディも非常に力強い。中深煎り〜深煎りで、苦味と酸味のバランスがとれる。

香り：★★★★☆
コク：★★★★☆
苦味：★★★☆☆
酸味：★★★★☆
入手しやすさ：
★★☆☆☆

カラチナファクトリー

Karatina Factory

D

豆データ
硬質でゴツゴツしている

香り：★★★★★
コク：★★★★★
苦味：★★★★☆
酸味：★★★★☆
入手しやすさ：
★★☆☆☆

フルーティな香味が強くほどよい甘さが舌に残る

アプリコットジャムのような甘酸っぱさが特徴で、酸の質がすばらしい。ケニアの豆の中でも特に華やかなフレーバーで、やわらかい甘味が長く舌に残る。香りも酸も強いので、深煎りにしても香味が十分残る。淹《い》れているときの香りから、立体的な味、余韻まで、満足感の高い一杯が味わえる。

熟したベリーのような強い甘味がある

最高ランク・AAグレードの豆の中から、小粒で丸いピーベリーだけを集めたもの。ケニアの豆はどれも味が濃く、甘味があるのが特徴だが、ピーベリーは特に甘味が強い。火の通りがよいので、焙《ばい》煎《せん》度《ど》は中煎りで十分。ケニアらしい酸味もほどよく残せる。

豆データ
小粒の1粒豆だけを集めたもの

ベストな焙煎度
中煎り
小粒でやわらかいので、中煎りで十分

ケニア ピーベリー Ⓒ

Kenya Peaberry

香り：★★★★★
コク：★★★★☆
苦味：★★★☆☆
酸味：★★★★☆
入手しやすさ：★☆☆☆☆

キアンジル・ファクトリー Ⓒ

Kianjiru Factory

コーヒーの名産地・キリニャガ地区産。明るい酸味、しっかりとしたコクがある。アプリコット系の甘さも感じられるが、しつこくなく、すっきりとした味わい。

香り：★★★★★
コク：★★★★☆
苦味：★★★★☆
酸味：★★★★★
入手しやすさ：★★☆☆☆

カリミクイ・ファクトリー Ⓑ

Karimikui Factory

ダークチェリーやカシスを思わせる、熟成感のあるフルーツフレーバー。コーヒーらしい苦味と、濃厚な甘さのバランスが秀逸。

香り：★★★★☆
コク：★★★★☆
苦味：★★★☆☆
酸味：★★★★☆
入手しやすさ：★★☆☆☆

＊Ⓐ、Ⓑ、Ⓒ、Ⓓは、焙煎のタイプ分類を表しています（→ P180 参照）。

タンザニア Tanzania

フルーティな香りが漂い コーヒーらしいコクもある

キリカフェ農協 Ⓓ

Kilicafe

香り：★★★★☆
コク：★★★★★
苦味：★★★☆☆
酸味：★★★★★
入手しやすさ：★★☆☆☆

フルーティな香りと力強いボディのバランスに注目

肉厚で大粒の豆の代表格で、コーヒーらしいしっかりとした苦味とコクがある。グレープフルーツのような、大粒のかんきつ系フレーバーがあり、酸味のきれいさも際立つ。焙煎《ばいせん》の難易度が高く、深く煎《い》ると苦味が非常に強くなる。中深煎《ちゅうふかい》りにとどめ、香味をしっかり残したい。

キゴマ地区の農園。異物が入りにくいよう、「アフリカンベッド」で豆を乾燥させている。

キゴマ地区の生産者。

豊かな自然がつくりだす力強いコーヒー豆

タンザニアのコーヒーといえば、キリマンジャロがあまりに有名である。アフリカ最高峰のキリマンジャロ山のすそ野にある、モシ地区やアルーシャ地区で生産された豆だけが、キリマンジャロとよばれている。

ただ、キリマンジャロは銘柄名ではない。現在、最高級品はタンザニア規格の最高級を示すAAをつけて、タンザニアAAとよばれる。酸味、コク、香りともに濃厚で、アイスコーヒーにしても薄さを感じさせない。

中でも突出しているのが香りで、淹《い》れている瞬間から、フルーティで華やかな香りに包まれる。深く煎《い》っても香りがとびにくいため、中深煎《ちゅうふかい》り〜深煎《ふかい》りで、香りとコクのバランスを楽しみたい。

＊Ⓐ、Ⓑ、Ⓒ、Ⓓは、焙煎のタイプ分類を表しています（→ P180 参照）。

写真提供（右３点）／石光商事株式会社

キゴマ AA キボ D
Kigoma AA Kibo

タンザニア西部のキゴマ地区産。クリアな酸味が特徴で、後半にかけて、濃厚な甘さとコクも感じ取れる。

香り：★★★★☆
コク：★★★☆☆
苦味：★★★☆☆
酸味：★★★★☆
入手しやすさ：★★☆☆☆

ルブーマ AAA D
Ruvuma AAA

まろやかな酸味、バニラのような甘い香りが特徴。アプリコットのようなフレーバーもあわせもつ。酸味の質が非常によく、「酸味の強いコーヒーは苦手」という人にもおすすめだ。

香り：★★★★☆
コク：★★★★☆
苦味：★★★★☆
酸味：★★★★☆
入手しやすさ：★☆☆☆☆

タンザニア AA キボ カンジラルジ農園 D
AA Plus Kibo Kanji Lalji

完熟した実だけが手摘みで収穫されていて、トロピカルフルーツのような香りと甘さの後に、キレのある後味が残る。カンジラルジ農園は、タンザニア最高峰との呼び声も高い名門農園で、つねに高品質の豆が届く。

香り：★★★★★
コク：★★★★☆
苦味：★★★☆☆
酸味：★★★★☆
入手しやすさ：★★☆☆☆

ベストな焙煎度
中深煎り
深煎りにすると
苦味が出すぎる
豆データ
硬質で、肉厚な
豆の代表格

タンザニア豆の格付け

粒の大きさによって6種類に大別され、さらに詳しく分けると、「AF」「TT」も含めた8種類となる。

等級	名称	スクリーンサイズ
1	AA	6.75㎜～
2	A	6.25 ～ 6.5㎜
3	B	6.15 ～ 6.5㎜
4	C	5.90 ～ 6.15㎜

（1・2）特に軽い豆は「AF」という
（3・4）特に軽い豆は「TT」という

＋

エレファント(E)
巨大で大味な豆

ピーベリー(PB)
小粒で希少な豆

タンザニア AA スノートップ D
Tanzania AA Snow Top

チェリー系の酸味、キャンディーのようななめらかな甘さ、ボディのバランスが絶妙。気候条件のよいアルーシャ地方で採れる大粒の最高級豆。

香り：★★★★☆
コク：★★★★☆
苦味：★★★☆☆
酸味：★★★☆☆
入手しやすさ：★★☆☆☆

ルワンダ
Rwanda

苦味が控えめで後味のきれいな豆が多い

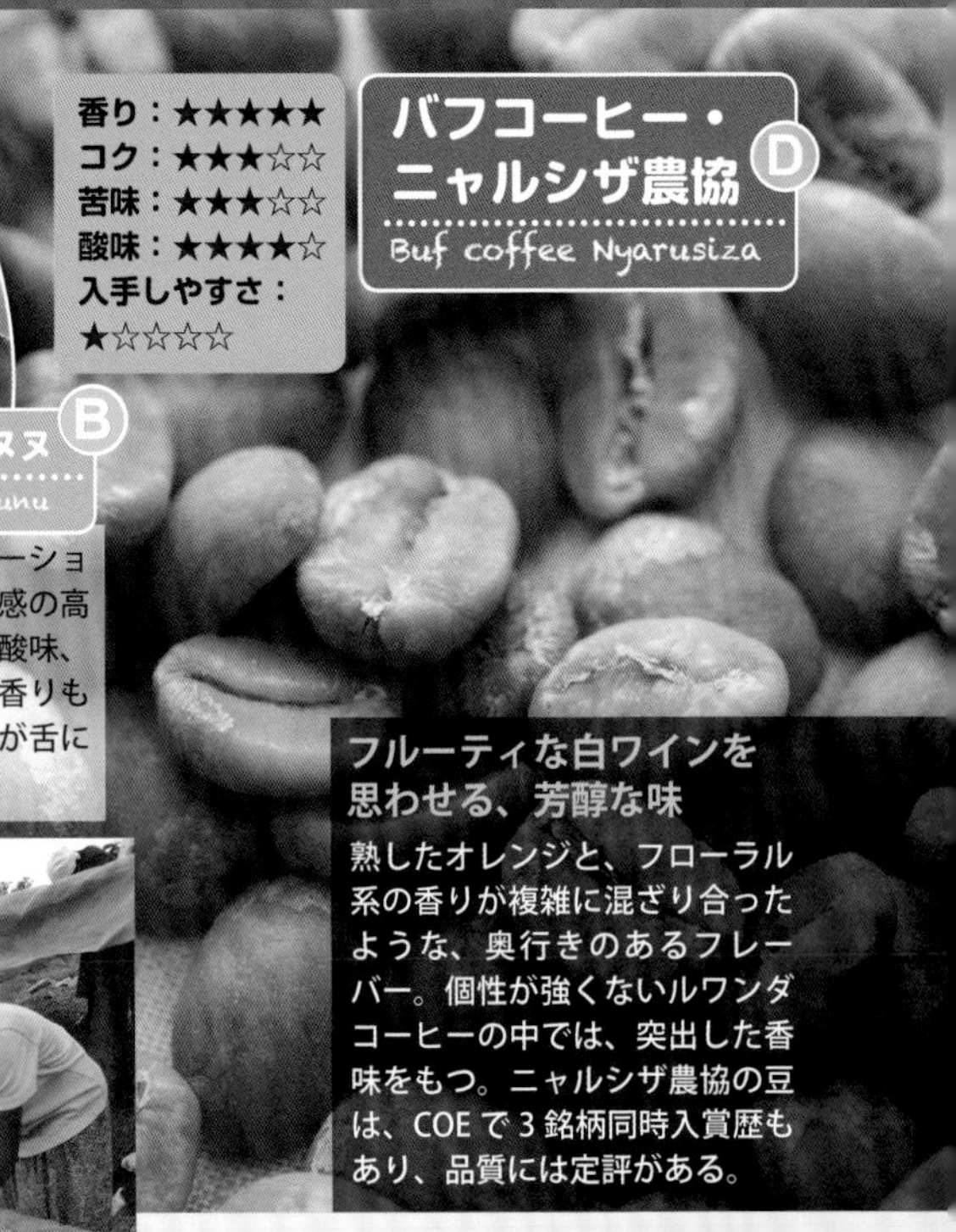

バフコーヒー・ニャルシザ農協 Ⓓ
Buf coffee Nyarusiza

香り：★★★★★
コク：★★★☆☆
苦味：★★★☆☆
酸味：★★★★☆
入手しやすさ：
★☆☆☆☆

フルーティな白ワインを思わせる、芳醇な味

熟したオレンジと、フローラル系の香りが複雑に混ざり合ったような、奥行きのあるフレーバー。個性が強くないルワンダコーヒーの中では、突出した香味をもつ。ニャルシザ農協の豆は、COE で 3 銘柄同時入賞歴もあり、品質には定評がある。

キヌヌ Ⓑ
Kinunu

香り：★★★☆☆
コク：★★★★☆
苦味：★★★☆☆
酸味：★★★★☆
入手しやすさ：
★☆☆☆☆

キヌヌ・ウォッシングステーションから出荷される豆。透明感の高さが最大の魅力で、明るい酸味、チェリー系の甘く華やかな香りも備えている。ほのかな甘味が舌に残り、余韻まで美しい。

大規模農園がほとんどなく、たくさんの小農家によってコーヒー産業が支えられている。

復興とともにスペシャルティ銘柄が続出

長い内戦で疲弊していたが、復興とともにコーヒー生産に力を注ぎ、その良質さで世界に注目されるようになった。アフリカで最初にCOEオークションが開かれたのもルワンダだ。

どの銘柄も、小粒だが粒揃いがよく、味に透明感がある。フルーティな酸味、紅茶のような香りもあるが、主張は強くなく、非常に飲みやすいのが特徴だ。

ムヨンゲ Ⓑ
Muyongwe

ピーチやアプリコットのような甘いフレーバーとともに、クリアな酸味、アフリカの豆らしい力強いコクがある。

香り：★★★★☆
コク：★★★☆☆
苦味：★★★☆☆
酸味：★★★★☆
入手しやすさ：
★☆☆☆☆

写真（中央）／石光商事株式会社

＊Ⓐ、Ⓑ、Ⓒ、Ⓓは、焙煎のタイプ分類を表しています（→ P180 参照）。

マラウイ
Malawi

強い個性はないがコクがあってまろやか

マラウイの小農家でも、棚干しで天日乾燥させる「アフリカンベッド」が普及しつつある。

フィリルヤ・ミスク D
Phiri Lua Misuku

深煎りで味の厚み、コクを出す

北部の山岳地帯・ミスク地区産の豆。強い個性はないが品質は高く、苦味と酸味のバランスもよい。深《ふか》煎《い》りにすると、日本人好みの適度な苦味、まろやかなコクが感じられる。

香り：★★★★☆
コク：★★★★★
苦味：★★★★★
酸味：★★★★☆
入手しやすさ：★★☆☆☆

復興とともに質の高い銘柄が続出

タンザニアの南に位置する、小さな内陸国。ミスク地区をはじめとする北部の山岳地帯で、コーヒーが栽培されている。

タイプとしてはルワンダと似ていて、突出した個性はないが、質は非常に高い。中《ちゅう》煎《い》り〜深《ふか》煎《い》りに焙煎《ばいせん》すると、まろやかな舌ざわりを保ちつつも、コクが十分に引き出される。

サテムワ農園 C
Satemwa

ナッツ、キャラメル系のコクのあるフレーバーだが、重さはまったくなく、後味がすっきりしている。苦味も酸味もマイルドで、コーヒー初心者でも飲みやすい。

香り：★★★★☆
コク：★★★★☆
苦味：★★★☆☆
酸味：★★★★☆
入手しやすさ：★★☆☆☆

レイク・マラウイ AB + C
Lake Malawi AB +

ナッツ系の香りに加え、栗やかぼちゃを彷彿させる、コクとまろやかさがある。ルワンダ同様、主張の少ないマラウイ豆の中では、きわめて個性的な銘柄。

香り：★★★☆☆
コク：★★★★☆
苦味：★★★★☆
酸味：★★★★☆
入手しやすさ：★★☆☆☆

写真（左上）／石光商事株式会社

インドネシア Indonesia

マンデリンブランドを中心に個性的な銘柄が揃う

天日乾燥の様子。スマトラ式の場合は、水分を多く含んだ緑色の豆をそのまま乾燥させる。

香り：★★★★★
コク：★★★★★
苦味：★★★★☆
酸味：★★★★☆
入手しやすさ：★★☆☆☆

マンデリン SP G1 アルール・バダ

Mandheling SP G1 Alur Badak Ⓒ

マンデリンの最高級銘柄。力強いコクがある

SP G1とは「スペシャル G1」のことで、最高級のG1の中でもさらにすぐれていることを表す。芳醇でトロピカルな香味、深いコク、キレのある苦味と、マンデリンならではの魅力を強くたたえている。日本人には特に好まれる味だ。雑味がなく、味のバランスも非常にすぐれている。

ベストな焙煎度
中煎り

やわらかい豆なので、中煎りが最適

豆データ
肉厚ではないが、粒は非常に大きい

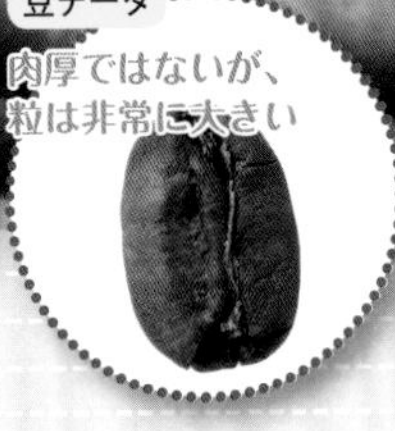

インドネシア豆の格付け

等級	欠点豆の数（300g中）
グレード1	0 ～ 11 個
グレード2	12 ～ 25 個
グレード3	26 ～ 44 個
グレード4	45 ～ 80 個
グレード5	81 ～ 150 個

インドネシアの豆は品質にばらつきがある。そのため、同じように欠点豆の数で格付けしているエチオピアと比べると、欠点豆の数が多い。

スマトラ北部のアラビカをマンデリンという

大小1万数千もの島から成り立つインドネシアにコーヒーノキが持ち込まれたのは、16世紀末。栽培の歴史は非常に長い。

生産のほとんどはロブスタ種だが、品質の高いアラビカ種もつくられている。その代表が、スマトラ島北部で採れるマンデリンである。やわらかな舌ざわりとコクが、世界中の人に愛されている。

マンデリンの中にもいくつもの銘柄があり、精製法もそれぞれ異なるため、味の違いを試してみるのもおもしろい。

インドネシアには、スマトラ式という独自の精製法もある。生乾きの状態でパーチメント（→P172）を脱穀し、乾燥させる方法だ。短期間で乾燥でき、深く美しい緑色に仕上がる。

＊Ⓐ、Ⓑ、Ⓒ、Ⓓは、焙煎のタイプ分類を表しています（→ P180 参照）。

写真提供（左上）／石光商事株式会社

マンデリン ブルーバタック・パカット

Mandheling Blue Batak Pakkat Ⓒ

香り：★★★★★
コク：★★★★★
苦味：★★★★☆
酸味：★★★★☆
入手しやすさ：★☆☆☆☆

マンデリンらしいシルキーな質感

マンデリンの名産地リントン地区で、バタック族の人々が生産している。強い甘さとコク、トロピカルフルーツに似た濃厚な香味、シルキーな舌ざわりが特徴。スマトラ式精製法に加え、リントン地区のテロワール（畑の自然環境要因）が、味に大きく影響している。

豆データ

ベストな焙煎度
中深煎り
焙煎すると
非常に大きく
ふくらむ

マンデリンの中でも
とくに濃い緑色

ジャワ アラビカ ウォッシュト

Java Arabica Washed Ⓑ

香り：★★★★☆
コク：★★★☆☆
苦味：★★☆☆☆
酸味：★★★☆☆
入手しやすさ：★☆☆☆☆

ジャワ島の種で、マンデリンとは異なる個性をもつ。精製法は水洗式。甘い香りとほどよい苦味、すっきりとした味わいが特徴だ。中《ちゅう》〜中深煎《ちゅうふかい》りにすると、トロピカルフルーツのような甘い香りがいきる。

フローレス アラビカ G1

Flores Arabica G1 Ⓒ

香り：★★★★☆
コク：★★★★☆
苦味：★★★☆☆
酸味：★★★★☆
入手しやすさ：★☆☆☆☆

フローレス島産のアラビカ種。かつては低品質の豆を量産せざるを得ない状況にあったが、公的機関の支援により、高品質のアラビカ種がつくられるようになった。まろやかなコクと、チョコレートやカラメルのような甘いフレーバーが感じられる。

マンデリン ブキット・アチェ

Mandheling Bukit Aceh Ⓒ

スマトラ島産の、ウォッシュト（水洗式）で精製された豆。良質の酸味が持ち味で、味のバランスがよく、ブレンドにも用いられる。焙煎《ばいせん》度《ど》は中煎り〜中深煎りがベスト。

香り：★★★★☆
コク：★★★★★
苦味：★★★★☆
酸味：★★★☆☆
入手しやすさ：★☆☆☆☆

マンデリン シナール

Mandheling Sinar Ⓒ

「光のマンデリン」の意。フルーティでさわやかな香りと、すっきりとした苦味、やわらかな甘味がある。ほかのマンデリンより主張が強くなく、繊細な印象。

香り：★★★★★
コク：★★★★★
苦味：★★★★☆
酸味：★★★★☆
入手しやすさ：★★☆☆☆

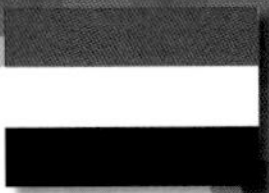

イエメン Yemen

甘くフルーティな香り、ワインのような香味が特徴

コーヒー通にはおなじみ「モカ・マタリ」の発祥地

エチオピアと並び、最も古いコーヒー生産国である。

イエメンのコーヒーは、モカコーヒーの呼び名で古くから親しまれている。その代表が、バニーマタル地区で生産される「モカ・マタリ」だ。ただ、モカ・マタリだけでは生産量が限られることから、現在は「モカ〇〇」「イエメン〇〇」といった銘柄名で、さまざまなモカコーヒーが流通している。

イエメンは水資源が不足しているため、精製法はすべてナチュラル（自然乾燥式）。「モカフレーバー」とよばれる、赤ワインのような複雑な香味が最大の特徴である。ただし欠点豆が非常に多く、味がよくても、スペシャルティコーヒーとしては評価対象になりにくい。

ベストな焙煎度
浅〜中煎り

浅く煎ったほうがモカらしさが出る

豆データ

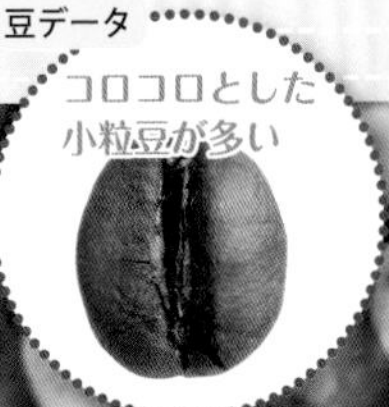

コロコロとした小粒豆が多い

モカ ホワイト キャメル Ⓐ

Mokha White Camel

香り：★★★★☆
コク：★★☆☆☆
苦味：★★☆☆☆
酸味：★★★☆☆
入手しやすさ：★★☆☆☆

ワインのようなふくよかな香味が広がる

モカフレーバーとよばれる、ワイン系の強い香気を備えつつも、すっきりとした味わい。甘さも酸味もはっきりと感じられるが、ほかのモカコーヒーに比べ、野性味が控えめで、上品な味わいである。香りを楽しむには、浅《あさ》煎《い》り〜中《ちゅう》煎《い》りが最適。

＊Ⓐ、Ⓑ、Ⓒ、Ⓓは、焙煎のタイプ分類を表しています（→ P180 参照）。

イエメン・マタリ Ⓐ
Yemen Mattari

ベストな焙煎度
中深煎り
火が通り
やすいので、
煎りすぎに注意

豆データ

よく乾燥していて、
やわらかい

ヴィンテージワインのような風味

2000m級の山々がそびえるバニーマタル地区産。ピュアな「モカ香」としか形容できない、独特のフルーティフレーバーとスパイシーさが感じられる。ヴィンテージワインにたとえられることが多い。

香り：★★★★☆
コク：★★★★☆
苦味：★★★☆☆
酸味：★★★★☆
入手しやすさ：★☆☆☆☆

ホワイト・キャメル〈マタリⅠ〉バゼル Ⓐ
White Camel〈Matari I〉Bazel

香り：★★★★☆
コク：★★★☆☆
苦味：★★☆☆☆
酸味：★★★☆☆
入手しやすさ：★★☆☆☆

マタリは地域名で、バゼルは仲介人の名前。ワインのような香味が強い。ほかのモカコーヒーよりすっきりとした味わいが特徴。その名の通り、白いラクダが描かれた麻袋で届けられる。

バニーマタル Ⓐ
Bani Mattar

バニーマタル地区でつくられる豆で、モカ原生種ならではの野性味が、力強いワインのような印象を与える。甘酸っぱい香味、スパイシーな香りが口に広がり、ナッツのようなコクもある。

香り：★★★★★
コク：★★★★☆
苦味：★★★☆☆
酸味：★★★★☆
入手しやすさ：★☆☆☆☆

急峻な山岳地帯を利用し、自給自足で暮らす農民がコーヒー栽培を手がけている。

クラシック・モカ Ⓐ
Classic Mokha

独特のモカフレーバーとともに、フローラル系の気品ある香りが漂う。比較的さっぱりしていて、飲みやすい。ほかのモカコーヒーと同様、浅煎りにして香りを十分に引き出したい。

香り：★★★★☆
コク：★★★★☆
苦味：★★☆☆☆
酸味：★★★★☆
入手しやすさ：★☆☆☆☆

写真提供（左下）／アタカ通商株式会社

パプア・ニューギニア
Papua New Guinea

マイルドで深いコクがあり ヨーロッパで人気

ゴツゴツした硬い豆で粒も大きめ
豆データ
ベストな焙煎度
中深煎り
フルーティな香りをしっかり残す

ニューギニア AA プローサ農園
New Guinea AA Prosa Ⓓ

香り：★★★★☆
コク：★★★★★
苦味：★★★★☆
酸味：★★★★☆
入手しやすさ：★★☆☆☆

深いコクと、甘酸っぱいフレーバーが溶け合う

チョコレート系の深いコクと、ベリー、シトラスのようなジューシーなフルーツフレーバーもあわせもつ。冷めてくると、フルーツ系の甘酸っぱさがよりはっきりと感じられる。

樹齢数十年の古木が生むマイルドな味

南太平洋に浮かぶニューギニア島の中央高原一帯が、コーヒー生産地の中心である。比較的新しい生産地だが、ほとんど植え替えをしていないため、樹齢数十年の古木が立ち並ぶ。

多くはティピカ種で、そのほかブルボン種、アルシャ種などがある。ジャマイカのブルーマウンテンの樹も持ち込まれ、栽培に利用されている。

フルーティな香り、野性味のある甘酸っぱさが持ち味だが、時代によって味、品質にバラつきがある。野性味が前面に出ている時期もあれば、非常にまとまった味の時期もある。農園ごとの品質の差も大きい。

硬質の豆ばかりなので、中深《ちゅうふか》煎《い》りまでしっかり焙煎《ばいせん》することが望ましい。

*Ⓐ、Ⓑ、Ⓒ、Ⓓは、焙煎のタイプ分類を表しています（→ P180 参照）。

数は少ないが、出荷前にていねいなハンドピックをおこなっている小農家もある。

ニューギニア AA C

New Guinea AA

かつては野性味あふれる味だったが、現在はクリーンな味わいが特徴。やわらかな香り、甘さがあり、ナッツやカカオのような香ばしさもほのかに感じられる。

香り：★★★★☆
コク：★★★☆☆
苦味：★★★★☆
酸味：★★★★☆
入手しやすさ：★★★☆☆

ニューギニア AA キガバー農園 D

New Guinea AA Kigabah

香り：★★★★☆
コク：★★★★★
苦味：★★★★☆
酸味：★★★★☆
入手しやすさ：★★☆☆☆

パプア・ニューギニアらしい野性味を残しつつも、フレッシュなシトラスフレーバー、明るい酸味があり、さわやかな味わいが特徴だ。

ニューギニア AA ブヌン・ウー D

New Guinea AA Bunum Wo

香り：★★★★☆
コク：★★★★★
苦味：★★★☆☆
酸味：★★★★☆
入手しやすさ：★★☆☆☆

ブヌンウとは、農園を流れる小川の名前。ピーチとシトラスが混ざり合ったようなトロピカル系フレーバーと、なめらかな舌ざわりが特徴だ。

パラカ A C

PARAKA A

完熟した豆だけを手摘みし、ハンドピックを非常にていねいにおこなっているためか、雑味がなくクリーンな味わい。強い苦味が苦手な人でも飲みやすい。

香り：★★★☆☆
コク：★★★★☆
苦味：★★★☆☆
酸味：★★★☆☆
入手しやすさ：★★☆☆☆

トライバル・アロマス C

Tribal Aromas

フレッシュフルーツを思わせる風味、ここちよい酸味が口中に広がる。完熟したコーヒーチェリーならではの甘さも印象的。

香り：★★★★☆
コク：★★★☆☆
苦味：★★★☆☆
酸味：★★★☆☆
入手しやすさ：★★☆☆☆

写真提供（上２点）／石光商事株式会社

アジア・太平洋

ハワイ
Hawaii

甘味と透明感がある コナコーヒーが人気

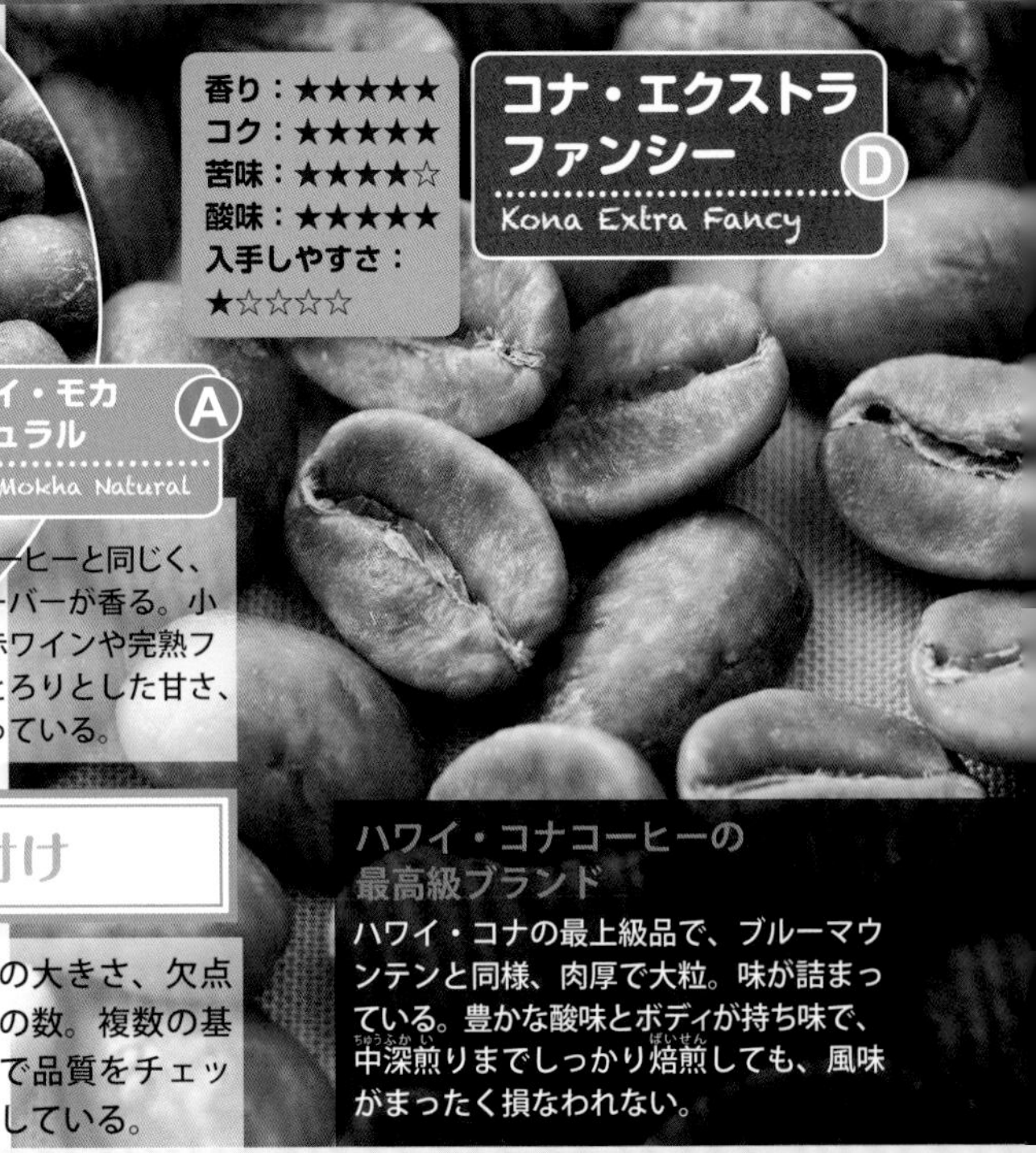

マウイ・モカ ナチュラル Ⓐ
Maui Mokha Natural

香り：★★★☆☆
コク：★★☆☆☆
苦味：★★☆☆☆
酸味：★★★☆☆
入手しやすさ：★☆☆☆☆

イエメンのモカコーヒーと同じく、芳醇なモカフレーバーが香る。小粒な豆ながら、赤ワインや完熟フルーツのようなとろりとした甘さ、深い酸味が詰まっている。

コナ・エクストラ ファンシー Ⓓ
Kona Extra Fancy

香り：★★★★★
コク：★★★★★
苦味：★★★★☆
酸味：★★★★★
入手しやすさ：★☆☆☆☆

ハワイ・コナコーヒーの最高級ブランド

ハワイ・コナの最上級品で、ブルーマウンテンと同様、肉厚で大粒。味が詰まっている。豊かな酸味とボディが持ち味で、中深《ちゅうふか》煎《い》りまでしっかり焙煎《ばいせん》しても、風味がまったく損なわれない。

ハワイ豆の格付け

等級	名称	スクリーンサイズ	欠点豆の数（453g 中）
1	エクストラファンシー	7.54㎜〜	10 粒以下
2	ファンシー	7.14㎜〜	10 粒以下
3	No.1	6.35㎜〜	20 粒以下
4	セレクト	（なし）	重さの5%以下
5	プライム	（なし）	重さの25%以下

粒の大きさ、欠点豆の数。複数の基準で品質をチェックしている。

ブルーマウンテン並みに人気、価格が高騰

ハワイのコーヒーは総じて質が高く、つねに高値で取引されている。中でも人気なのが、ブルーマウンテンと並ぶ高級品とされるハワイ・コナだ。ハワイ島のコナ地方は、気候が中米の高地とよく似ており、コーヒー栽培に最適な環境である。

ハワイ島ではティピカ種だけが栽培されていて、この品種に特有の、甘い香りとフルーティな酸味が魅力だ。

オアフ島 ワイアルア農園 ファンシー Ⓑ
Oahu Waialua Fancy

ノースショア地区のワイアルア農園産。小粒の豆で、ティピカ種らしい良質の甘味、オレンジのような明るい酸味がはっきりと感じられる。

香り：★★★★☆
コク：★★★☆☆
苦味：★★☆☆☆
酸味：★★★☆☆
入手しやすさ：★☆☆☆☆

＊Ⓐ、Ⓑ、Ⓒ、Ⓓは、焙煎のタイプ分類を表しています（→ P180 参照）。

インド
India

中煎りで酸味を出しても深煎りでコクを出してもいい

味のバランスがよいケント種が人気

日本ではあまりなじみがないが、インドはアジア第三の生産国である。高級なアラビカ種と安価なロブスタ種が、ほぼ半々で栽培されている。

インド独自の品種として、「インディアAPAA」に代表されるケント種がある。酸味も苦味も比較的少なく、飲みやすいことから、ブレンドにもよく使われる。中《ちゅう》煎《い》り～深《ふか》煎《い》りまで、幅広くおいしく飲める。

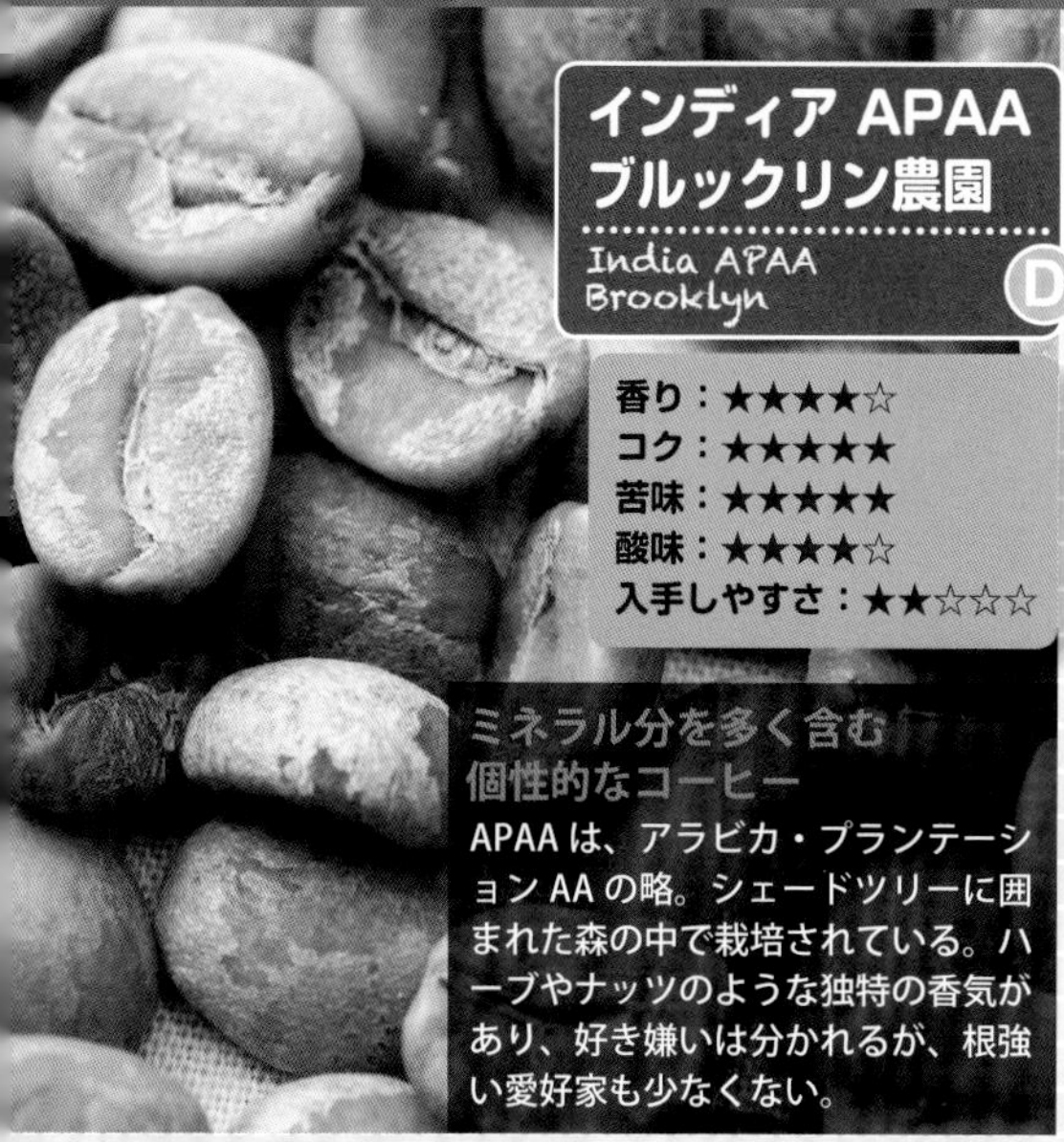

インディア APAA ブルックリン農園
India APAA Brooklyn
D

香り：★★★★☆
コク：★★★★★
苦味：★★★★★
酸味：★★★★☆
入手しやすさ：★★☆☆☆

ミネラル分を多く含む個性的なコーヒー

APAA は、アラビカ・プランテーション AA の略。シェードツリーに囲まれた森の中で栽培されている。ハーブやナッツのような独特の香気があり、好き嫌いは分かれるが、根強い愛好家も少なくない。

アラビデクール農園
Arabidecool
C

きれいな酸味とほどよい甘味がある。毎日飲むのに適した、飽きのこないタイプのコーヒーだ。中《ちゅう》～中深煎りにして、適度な酸味を残すといい。

香り：★★★★☆
コク：★★★★★
苦味：★★★★☆
酸味：★★★☆☆
入手しやすさ：★★☆☆☆

アラク・エメラルド ハニー
Araku Emerald Honey
C

パルプド・ナチュラル式ならではの甘さを持つ、ハニータイプ。化学肥料や農薬を使わないだけでなく、自然の豊かなエネルギーと、そのリズムに合わせた栽培をおこなう「バイオダイナミック・オーガニック農法」を取り入れている。

香り：★★★★☆
コク：★★★☆☆
苦味：★★★☆☆
酸味：★★★☆☆
入手しやすさ：★☆☆☆☆

インディア豆の格付け

粒の大きさを基準に分けられる。

等級	名称	スクリーンサイズ
1	APAA（アラビカ・プランテーション AA）	7.14mm～
2	APA（アラビカ・プランテーション A）	6.65mm～
3	APB（アラビカ・プランテーション B）	6.00mm～
4	APC（アラビカ・プランテーション C）	5.50mm～

コーヒーノキが一杯のコーヒーになるまで

コーヒー豆にはアラビカ種とカネフォラ種がある（→ P120）。ロブスタ種は丈夫で、あまり土地を選ばないが、アラビカ種の生育には以下のような環境が必要だ。

コーヒー栽培に適した土地

Ⅰ 熱帯・亜熱帯

コーヒーノキは、年間平均気温 20℃を超える環境のもとで健全に育つ。そのため栽培には熱帯・亜熱帯地域が適している。

Ⅱ 山岳地帯

高温多湿や、5℃以下になる時間が長い環境では、生育がよくない。湿気が少なく、霜のおりない標高 1000 ～ 2000 m程度の山岳地帯がベスト。

Ⅲ 降雨量の多い土地

年間の降雨量が 1000 ～ 1200㎜前後で、年間を通じて平均して降る環境が理想である。日照も適度に必要で、昼夜の温度差が大きいほうがいい。

コーヒーノキの種子がコーヒー豆になる

コーヒーノキは、アカネ科コフィア属の常緑樹で、一年に一度、ジャスミンに似た香りのする白い花を咲かせる。アカネ科の植物は約６０００種もあり、その多くは、古くから薬効があるとされている。

コーヒーノキの原産地は、アフリカのエチオピアである。ここから飲料の原料としてイエメンに伝わり、やがて種子が東インド会社によってインドネシアに運ばれ、さらに中南米へと広まっていった。

現在では、自生の木から実を収穫することは少なく、ほとんどが種子から育てる栽培である。植えて5年ほどで収穫の最盛期を迎え、ここでいったん樹を切っておくと、また3年ほどでたくさんの実をつける。

栽培

種を植えて3年で コーヒー豆の「もと」ができる

植えて３年で実をつける

コーヒー農園では、苗木をつくって畑に植える。コーヒーチェリーとよばれる赤い実が収穫できるまでは約３年かかる。

ポットに種をまく

皮に覆われたままの種子（パーチメントコーヒー）をポットにまいて発芽させる。半年ほどたったら畑に植え替え、およそ３年で大きな木に育つ。

畑で育つ

花をつける

ジャスミンのような香りのする白い花が、年に一度咲く。花は１週間ほどで散る。

実がなる

開花後に緑色の実がなり、開花から半年くらいたつと、さくらんぼのような赤い実が熟す。これがコーヒーチェリーで、コーヒー豆のもとになる。

緑の実が熟して赤いチェリーになる

栽培するときは、種子から苗木をつくり、それを畑に植えて育てる。育ったコーヒーノキは、白い花が咲いた後、緑色の実をつける。

実が熟すと、コーヒーチェリーという赤い実になる。これを収穫して中身を取り出すと、コーヒー豆のもととなる種子が出てくる。

取材協力・写真提供（P170～175）／土屋浩史（カフェ プントコム）

収穫

コーヒーチェリーから種子だけを取り出す

真ん中の種子がコーヒー豆のもと

品種などによっても異なるが、果実の大きさはおよそ 1.5 ～ 2 ㎝。熟すと赤くやわらかくなる。この果実の真ん中にある種子が、コーヒー豆になる。

高級豆の多くは手摘みで収穫されているが、落果式といって、棒ではたき落としたり樹をゆするなどして実を落としてから、拾う方法もある。

種子

種子が2つ、向かい合わせに入っている。2つが接する面が平らなので、フラットビーンともいう。まれに小さく丸い種子が 1 つだけ入っていることもあり、「ピーベリー」とよばれる。

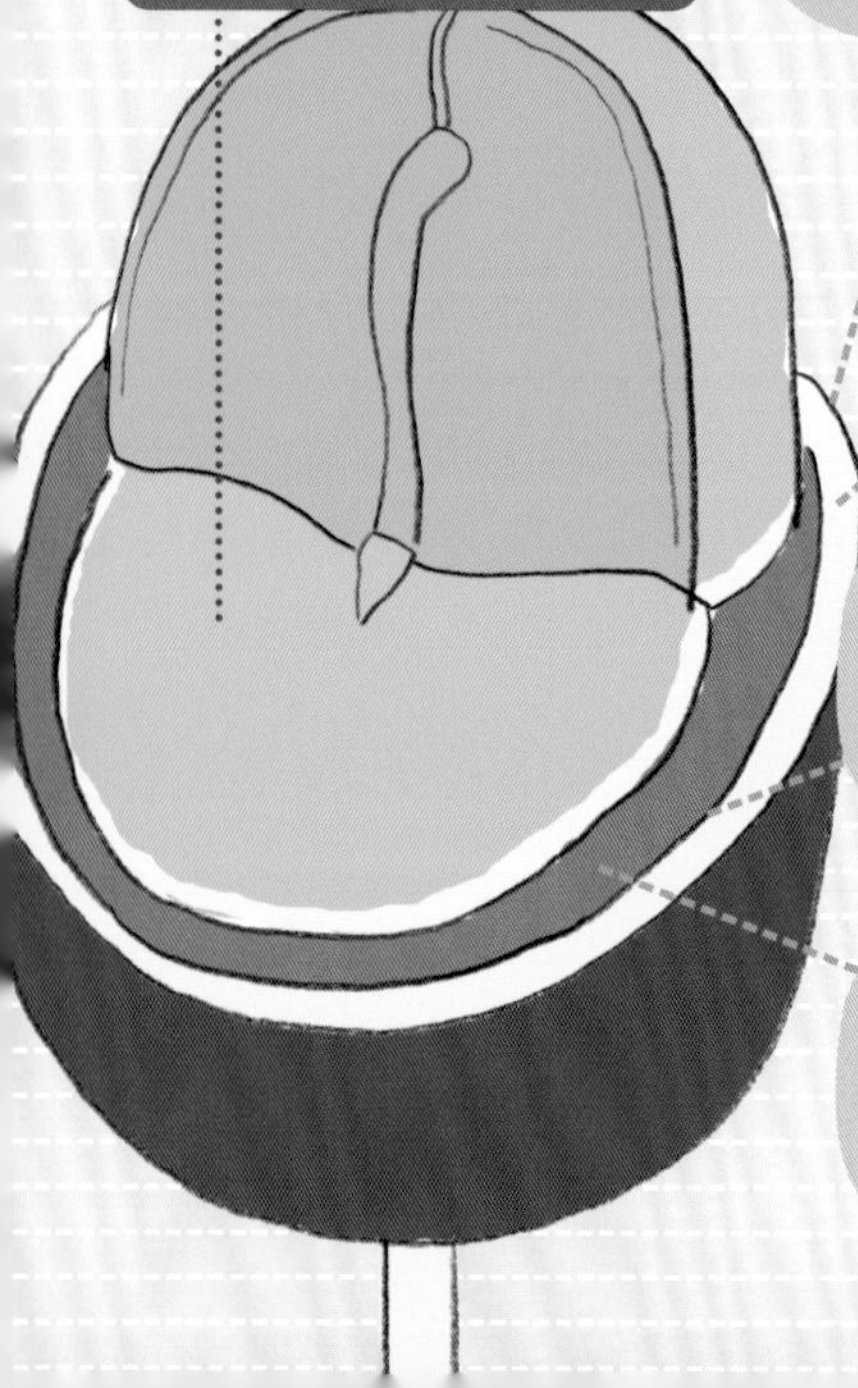

外皮《がいひ》

果実のいちばん外側の皮。最初は緑色だが、熟すにしたがって赤くなる。

果肉

赤い外皮の内側には、黄色く甘い果肉がある。

パーチメント

種子を覆っている、薄茶色の硬い皮（内果皮《ないかひ》）。表面のヌルヌルした部分はミューシレージという。

シルバースキン

パーチメントの下にある皮で、銀皮《ぎんぴ》ともいう。シルバースキンをまとった種子が、コーヒー豆になる。

収穫したらすぐ種子だけ取り出す

コーヒーチェリーの中には、2つの種子が向かい合わせに入っている。

果肉の下には、パーチメントとよばれる薄い皮があり、その中にコーヒー豆のもととなる種子が入っている。これを精製すると、コーヒー豆になる。

種子を取り出すときに除いた皮や果肉は、栽培用の肥料や燃料として再利用される。

精製

精製法によって カップの香味が変わる

ミューシレージを残すと はちみつ風の甘さが出る

種子を精製する方法には、果実を乾燥させてから果肉を除去する「ナチュラル」と、果肉を発酵《はっこう》させて水洗いする「ウォッシュト」、両者の折衷型の「パルプド・ナチュラル」がある。

ナチュラルは独特の香味、味わいをもたらすが、異物や欠点豆が混ざりやすく、品質面でやや劣る。ウォッシュトの場合、豆の見た目、品質はよいが、豊富な水資源がないとできない。

そこで両者のよい面を取り入れたパルプド・ナチュラルが、現在、脚光を浴びている。果肉を落とした後、ミューシレージがついたまま乾燥させる方法だ。

どんな環境下でも可能なうえ、はちみつのような甘味が加わるという利点もあり、「ハニー仕立て」として注目されている。

精製

1 ウォッシュト（水洗式）

機械を使って果肉だけを除去し、発酵槽《はっこうそう》に一晩浸け、ミューシレージを取り除く。さらに大量の水で繰り返し洗う。総じてクリーンな味に仕上がる。

2 パルプド・ナチュラル

機械で外皮と果肉を除去し、種子にくっついたミューシレージ（写真の赤茶色の部分）を残したまま乾燥させる。糖度が増して、丸みのある味になる。

3 ナチュラル（自然乾燥式）

果実をそのまま天日干しして乾燥させる。水分がとんで黒っぽく変色し、硬くなった外皮を、脱穀して除去する。種子の香味、味わいが濃くなるのが特徴。

乾燥

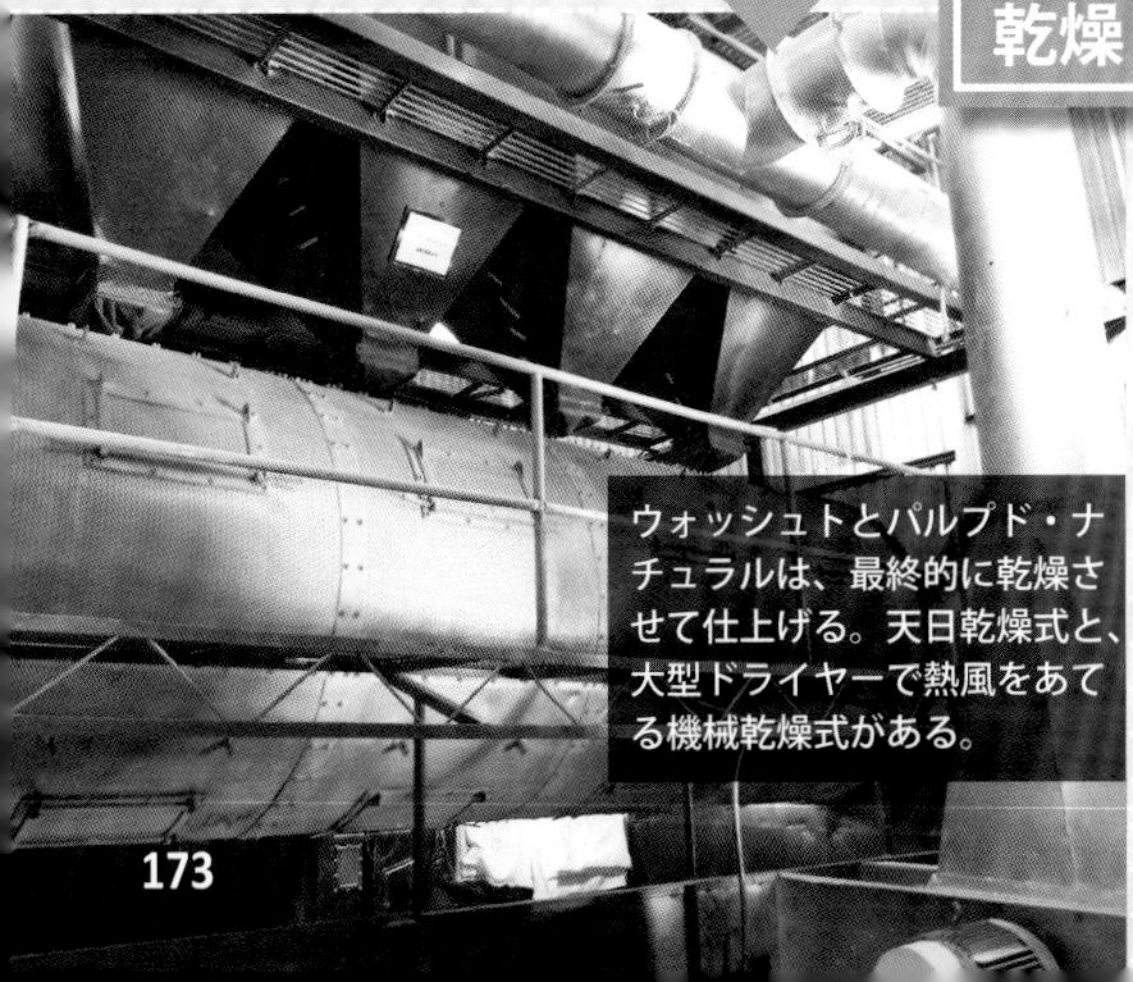

ウォッシュトとパルプド・ナチュラルは、最終的に乾燥させて仕上げる。天日乾燥式と、大型ドライヤーで熱風をあてる機械乾燥式がある。

選定

商品化する前にカップテストで味をみる

消費国側だけでなく、生産国側でも、品質管理者によってカップテストがおこなわれる。焙煎機で焙煎してコーヒーを淹れ、香りや味を確かめる。

国によって、豆のサイズが格付けの基準になっていることがある。またサイズが不揃いだと焙《ばい》煎《せん》しにくいため、できる限り、商品ごとにサイズを揃える。

欠点豆が多いと、商品としての価値が下がってしまうため、異物や欠点豆をていねいに取り除く。機械を使う場合も、最終的には人の目でチェックする。

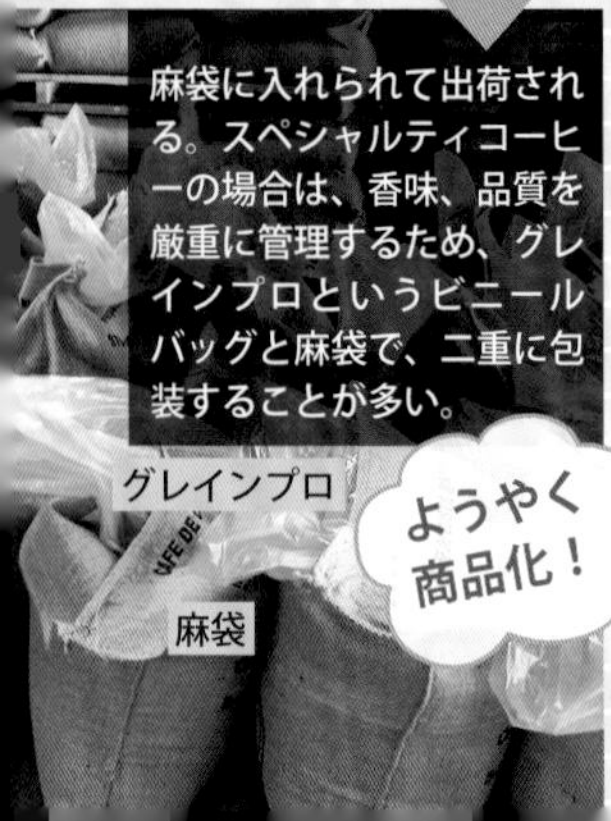

麻袋に入れられて出荷される。スペシャルティコーヒーの場合は、香味、品質を厳重に管理するため、グレインプロというビニールバッグと麻袋で、二重に包装することが多い。

工場や農家でテスト焙煎し、味をチェック

種子を取り出して乾燥させただけでは、商品にはならない。混入した異物や欠点豆を取り除いたり、サイズ別や比重別に分けるなどの選定作業が必要だ。品質をよくするための、クオリティコントロールである。

最近では、色の違う豆だけを風圧で飛ばす「電子選別」という方法もあり、機械化が進んでいる。しかし小さな農園では、すべて手作業が基本。精選業者にまかせたり、小農園で共同体を組織しておこなうこともある。

出荷

商社経由か直接取引で世界の食卓に届く

出荷前の商品は、工場名、農園名、品種名を明記して厳重に管理される。

銘柄が多様になり少量取引が増えた

多くの商品同様、コーヒーの価格も需要と供給のバランスで決まる。基本的にアラビカ種はニューヨークの定期市場、カネフォラ種はロンドンの定期市場での価格がもとになる。

消費国には、商社経由でコーヒーが入荷されるのが普通だ。そのためかつては、業務用の大量取引でなければ、生豆《なまめ》を入手できなかった。しかし現在は、インターネットを利用して少量購入したり、生産者と直接取引することができるようになり、多様な銘柄のコーヒーが楽しめるようになっている。

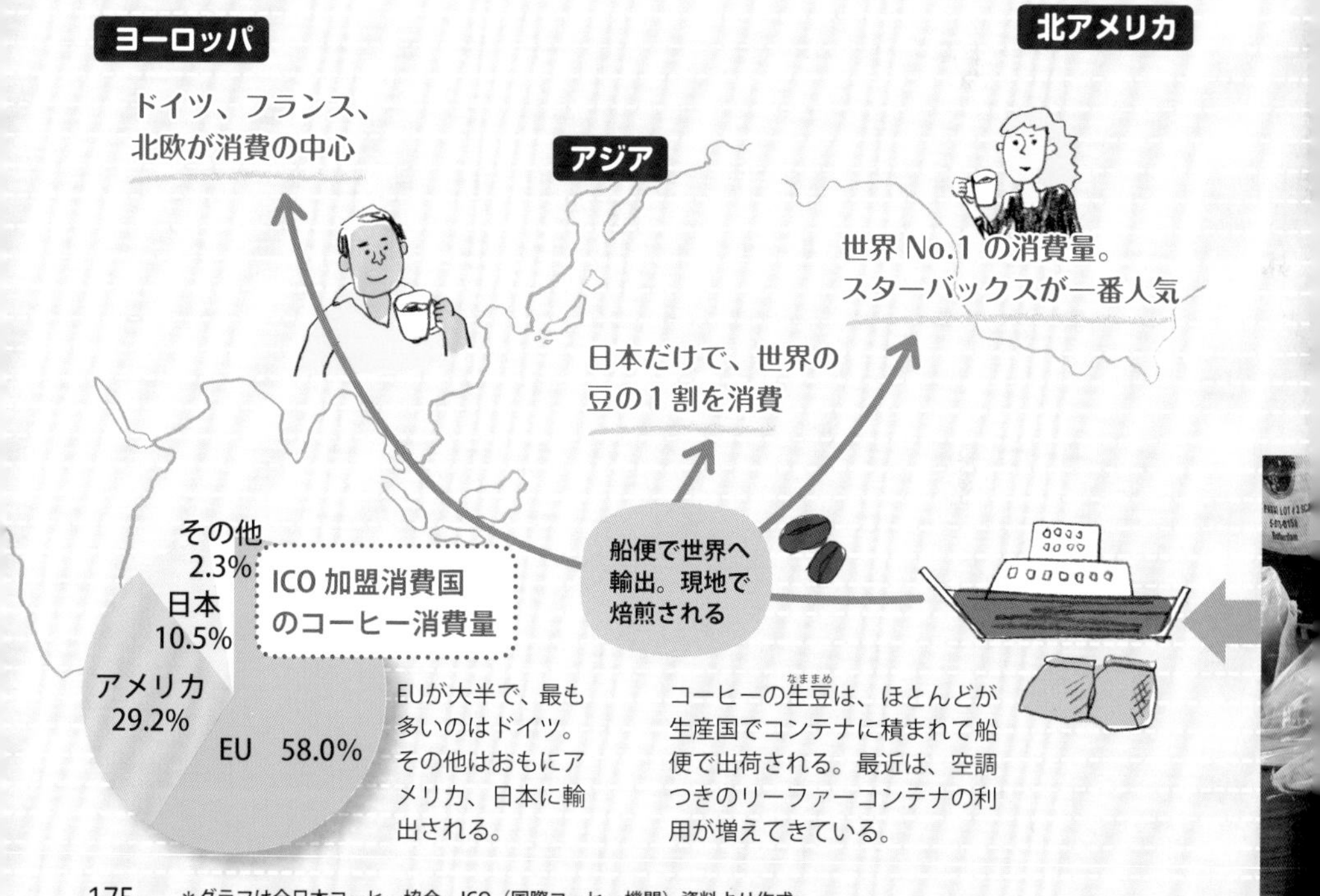

EUが大半で、最も多いのはドイツ。その他はおもにアメリカ、日本に輸出される。
コーヒーの生豆《なまめ》は、ほとんどが生産国でコンテナに積まれて船便で出荷される。最近は、空調つきのリーファーコンテナの利用が増えてきている。

＊グラフは全日本コーヒー協会、ICO（国際コーヒー機関）資料より作成

環境にも人にもやさしいコーヒーが増えている

生産国と消費国の関係が変わってきた

近年よく耳にする「サスティナブル」とは、「持続可能な」という意味で、環境を損なわずに社会、産業を維持しようという考え方である。

コーヒー産業にも、サスティナブルの考え方が広まってきている。有機コーヒー、認証コーヒーのように、産地の環境を守りつつ、おいしいコーヒーをつくるための取り組みだ。

さらにコーヒー産業の場合、豊かな消費国が、貧しい生産国から豆を安く買い叩くという構図が長年存在していた。これでは、よい豆を持続的につくることなど到底できない。そこで昨今では「よい豆をつくってくれたら、高くても継続的に買う」という方向に、業界全体がシフトしている。関わる人すべてが繁栄できる、経済面でのサスティナブルも求められている。

うまいコーヒーには良好なパートナーが不可欠

生産労働とその成果に対して正当な対価が支払われ、消費者側は、よいものを継続的に買う。両者の間に介入する仲介業者の役割も、工業製品的な開発、コスト管理から、品質重視の方向に大きくシフトしている。

写真提供（上）／土屋浩史（カフェ プントコム）

認証 コーヒー

トレーサビリティが明確で生産国の支援にもなる

サスティナブルコーヒーかどうかは、トレーサビリティ（生産履歴）が明確であり、かつ環境保全、労働問題などの課題が、第三者によって判断される必要がある。独自の基準を設けている認証団体が世界中にある。

レインフォレスト・アライアンス

地球環境保護を目的に、森林と生物多様性の保護、労働者の権利の保護などの基準をクリアしたものが認証される。カエルのマークが目印で、コーヒー以外の商品もある。

レインフォレスト認証を受けた、「ブラジル アリアンサ」。

グッドインサイド

生産者の労働条件、農薬管理の徹底、生産履歴の明示など、多面的かつ厳格な基準で、サスティナブルコーヒーを認証。インターネットでの生産履歴公開も推し進めている。

バードフレンドリー

森林伐採を防ぐため、森林の木陰を利用してコーヒーを栽培している生産者に対し、プレミアム価格でコーヒーを買い取る。渡り鳥の保護にもつながる。

東ティモール産のフェアトレードコーヒー「東ティモール ピースコーヒー」と、生産者一家。

フェア トレード

最低買い付け価格を保証

いわゆる公正取引。アジア、アフリカ、中南米などの発展途上国から先進国に対して輸出する認証コーヒーに対して、最低価格を設定する。その結果、途上国の発展と、生活の安定に寄与できる。

有機 コーヒー

化学肥料や農薬を使わない健康志向のコーヒー

最初の収穫までの3年間以上、化学肥料や除草剤、殺虫剤などの農薬を使っていないことが前提。サステイナブルコーヒーの中では唯一、日本の法律のもとで与えられる認証で、基準は非常に厳しい。農林水産省から認可を受けてはじめて、「有機コーヒー」という呼び名で商品を売買できる。

「東ティモール ピースコーヒー」は有機認証も受けており、麻袋に有機JASマークが入っている。

写真提供／（上2点）株式会社ミカド珈琲商会
（下3点）特定非営利活動法人ピース・ウィンズ・ジャパン

Part 4

こだわる

上質の豆を手に入れても、
それだけでおいしいコーヒーはつくれない。
より香り高いコーヒー、
自分好みの一杯を淹れたいなら、
手網や焙煎機を使った自家焙煎に挑戦しよう。

自家焙煎＆ブレンドのテクニック

焙煎、ブレンドに

豆ごとに適した焙煎度

豆の色、形をチェックして焙煎度を決める

「ムリ」「ムラ」「ムダ」のない焙煎をめざす

コーヒーにこだわるなら、ぜひ自家焙煎《じかばいせん》にも挑戦したい。

焙煎で心がけたいのは、「ムリ」「ムラ」「ムダ」をなくすこと。ムリとは、その豆の特性に合わない焙煎をすること、ムダは豆の特性を焙煎技術で変えようとすることである。また、一粒一粒の火の通り方にムラがあると、雑味が混ざったり、まとまりのない味になる。

コーヒー豆は粒の色、大きさ、堅さなどにより、A、B、C、Dの4つのタイプに大別できる（→P124）。緑が濃く、肉厚の豆ほど、火の通りが悪く、長時間の焙煎が必要だ。

焙煎に使う豆の色、形を見て、下図のA～Dのどれに当たるかをチェックすると、豆の性質に合った適切な焙煎法がわかる。

生豆カラーチャートで焙煎適性をチェック

Aタイプ（浅～中煎り）

代表的な銘柄
- ブラジル カルモデオーロ ナチュラル（→ P129）
- イエメン バニーマタル（→ P165）

全体に白っぽい色をした、扁平《へんぺい》で肉薄の豆。成熟度が高く、熱が通りやすいので、煎《い》りムラは起きにくい。浅《あさ》～中《ちゅう》煎《い》りが適している。

Bタイプ（中煎り）

代表的な銘柄
- ドミニカ アロヨ・ボニート（→ P145）
- エルサルバドル シャングリラ農園（→ P140）

多少緑がかった色をしている。低地～中高地産が多く、Aタイプほど火の通りはよくない。中煎りにすると、味と香りを最大限に発揮できる。

上段のカラーチャートは、生豆《なままめ》の代表的な色を示したもの。使用する豆にもっとも近いものを選び、さらに豆の厚さ、産地などをもとに、A、B、C、Dのどれに当たるかをチェックしよう。

自家焙煎の店で生豆を手に入れる

コーヒーの生豆《なままめ》は、商社が買いつけて、船便で日本にやってくる。当然ながら、トン単位で大量の豆を扱うので、商社から直接個人で買うのはむずかしい。日本に上陸した生豆は、生豆問屋が仕入れて、焙煎業者に卸す。焙煎業者は、焙煎したコーヒー豆を喫茶店、スーパー、デパート、豆売り店などに販売するという流れだ。

問屋も何百袋といった単位で扱うし、焙煎業者も、個人が使う程度の量は扱っていないことがほとんどだ。

少量の生豆を買いたいなら、自家焙煎店を探すといい。流通的には焙煎業者と同じだが、100g程度から売ってくれる店もある。インターネットも、個人での少量購入には非常に便利だ。最近では、各種スペシャルティコーヒーを少量ずつ購入できるサイトが増えている。

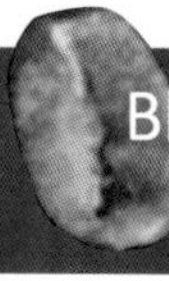
Blue-Green
緑青色

Bluish Green
薄緑青色

Green
緑色

Cタイプ（中深煎り）

代表的な銘柄

- エチオピア　イルガチェフ G1 ウォッシュト（→ P153）
- ジャマイカ　ブルーマウンテン No.1（→ P146）

薄い緑色をした、比較的肉厚な豆。中高山地産で、風味豊かな豆が多く、芳醇な香りが持ち味だ。中深煎《ちゅうふかい》りにすると、苦味と酸味のバランスがとれる。

Dタイプ（深煎り）

代表的な銘柄

- ケニアカラチナファクトリー（→ P156）
- コロンビア　ナリーニョ・タミナンゴ（→ P135）

大粒で肉厚の堅い豆。水分を多く含むため、火の通りがよくない。酸が多く、浅煎りだと酸味がきつくなる。深煎《ふかい》りすると風味が豊かになる。

生豆の選び方

煎りやすく、質のよい生豆を手に入れる

見た目の美しさより均一性重視で選ぶ

コーヒー豆を大きさによって格付けしている国では、サイズが大きいほど高級品とされる。したがって基本的に、コーヒー豆は大粒のほうがいい。

しかしそれ以上に大切なのが、粒が揃っていることだ。生産者がある程度大きさを揃えているが、それでもバラつきが出てしまう。大きさがマチマチだと、焙煎《ばいせん》したときに小さな豆は火が通りすぎ、大きな豆は芯が残ってしまうなどの、煎《い》りムラが起こりやすい。それが味にも影響を与えてしまうのだ。

大きさだけでなく、見た目の色や形、厚さなども、できるだけ揃っているのが理想である。

生豆を買うときはここをチェック

豆のサイズをチェック

豆の大きさが、できるだけ揃っていることが望ましい。バラつきがめだつ場合は、ハンドピックで大きい豆、小さい豆を取り除き、それぞれ別に焙煎《ばいせん》するといい。

サイズにバラつきがあると、均一に火が入らない

豆の厚みをチェック

一般に、肉厚のほうが味に厚みや深みがあるが、火が通りにくく、初心者には扱いにくい。最初は厚みがあまりなく、火の通りやすい豆を選ぶと、失敗が少ない。

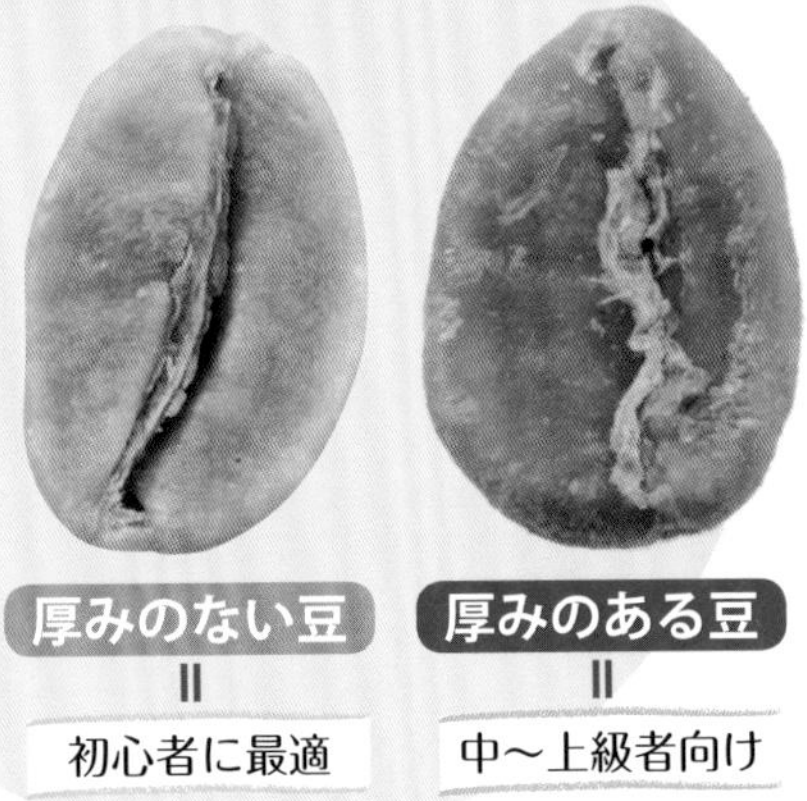

ビギナーにおすすめ！

焙煎の練習には 2kg 以上購入する

焙煎に慣れていないときは、できるだけつねに一定量の豆を煎《い》って練習したい。また、量が少なすぎると煎りにくいという面もある。同じ豆で一定量の焙煎を何回もできるよう、最低でも 2kg、できれば 5kg単位で買っておくといい。

精製法をチェック

精製法のうち、ウォシュレット（水洗式）では豆の水分含有量が多く、色も緑がかっている。ウォッシュトはシルバースキンが取れ、豆の表面にツヤがあるので、見た目で区別できる。一方、パルプド・ナチュラル式では、表面にシルバースキン（銀皮）が残っていて、見栄えの面では劣る。ただし味の評価は後者のほうが高い。

豆の表面についた白いカサカサが、乾燥したシルバースキン

豆の形をチェック

センターカットが揃っていて、シルバースキンが美しい色をしているのが良品。形がいびつでも捨てる必要はないが、欠けた豆など（→ P186 〜）は除く。

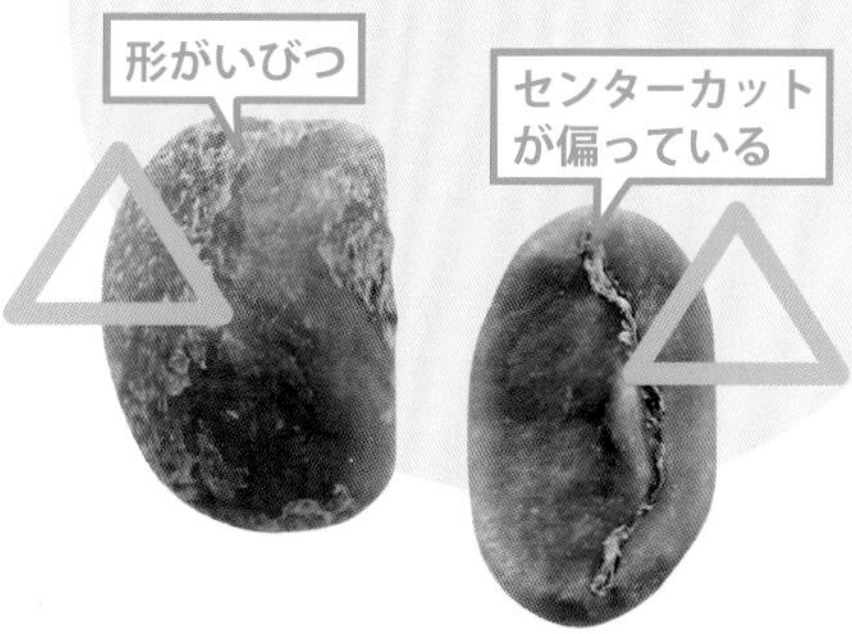

店の対応をチェック

販売している豆について質問したときに、初心者の客にも店員がていねいに説明してくれる店を見つけよう。小分けの希望にも応じてくれる店だと、なおいい。

クロップ（熟成度）をチェック

いわゆる新豆であるニュークロップは、水分の含有量が多く、濃い緑色をしている。時間が経過したオールドクロップは、色が抜けていて、表面がカサカサしている。

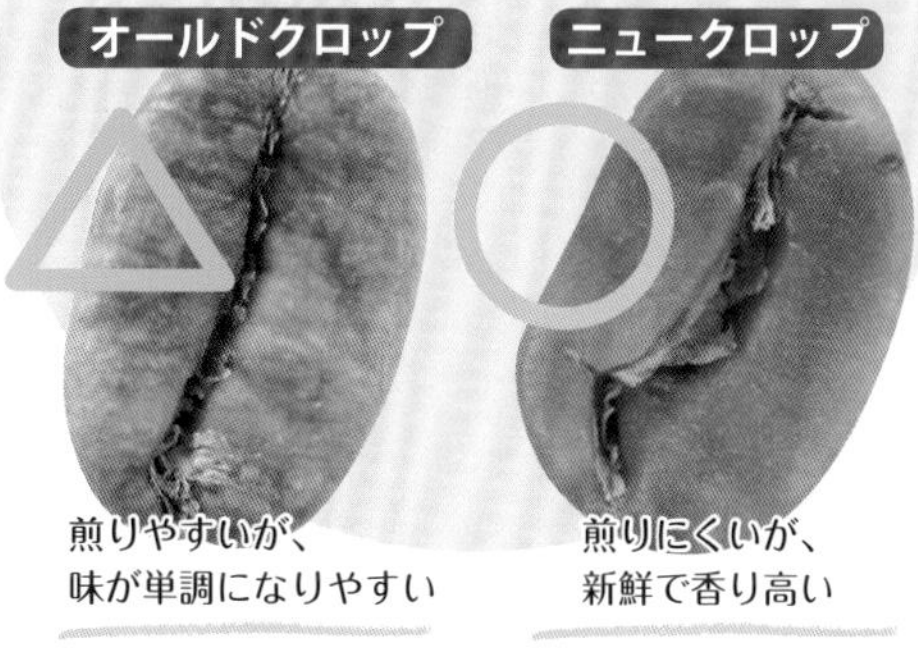

煎りやすいが、味が単調になりやすい
煎りにくいが、新鮮で香り高い

欠点豆の見分け方

ハンドピックで欠点豆、異物を取り除く

異物や欠点豆の混入率は、優良なものは数%程度だが、多い場合は、４割以上取り除かなくてはならないこともある。ハンドピックでていねいに選別する。

焙煎のじゃまになる豆、異物は捨てる

パーチメント（内果皮《ないかひ》）

水洗式の豆の場合は特に、果肉を内側から覆うパーチメントが残っている場合がある。混入したまま焙煎《ばいせん》すると、火の通りが悪くなる。

カビ臭《しゅう》豆

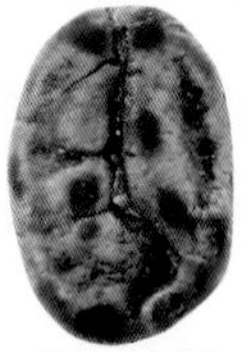

精製過程での乾燥が不完全だったり、輸送中や保管中の環境がよくないと、いろいろなカビが発生することがある。除去しないと、強烈なカビ臭が出る。

虫食い豆

コーヒーの実が熟す前に、ブロッカーという虫が入り込むことがある。虫食い豆は、コーヒーに濁りと悪臭をもたらす。

ヴェルジ（未成熟豆）

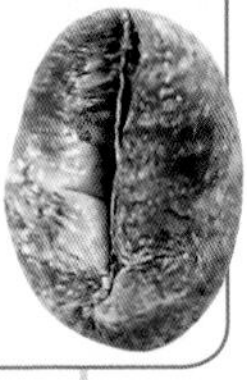

成熟前に摘み取られてしまった未熟な豆で、悪臭の原因となる。黄緑がかっていて、カサカサした皮がくっついているのが特徴。

死豆《しにまめ》

正常に実らなかった豆。焙煎時に、色づきが遅くて存在に気づくことも。コーヒーの雑味の原因になる。

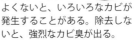

2～4割は捨てる覚悟で選別を

　生豆《なままめ》を焙煎《ばいせん》する前に、必ずおこなわなくてはならない作業がある。異物や欠点豆を取り除く、ハンドピックである。

　生豆の中には、おいしいコーヒーを淹《い》れるのを妨げてしまう異物が混入している。木くずや石、砂の粒、植物など、混入物はじつにいろいろある。

　コーヒー豆の中にも、欠けたり、虫食いだったり、カビが生えていたり、味を損なう欠点豆がある。これらは生産地である程度取り除かれるのだが、数％から多い場合は40％も、欠点豆や異物が見つかる場合がある。

　まずは異物や欠点豆を、目でよく確認し、取り除く。欠点豆は廃棄するしかないが、「もったいない」という気持ちは捨て、いさぎよく選別することが大切だ。

貝殻豆
センターカットから豆が割れてしまったもので、乾燥不良や異常交配などによる。混入していると煎《い》りムラの原因になる。
コッコ
ポルトガル語で「糞」の意味。皮や果肉が残ったまま乾燥した、丸く大きな豆。脱穀不足などが原因。悪臭のもとになる。
発酵豆《はっこうまめ》A
発酵して、グレーがかった白茶けた色に変色している豆で、異臭のもとになる。原因のひとつは、水洗式の精製の際に、発酵槽に浸かる時間が長すぎること。
石
天日乾燥で生成された「ナチュラル」とよばれる豆には、小さな石や砂、木くずなどの異物が混入していることがある。
発酵豆B
発酵によって細菌が付着し、白っぽいまだら模様になっている豆。倉庫内に山積みされていたことなどが原因。
黒豆（ブラックビーン）
発酵豆の一種。早めに成熟して落下し、地面に長くとどまっている間に、発酵して黒くなってしまったもの。腐敗臭や濁りの原因になる。

焙煎前後のハンドピック

生豆で1回、焙煎後に1回。2回のハンドピックで豆を選別

生豆をトレイに広げ、以下の要領で欠点豆や異物をきれいに取り除く。「迷ったら捨てる」が、最大のコツだ。

I 生豆のハンドピック

1 トレイに均一に広げる

豆をトレイにあけ、左右に振って均一に広げる。豆どうしが重ならず、隙間ができる程度の量が、1回分の適量。

2 豆を5列に分ける

取りこぼしがないよう、両手の人さし指と中指を使って、5列のブロックに分ける。

5つのブロックに分けると、見やすくなる

3 左列から豆をチェック

左列から1列ずつチェックし、色、ツヤ、形の違うものなどがあれば取り除く。

白熱ライトを当てて見やすい環境でおこなう

ハンドピックは、効率よくおこなうことが肝心だ。プロの場合は、1時間で20kgが目標といわれている。作業環境を整えて、悪い豆がひと目で目に入るようにしておきたい。

豆を広げるトレイは、園芸用の鉢《はち》トレイなど、ツヤのない黒色のものがよい。ツヤがあると照明が反射して、色などが判断しにくいためだ。ちょうどよいものがなければ、B４程度の大きさのトレイに、ツヤのないコットン紙を貼り付ける。

焙煎《ばいせん》後のハンドピックには、茶色のツヤ消しコットン紙を貼ったトレイを使うと、欠点豆を見つけやすい。

トレイに光を当てるスポットライトも用意すると、見落としがちな発酵豆《はっこうまめ》などもよく見える。

4 全体を混ぜ、上下をひっくり返す

豆の構造上、平らな面が下になり、欠点が見落とされやすい。上下によく混ぜて、もう一度チェックする。

5 1～4の作業をさらに2回繰り返す

5列に分けて選別し、上下に混ぜてさらに選別する作業を、あと2回繰り返す。

Ⅱ 焙煎後のハンドピック

生豆のハンドピックと同様に5列に分けて、焦げた豆や異常な豆などを取り除く。中《ちゅう》煎《い》り～深《ふか》煎《い》りの色に似た茶色いトレイを使うと、焙煎《ばいせん》度合いが異常な豆を見つけやすい。

焙煎後の欠点豆

肌焦げ豆（剥《はく》離《り》豆《まめ》）

水分が少なく、熱の入りが早くて表面が焦げてしまった豆。

死豆《しにまめ》

正常に実らなかった豆。煎《い》っても色づきが悪いため、焙煎後のほうが見つけやすい。

ピーベリー

小さく丸く生育した豆。これだけ揃えて煎るぶんには問題ない。

貝殻豆

センターカットから豆が割れ、貝殻のように変形した豆。

焙煎のプロセス

焙煎の基本の流れ、煎り止めのタイミングを知る

失われた味、香りは二度と取り戻せない

豆を加熱すると、豆の成分が化学反応を起こし、コーヒーらしい味と香りが引き出される。焙煎《ばいせん》のおもな流れと、豆の変化は、以下のとおりである。焙煎《ばいせん》では、どこで加熱を止めるかのタイミングが、何より重要だ。

早く煎《い》り止めて、煎りが浅くなると、酸味が強くなる。反対に煎りが深いと、苦味が強まる。もともと酸味が強い豆を浅煎《あさい》りしてしまうと、酸っぱくて飲めないし、苦味の強い豆を深煎《ふかい》りすると、苦くなりすぎる。

失われた味、香りは、二度と取り戻せない。浅く煎り止めてしまった後で「もう一回煎ればいい」というわけにはいかない。

数秒のズレでも味が変わることを肝に銘じ、ベストのタイミングを見極めたい。

予熱

豆で熱が下がるのを防ぐ
豆を入れると焙煎機《ばいせんき》の温度が下がるため、あらかじめ予熱しておく。

約10分間

豆を投入

水分を抜く
豆に熱が伝わり始めると、よぶんな水分が抜けてくる。

約8〜10分間

1ハゼ

ライト
1ハゼの手前で煎《い》り止める浅煎《あさい》り。酸味が強くなりすぎることがある。

シナモン
1ハゼの中間ぐらいで煎り止める浅煎り。色はまだ薄い茶色。

Column

前半と後半で異なる苦味成分が生じる

苦味成分のひとつであるクロロゲン酸ラクトンは、生豆《なままめ》にはほとんど含まれておらず、焙煎《ばいせん》の浅煎り〜中煎りの段階で生成される。しかし深煎《ふかい》りになると非常に少なくなり、別の苦味成分であるビニルカテコール重合体《じゅうごうたい》が増加し、深煎り独特の苦味が現れてくる。

1ハゼ、2ハゼの見た目と音を覚えておく

　タイミングをつかむために知っておきたいのが、「1ハゼ」「2ハゼ」という言葉である。

〝ハゼ〟とは、豆がはぜることだ。焙煎で豆が加熱されると、豆の成分の化学反応で、水蒸気や二酸化炭素がつくられる。それが豆の内部にたまり、ふくらんだ豆が、バチバチと音を立ててついにはじける。これが「1ハゼ」である。1ハゼは、およそ2分間続く。

　さらに加熱を続けると、約2分後に、ふくらんだ豆が再び音を立ててはじける。これが「2ハゼ」である。

　この1ハゼ、2ハゼが、焙煎《ばいせん》度《ど》の重要な目安になる。したがって、このときの音や見た目を覚えておくと、適切なタイミングをつかみやすい。

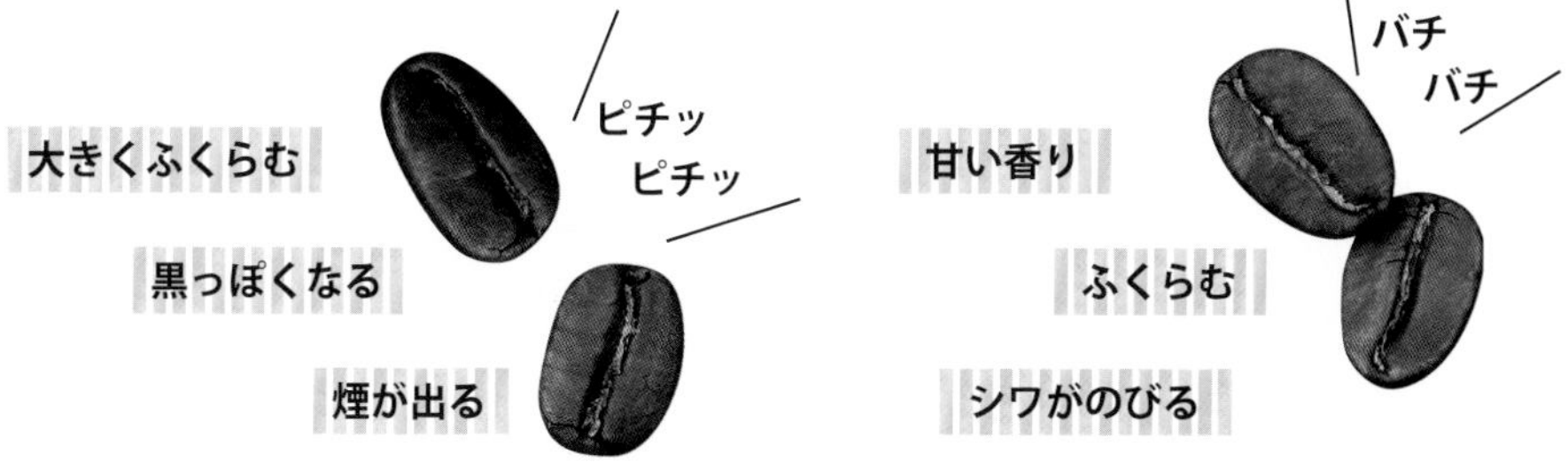
バチ
バチ
甘い香り
ふくらむ
シワがのびる
ピチッ
ピチッ
大きくふくらむ
黒っぽくなる
煙が出る

冷却
約5～10分間
2ハゼ
約2分間
イタリアン
真っ黒になるまで煎り続けたもの。苦味がめだち、風味は弱まる。
フレンチ
2ハゼが終わった後も加熱を続けた場合。色は黒みの強い茶色。
フルシティ
2ハゼが終わった時点で煎り止める、中深煎《ちゅうふかい》り。かなり濃い茶色。
ハイ／シティ
1ハゼが完全に終わり、2ハゼが始まる前の段階で煎り止めたもの。
ミディアム
1ハゼが終わったところで煎り止める、浅めの中煎《ちゅうい》りタイプ。
苦い

Aタイプ豆の焙煎

バチバチと音がしたらすぐに煎り止める

Aタイプの煎り色のめやす

写真はブラジル豆の例。いちばん下の写真のような焦げ茶色まで煎《い》ると、香りが損なわれてしまう。

長く煎るほど香りが損なわれる

ブラジル、ハイチ産などのAタイプの豆は、浅煎《あさい》りの段階で豊かな香りが出てくる。中深煎《ちゅうふかい》り、深煎《ふかい》りまで煎《い》ると、味が平坦になるので、1ハゼの最中に煎り止める。

焙煎《ばいせん》しやすいタイプの豆だが、ストライクゾーンは広くない。焙煎時間を細かく変えて味を見て、理想のタイミングを見つけよう。

Aタイプの味、香りの変化

1ハゼの手前から酸味が弱まり、苦味が徐々に強まる。キャラメル、ナッツ、チョコレートのような甘く香ばしいフレーバーが引き出される。2ハゼに入ると、苦味や焦げ臭ばかりがめだつ。

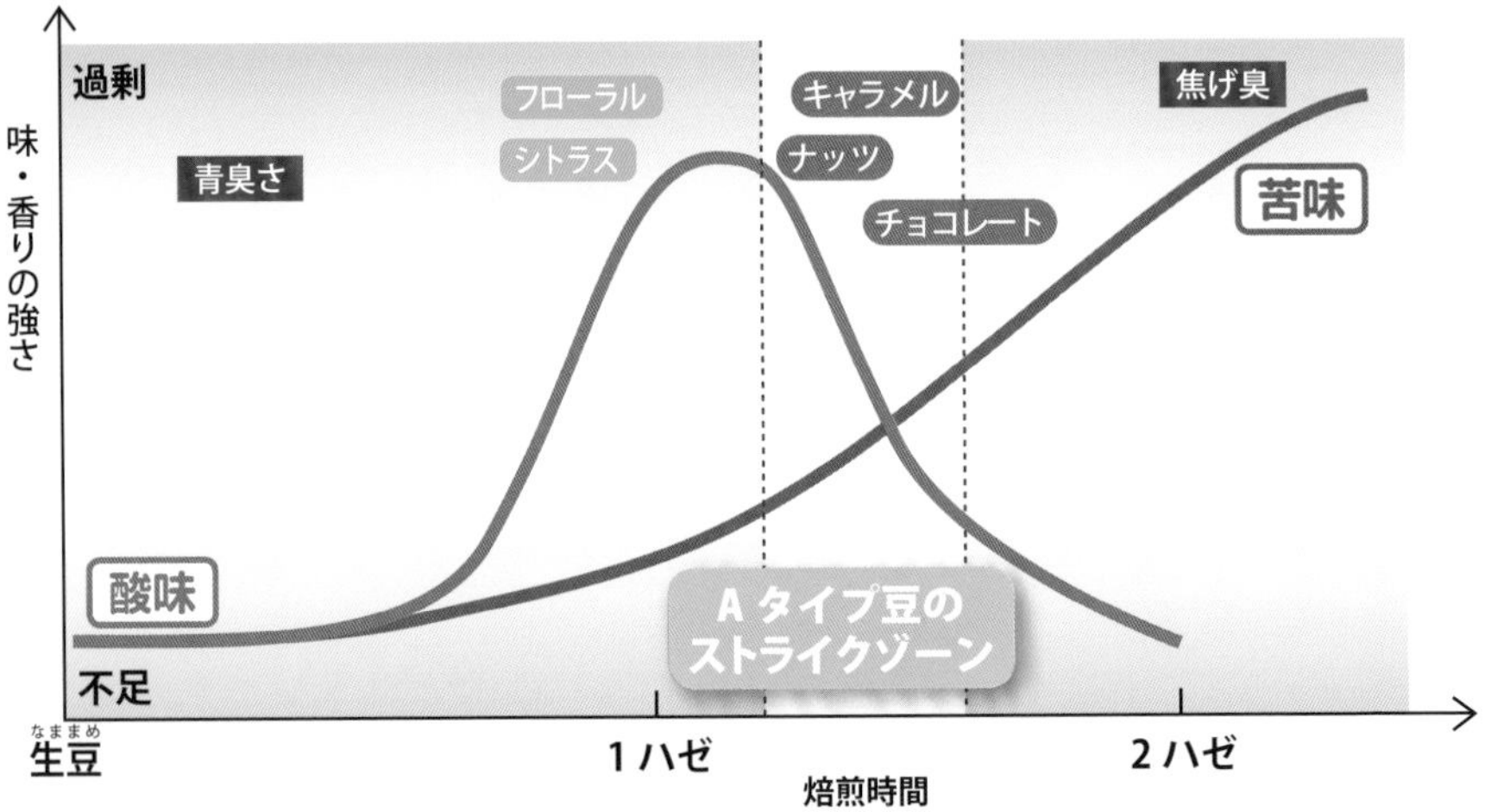

撮影協力（P190～193）／自家焙煎珈琲店 カフェ カルモ　図案作成（P190～193）／旦部幸博

Bタイプ豆の焙煎

1ハゼの音が完全に止まったら煎り止める

Bタイプの煎り色のめやす

写真はパナマの豆。適度な明るさの残る茶色が理想だ。キューバやニカラグア産の豆も、この仲間。

タイミングがうっかりずれても大丈夫

浅煎りでも味や香りはしっかり出るが、渋味、酸味などのマイナスの風味がめだつ。

ベストな焙煎《ばいせん》度《ど》は、中《ちゅう》煎《い》りである。1ハゼのバチバチという音が終わったあたりで煎り止めると、味も香りもいきてくる。

ほかのタイプに比べるとストライクゾーンが広く、初心者でも焙煎しやすい豆といえる。

Bタイプの味、香りの変化

1ハゼの最中〜終わりごろにキャラメルやナッツ系の香りがはっきりと現れ、酸味と苦味のバランスも最適になる。どの曲線もなだらかで、ストライクゾーンが広いのが特徴。

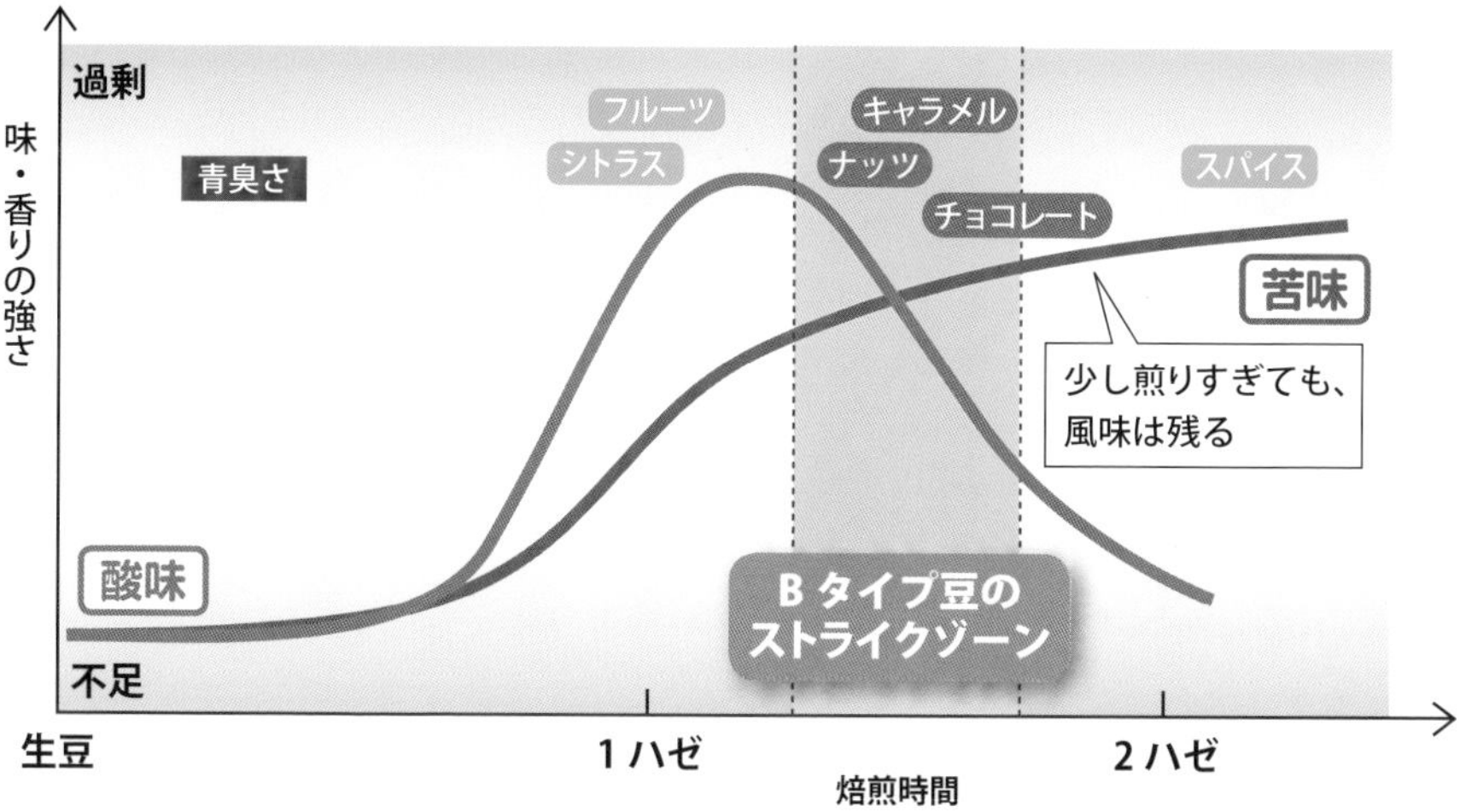

Cタイプ豆の焙煎

2ハゼ目の音が聞こえたら、火を止める

2ハゼで煎り止めると重厚な味になる

ジャマイカのブルーマウンテンなどに代表されるCタイプの豆は、とても芳醇な味と香りを持っている。このタイプの豆の魅力を最大限引き出すには、2ハゼまで加熱を続けるのがポイントだ。

厚みのある豆なので、中心部までよく火を通して、十分に化学反応を起こす必要がある。

Cタイプの煎り色のめやす

コスタリカ、エチオピア産などの豆。適正な焙煎《ばいせん》度《ど》が広く、ベストの色とは若干違ってもおいしく飲める。

Cタイプの味、香りの変化

苦味や香りは1ハゼ以降に現れ、2ハゼに近づくと最高潮になる。2ハゼで煎《い》り止めると、バターやチョコレートのようなコクのあるフレーバーが感じられる。

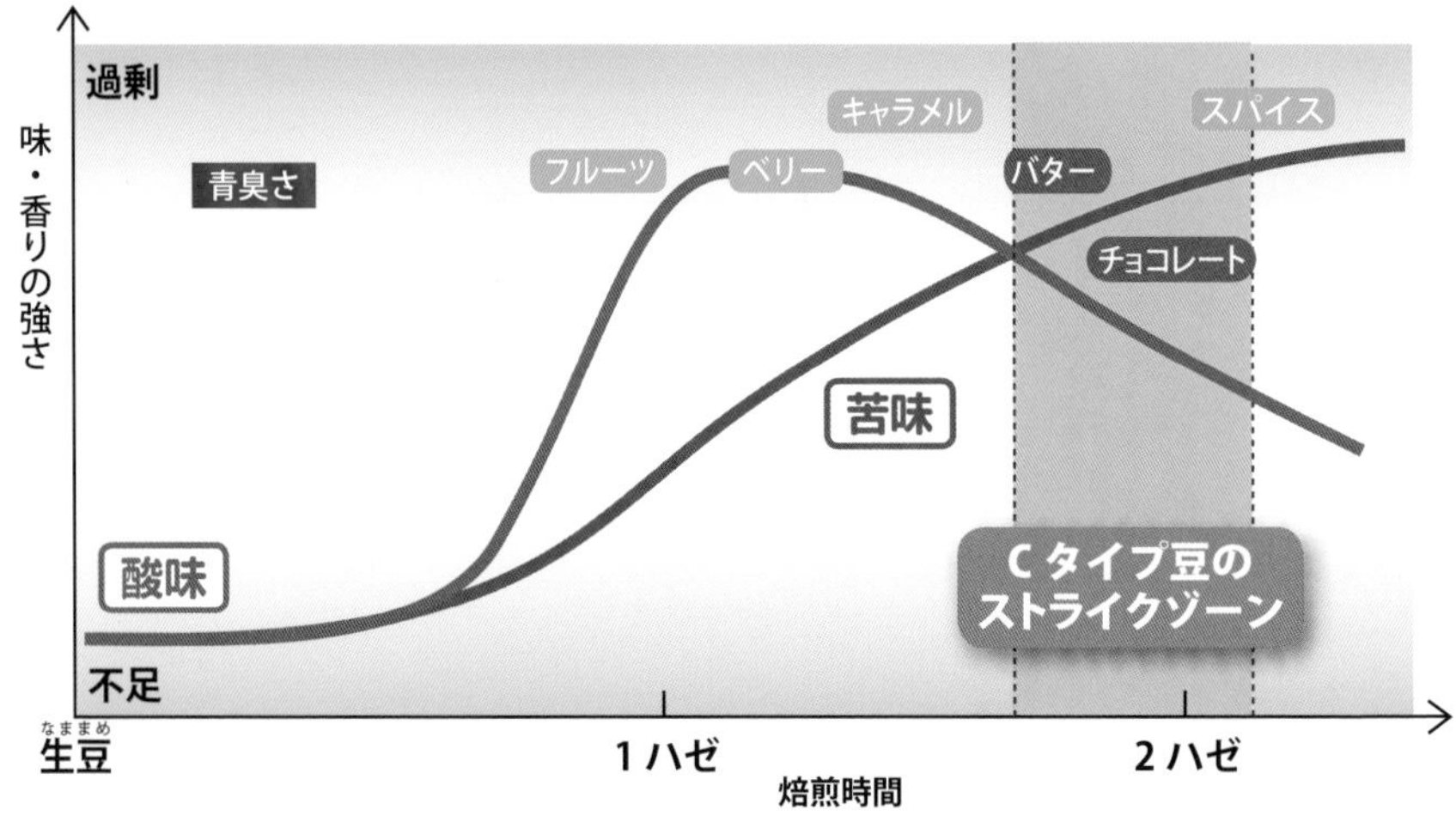

Dタイプ豆の焙煎

酸味が出すぎないように2ハゼ終了まで煎る

Dタイプの煎り色のめやす

ケニア、コロンビア、グアテマラなどの肉厚の豆。炭っぽい色になる前に煎り止める。

焦げをおそれて止めると酸っぱいコーヒーになる

肉厚で、火の通りが悪く、煎《い》りにくい。もともと酸味が強い豆なので、煎りが浅いと酸味がきつすぎる。表面のシワも伸びず、デコボコが残ってしまう。

中深《ちゅうふか》煎《い》りに入ると風味が豊かになり、深《ふか》煎《い》りでもっとも持ち味を発揮する。たんに苦いだけでなく、豊かな香りと重厚感を備えた味になる。

Dタイプの味、香りの変化

焙煎《ばいせん》後しばらくは苦味や香りが出ず、酸味ばかりがめだつ。焙煎が進むにつれて、バター やスパイス系の、濃厚で奥行きのある香りが立ち、2ハゼ以降に味のバランスがとれる。

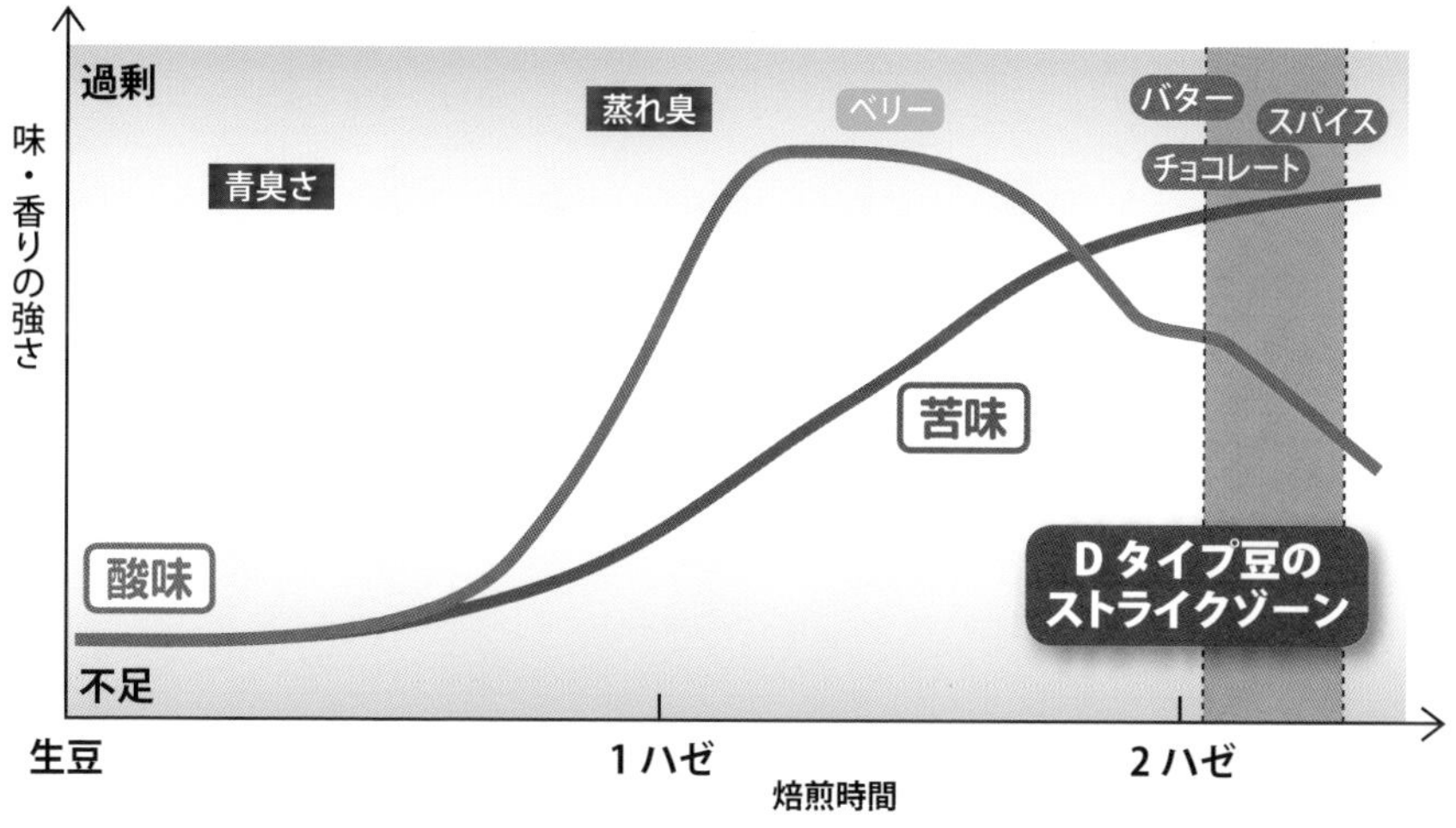

I

手網焙煎

自家焙煎の基本。煎り止めのタイミングがすぐわかる

手網焙煎に必要な道具

焙煎《ばいせん》は専門家の仕事と思われがちだが、身近な道具で気軽に試せる。中華鍋、陶製の鍋などでもできるが、手網《てあみ》がもっとも焦げにくく、手が疲れにくい。

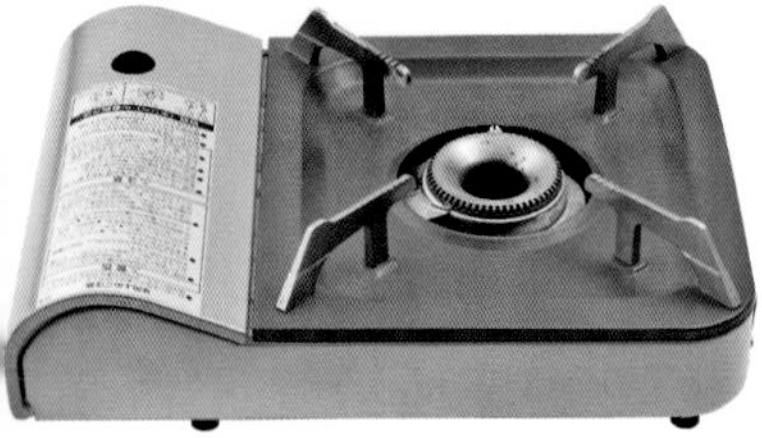

カセットコンロ

通常のカセットコンロでよい。ベランダなどで使うときは、風よけを立てる。

手網

金物屋やホームセンターなどで市販されている銀《ぎん》杏《なん》煎《い》りがベスト。

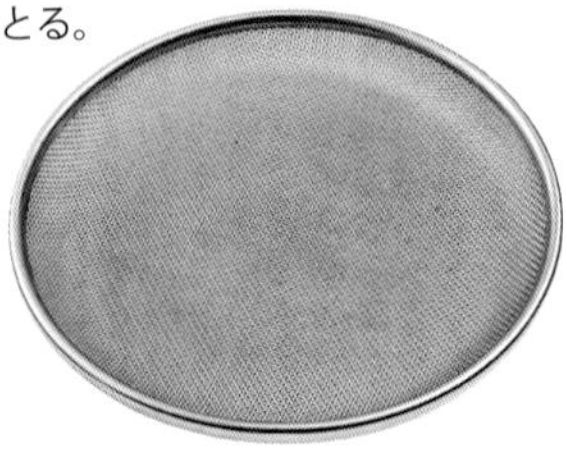

大きなざる

煎《い》った豆を金ざるにあげて熱をとる。

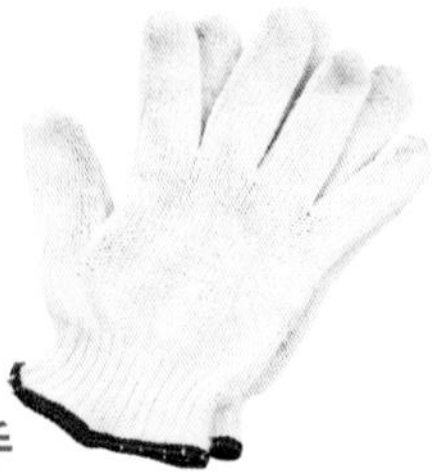

軍手

手もとが熱くなるので、軍手をはめて取っ手をもつ。

クリップ

手網のフタが開かないよう、留めるために使う。

ドライヤー
（または扇風機）

冷風モードで、煎った豆を冷やす。扇風機でもよい。

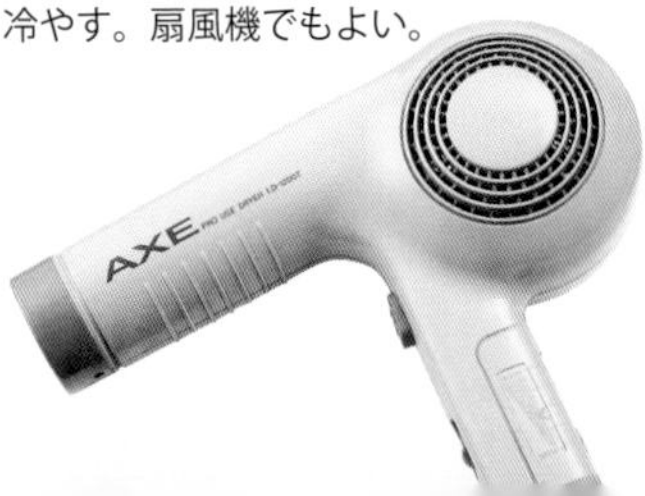

手網から始めて色の感覚をつかむ

プロの場合は焙煎機《ばいせんき》を使って焙《ばい》煎《せん》をおこなうが、初心者の場合、まずは手網《てあみ》を使った方法から始めることをおすすめする。

手網のよさは、煙がこもって、いぶり臭《しゅう》がつくのを防げることだ。火力の調整も自由にできる。

さらに重要なのが、焙煎中の色の状態を、直接見ることができる点である。豆の色や、1ハゼ、2ハゼの様子を直接見たり聞いたりできるので、煎《い》り止めのタイミングがわかりやすい。

最初は、煎《い》りやすいA、Bタイプ豆を使って、煎り止めのタイミングをつかもう。

豆を間近に見られるので、色や音による煎り止めのポイントがよく把握できる。時間を測りながらおこない、途中で豆を数粒取り出して焙煎の記録をつけておくと、次回の参考になる。

簡単、確実にできる！手網焙煎法

1 豆を入れ、クリップで留める

150g程度の生豆を手網に入れ、こぼれ出ないようクリップでしっかり留める。

2 中火で水平に振る

火力を中火に固定し、チャーハンをつくるような要領で、豆をひっくり返しながら煎る。

火に近づけすぎないように注意

網が傾いていたり、火との間隔が近づいたり離れたりすると、煎りムラを起こしやすい。

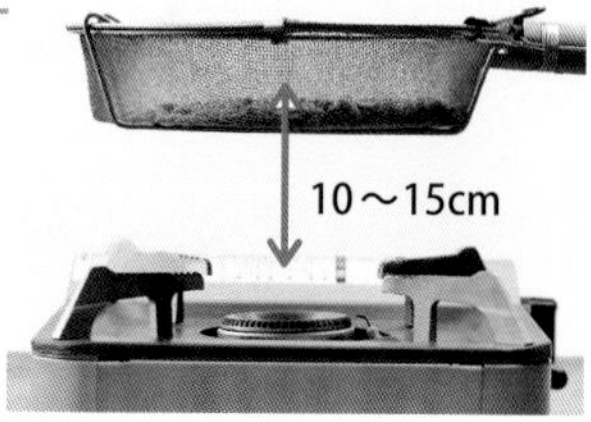

3 チャフがとび始める

4～5分間煎ると、チャフ（豆の薄皮《うすかわ》）がとび始め、どんどん激しくなる。香りも一気に立ち始めるが、コーヒーというより、青臭さが残る香り。

次ページへ

ベランダ、庭など散らかってもいい場所で

熱源は、家庭用のガスで十分だ。台所のコンロでもいいが、煎り始めると、周囲がかなり散らかることを覚悟してほしい。煎り始めると、チャフ（豆の薄皮《うすかわ》）がはがれて、手網の網の目から大量に出てくるのだ。焙煎が進むと、煙も激しく出る。

いちばんいいのは、屋外でカセットコンロを使って煎ることだ。煎る豆の量は、直径23㎝くらいの網で、150g程度が目安である。

火力はずっと中火でよい。火加減を何度も調整すると、かえって煎りムラができてしまう。

煎るときは、絶えず豆を転がして、煎りムラを防ぐ。その最中も、豆の色の変化をよく観察しておこう。1ハゼ、2ハゼの音の違いも頭に入れておく。

4 パチパチと音が出る

パチパチと音が出て、1ハゼが2分間程度続く。香ばしい香りとともに色も濃くなり、コーヒー豆らしくなる。

＊実際に焙煎するときは、フタを閉めたままおこなうこと。

浅煎りに仕上げるなら ここで火を止めて プロセス8へ

5 音が止まる

パチパチという音がしなくなったら、1ハゼ終了。豆のサイズにばらつきがあると、はぜるタイミングが豆ごとに異なり、終了まで時間がかかる。

中煎りに仕上げるなら 火を止めてプロセス8へ

浅～中煎りのときは 1ハゼで煎り止める

豆を加熱し始めて10分ほどたつと、水分が抜けて豆が小さくなり、センターカットの白い部分がめだってくる。もっとも浅いライトローストに仕上げたい場合は、このタイミングで煎《い》り止める。

そのまま焙煎《ばいせん》を続けると、すぐに1ハゼの音が聞こえ始める。シナモンローストに仕上げる場合は1ハゼの最中に、ミディアムローストにするなら1ハゼの音がやんだところで煎り止める。

1ハゼ終了後は、2分ほどで2ハゼに移る。音が始まる直前に止めるとハイロースト、音が始まってすぐ火を止めると、シティローストだ。フルシティまでもっていくなら、2ハゼ終了後すぐに火を消す。さらに煎り続けると煙がさかんに出て、フレンチ、イタリアンローストまで進む。

ピチ
ピチ

2ハゼ
スタート

17〜22分
経過

6 ピチピチと音が出る

1ハゼ終了から2ハゼ開始までは急速に進む。2ハゼは、1ハゼとはあきらかに異なる、ピチピチという音がする。

中深煎りにするなら火を止めてプロセス8へ

2ハゼ
終了

22〜27分
経過

7 音が止まる

2ハゼが終わっても続けていると、煙が出てくる。一般家庭には排煙設備がないので、どんなに深くしたい場合も、このあたりでやめたほうがいい。

AXE

30分経過

8 金ざるにあげ冷ます

金ざるに広げ、ドライヤーの冷風を使って1分間ほど冷やす。

Let's Try!

手網がなければフライパンで代用

焦げやすいのでしっかり振り続ける
10〜15cm

手網《てあみ》でなくても、鉄製のフライパンや中華鍋で、焙煎《ばいせん》をすることはできる。

フライパンを使う場合は、底が平らなので、豆の片面だけが焦げやすい。手首を返しながらしっかり振って、豆にまんべんなく火を通すことが肝心である。

中華鍋も便利だが、豆に古い油のにおいがつくのが難点である。

Ⅱ ホーム ロースター

ホームロースターで手軽に焙煎を楽しむ

手ごろな値段のロースターが増えている

煎《い》り止めのコツをつかむには手網《てあみ》が最適だが、手が疲れる、薄皮（チャフ）でキッチンが散らかる、少量しか焙煎《ばいせん》できないといったデメリットもある。より手軽に焙煎を楽しみたい人は、家庭用の焙煎機《ばいせんき》を使ってみよう。

家庭で使えるタイプは2種類に大別される。ひとつ目は、「サンプルロースター」とよばれるもの。アルコールランプやガスで加熱し、手動でドラムを回転させて豆を煎る。味わいはあるが、手動のため、安定した焙煎はむずかしい。

2つ目は、ホームロースターともよばれる下の写真のような電気式小型焙煎機で、プロ仕様の焙煎機の超小型版だ。このタイプのほうが、より簡単に、安定した焙煎ができる。

今回使用するのは、電気式ホームロースター「gene cafe《ジェネ カフェ》」。温度と時間を設定してスイッチを入れると、自動で焙煎《ばいせん》でき、途中で止めたり延長することもできる。

販売価格：8万3600円（税込）

ホームロースターのしくみ

（電気式・小容量タイプ）

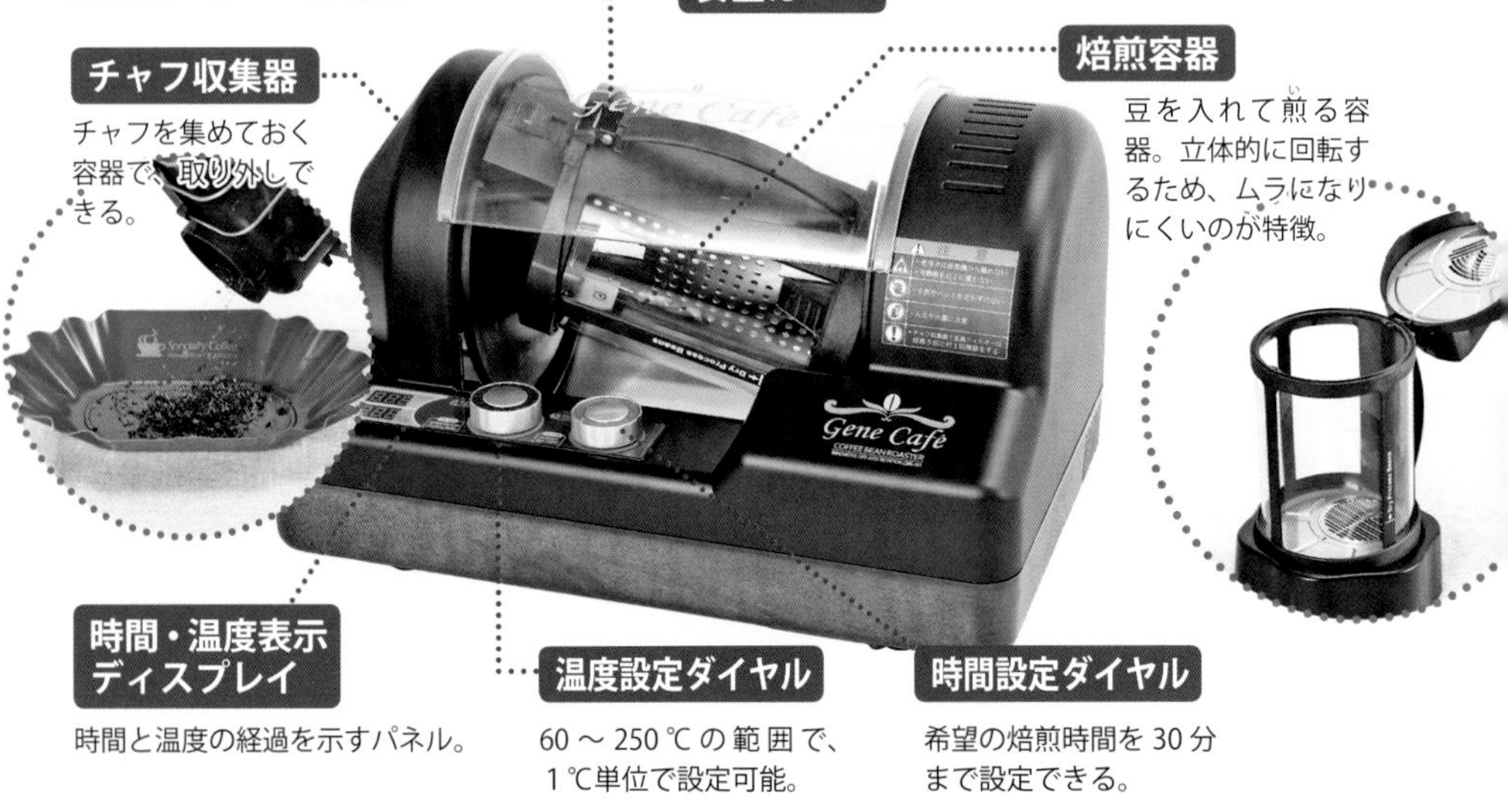

時間と温度の経過を示すパネル。

60～250℃の範囲で、1℃単位で設定可能。

希望の焙煎時間を30分まで設定できる。

焙煎前の準備（電気式・小容量タイプ）

火力、時間を調節できるものを選ぶ

安いものなら2、3万円台で購入できるが、十数万円するものもあり、焙煎機はできるだけ間違いなく選びたい。

焙煎機によっては、フルオート設定で、火力や煎る時間を調整できないものもある。豆の持ち味を十分に引き出すには、温度や焙煎時間を自分で調節できるものがいい。一度に煎れる量はさまざまだが、家庭用なら、数百グラムのもので十分だ。

購入にあたっては、自家焙煎《じかばいせん》の店でプロの意見を聞いたり、使っている人にアドバイスを受けておきたい。

焙煎容器に生豆《なままめ》を入れる。生豆に異物が混入していると機械トラブルの原因になるので、事前に必ずハンドピックしておく。

次ページへ

用途に合わせて選ぶ　ホームロースターのバリエーション

最近はさまざまなタイプの電動ホームロースターが市販されている。このほかに、都市ガス、プロパンガス、アルコールランプを熱源とするタイプもある。特殊な排気構造のもの以外は、部屋に煙がこもりやすいので、十分に換気しながら使う。

電動・超小型タイプ

インテリアとしても楽しみたい人におすすめの、超小型ホームロースター。煙がほとんど出ない構造だ。ダイヤルで時間を設定でき、焙煎中の色の変化もよく見える。

販売価格：5万3000円（税込）

電動・小型タイプ

オーブン型の直火式ホームロースター。豆ごとの適性に合った温度、焙煎時間を10銘柄まで記憶させることができ、ワンタッチで焙煎可能。連続焙煎もできる。

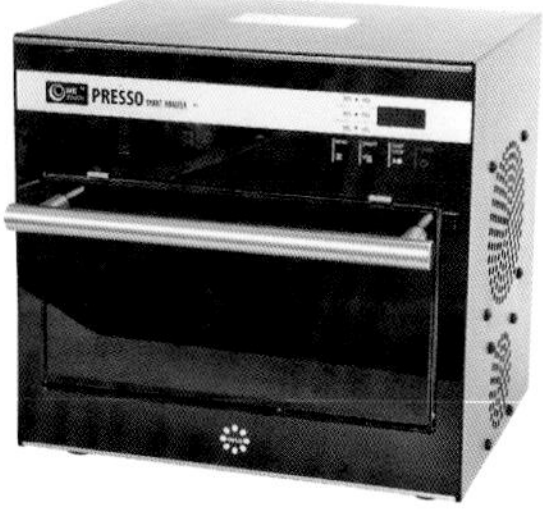

ホームロースターでの焙煎法

豆を入れて温度と時間をセットすれば、あとは自動で焙煎《ばいせん》が進む。温度と時間は機種ごとの説明書を基本に、豆のタイプ（→ P180 ～）ごとに調整する。同じ豆で繰り返しおこない、ベストの煎《い》り止め時間を見つけることが重要だ。

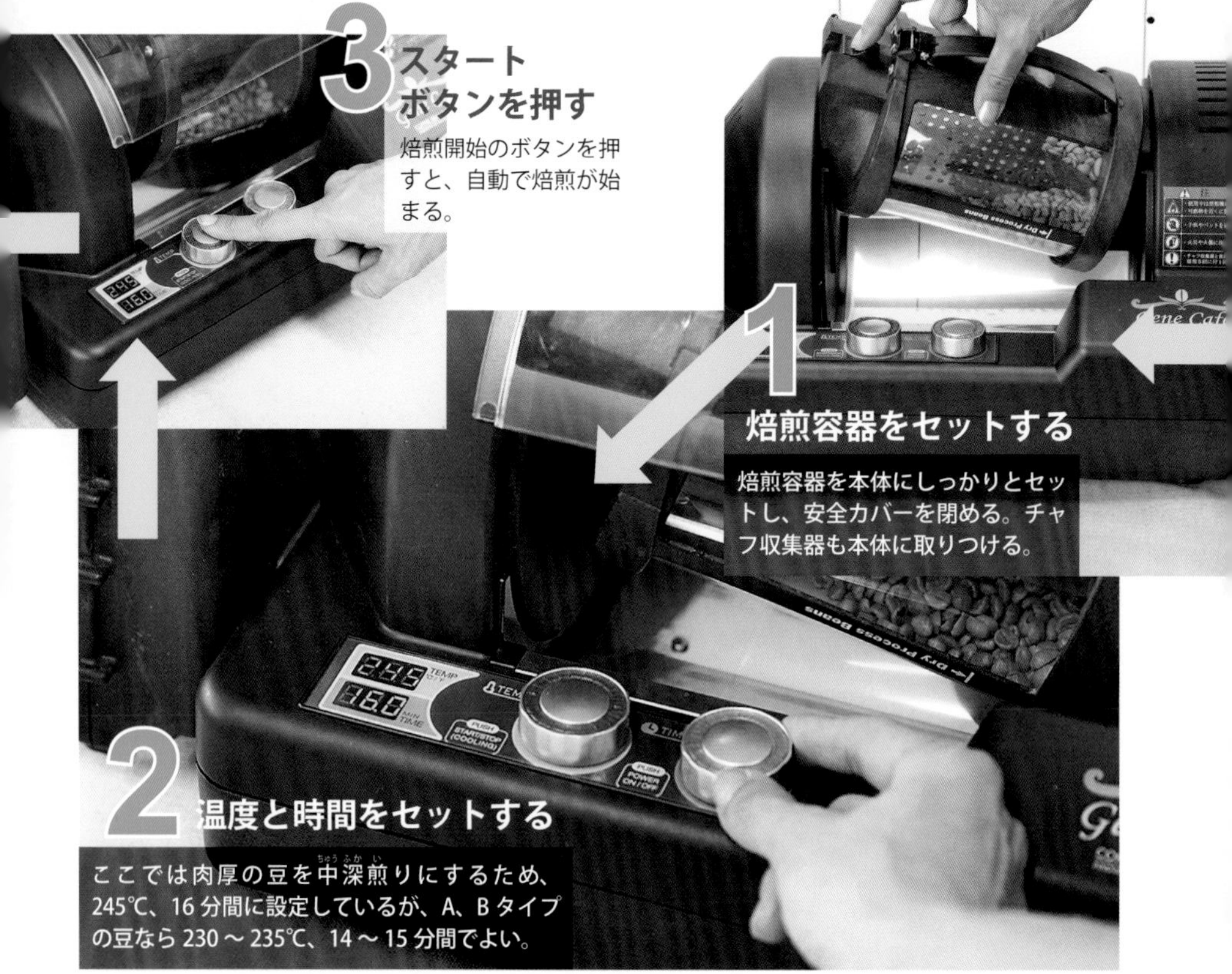

1 焙煎容器をセットする

焙煎容器を本体にしっかりとセットし、安全カバーを閉める。チャフ収集器も本体に取りつける。

2 温度と時間をセットする

ここでは肉厚の豆を中《ちゅう》深《ふか》煎《い》りにするため、245℃、16 分間に設定しているが、A、B タイプの豆なら 230 ～ 235℃、14 ～ 15 分間でよい。

3 スタートボタンを押す

焙煎開始のボタンを押すと、自動で焙煎が始まる。

音だけに頼らず豆の色で判断する

煎《い》り止めのタイミングを見極めるには、１ハゼ、２ハゼの豆の音が手がかりとなる。

しかし、音だけを頼りにするのは危険である。機械のモーター音などで、音が聞き取りにくい場合があり、さらに豆ごとの個体差も大きい。たとえば肉厚の豆でははぜるのが遅く、小粒の豆は早くはぜる。はぜる音が大きな豆もあれば、音が聞こえにくい豆もある。

もっとも確実なのは、音をよく聞きながら、色の変化で判断することだ。そのためには上の機種のように、中の様子が見えるタイプが望ましい。

最初の設定時間にこだわらず、途中で止めたり、焙煎《ばいせん》時間を長くするなど、調整しながら使おう。

4 目標温度まで加熱される

表示パネルの温度が徐々に上がり、設定した温度に達する。

5 1ハゼが始まる

豆が色づき、パチパチと音がして、1ハゼが始まる。肉薄の豆の場合は、10分ほどで1ハゼに入る。

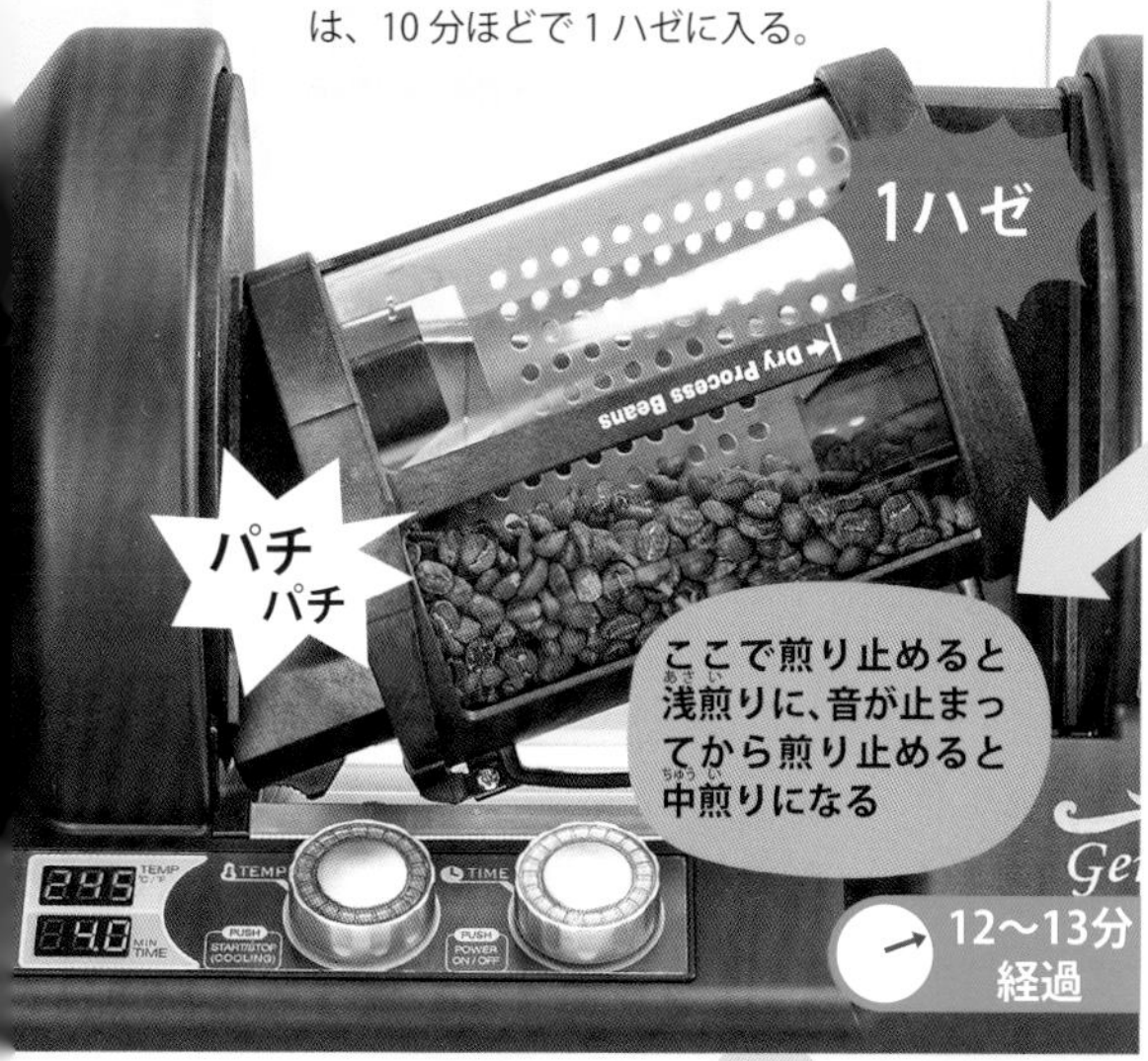

6 2ハゼが始まる

1ハゼが終わりしばらくすると、2ハゼが始まる。写真の機械の場合、2ハゼの音は1ハゼの音より聞こえやすい。

7 豆を冷却する

焙煎が終わると自動的に冷却が始まり、60℃まで下がる。容器から豆を取り出し、常温で置いておく。

Ⅲ 業務用焙煎機 プロをめざすなら5kg以上煎れる機械を使う

業務用を使うと味を一定にしやすい

家庭でも使えるような小型焙《ばい》煎《せん》機《き》は、多くても1kg程度の豆しか煎《い》ることができない。プロとして、より多くの豆を焙《ばい》煎《せん》するには、業務用焙煎機が必要だ。

見た目は巨大な機械で、操作もむずかしそうに感じるかもしれない。しかし基本の構造は家庭用小型焙煎機と同じで、回転ドラムに入れた豆を熱源で加熱するしくみである。

熱源は、電気、ガス、赤外線など、いろいろある。燃焼温度を正確にコントロールするには、ガスが最も適している。

なお、プロの世界では、下のような、1畳以上のスペースを要する焙煎機でも小型焙煎機とよばれる。プロが大型とよぶのは、工場などで使う、数百kg単位の豆を焙煎する機械をさす。

業務用焙煎機のしくみ

カフェ・バッハのオリジナル焙《ばい》煎《せん》機《き》「マイスター」の例。タイプは熱風式。温度、排気量などの設定を記憶させ、つねに同じ焙《ばい》煎《せん》度《ど》を再現できる。1ハゼ、2ハゼなどの変化もパネルに表示される。

定価：5kg用 594 万円

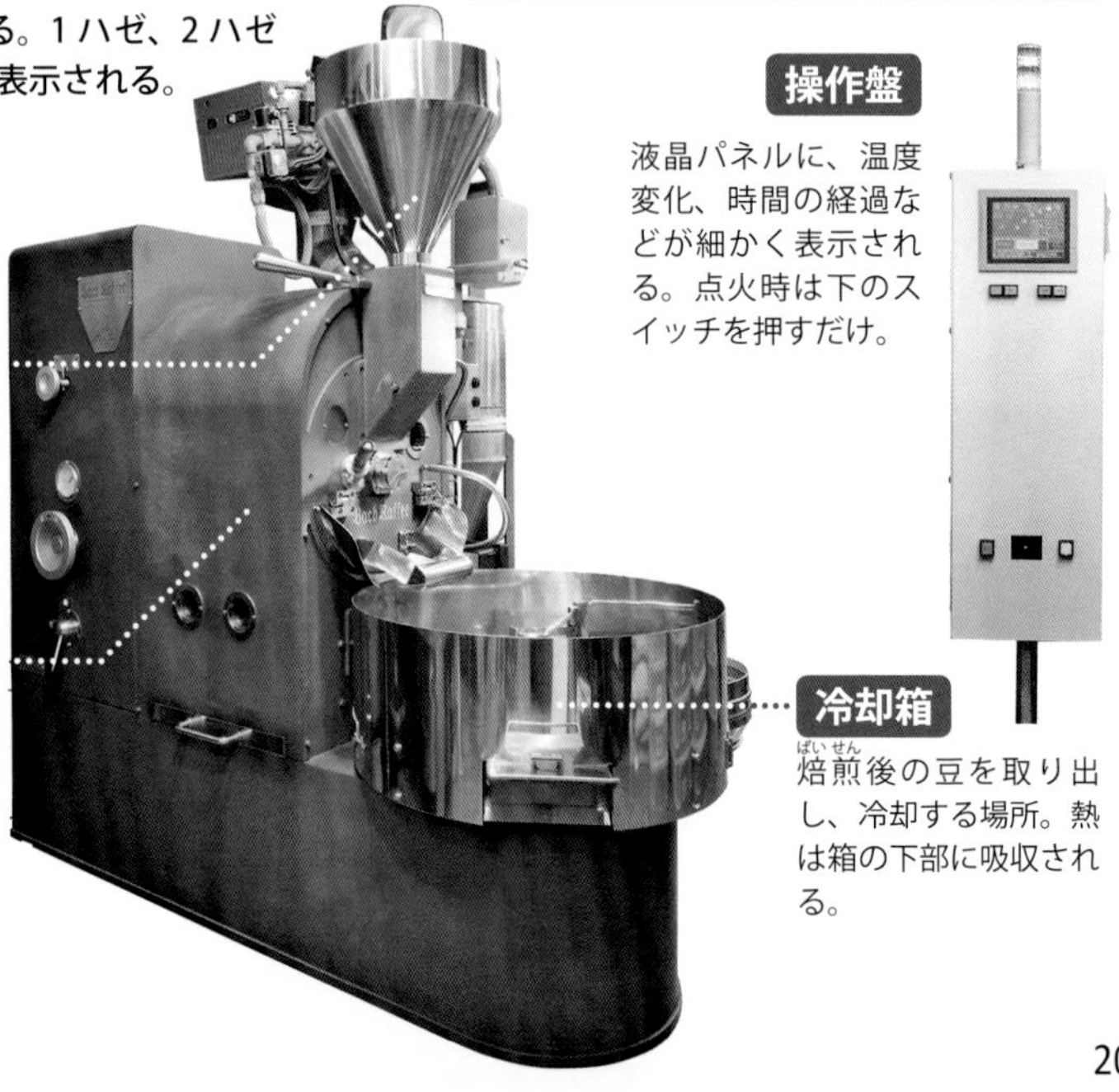

操作盤

液晶パネルに、温度変化、時間の経過などが細かく表示される。点火時は下のスイッチを押すだけ。

ホッパー

生豆を入れる場所。上下に動くので、投入時は下ろして使う。

ドラム

豆を加熱する場所。3層構造で、外気の影響を受けにくい。のぞき窓があり、色の変化を確認できる。

冷却箱

焙《ばい》煎《せん》後の豆を取り出し、冷却する場所。熱は箱の下部に吸収される。

焙煎機の構造は3タイプある

豆を煎《い》る方法には、豆に直接火をあてる方法や熱風をあてる方法があり、下の3つに分類できる。いずれの方法にも、一長一短ある。

熱風式

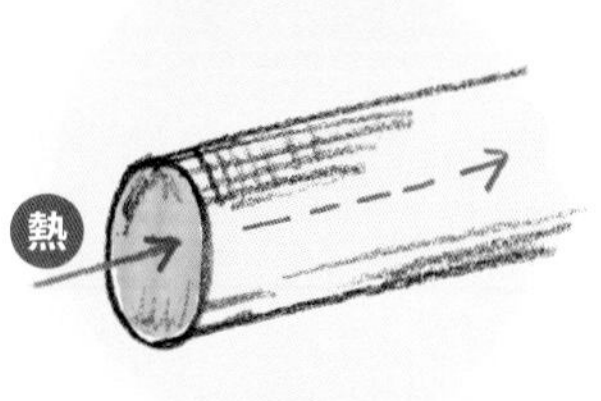

機械本体と燃焼室が別になっていて、燃焼室から、熱風をドラム内に送る。工場などで使われる超大型タイプ。

＋ 短時間で焙煎できる

－ プロ用のため手に入りにくい

半熱風式

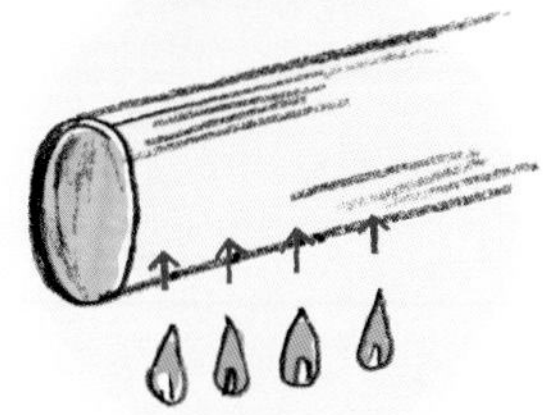

ドラム自体を加熱すると同時に、ドラム内に熱風も送る。均一に火が通るが、香ばしさの面ではやや劣る。

＋ マイルドで均一な味になる

－ 香ばしい香りが出にくい

直火式

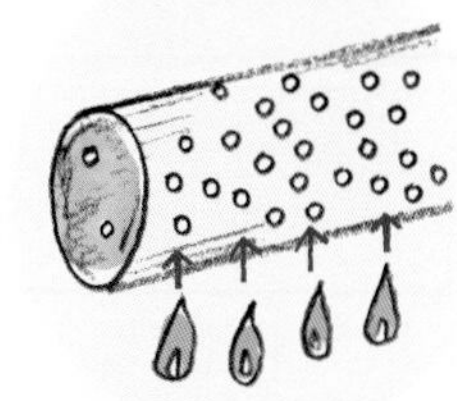

網状の回転ドラムを用い、豆に直接火をあてて煎る。香ばしく仕上がるが、焦げ臭くなったり、生焼けしやすい。

＋ 味、香りがストレートに出る

－ 焦げやすく、やや扱いにくい

排気のよさで選ぶと豆本来の香りをいかせる

業務用焙煎機の大きな特長のひとつは、本格的な排気設備があることだ。排気筒《はいきとう》と、それを制御するダンパーは、排気だけでなく、薄皮（チャフ）の排出やドラム内の温度調整、さらには焙煎後の豆の冷却など、さまざまな役割を果たしている。うまく排気できないと、煙臭い豆に煎り上がってしまう危険がある。排気筒の長さや機能などが十分あるかどうかが、焙煎機選択のポイントといえる。

排気筒をのばすなど、機械を改良して使う人もいるが、ドラム内の温度が不安定になることがある。結果的にコストも高くつくので、最初から高性能のものを選んだほうが安心だ。

焙煎前の準備

アイドリング（暖機運転）をする。バーナーの点火ボタンを押し、ガスの元栓レバーをまわして「開」にする。さらにガスレバーをまわすと、ガス圧が上昇する。内部の温度を安定させるため、30分間ほど待つ。

次ページへ

業務用焙煎機を使った焙煎法

新しいタイプの業務用焙煎機《ばいせんき》は、タッチパネルで簡単に操作できるものが多い。ただしちょうどよく煎《い》り止められるかは、焙煎《ばいせん》者の腕次第。テストスプーンで何度も豆を取り出し、色をよく確認することが大切だ。

豆の量は釜の容量の80％まで。5kg 釜なら4kg までが目安

1 180℃になったら生豆を投入

生豆《なままめ》をホッパーに入れる。焙煎機の容量めいっぱいまで入れず、80％程度までにとどめる。

2 ホッパーを上げ、ストッパーを外す

付属クレーンでホッパーを上方へ引き上げ、ホッパーのストッパーを外す。

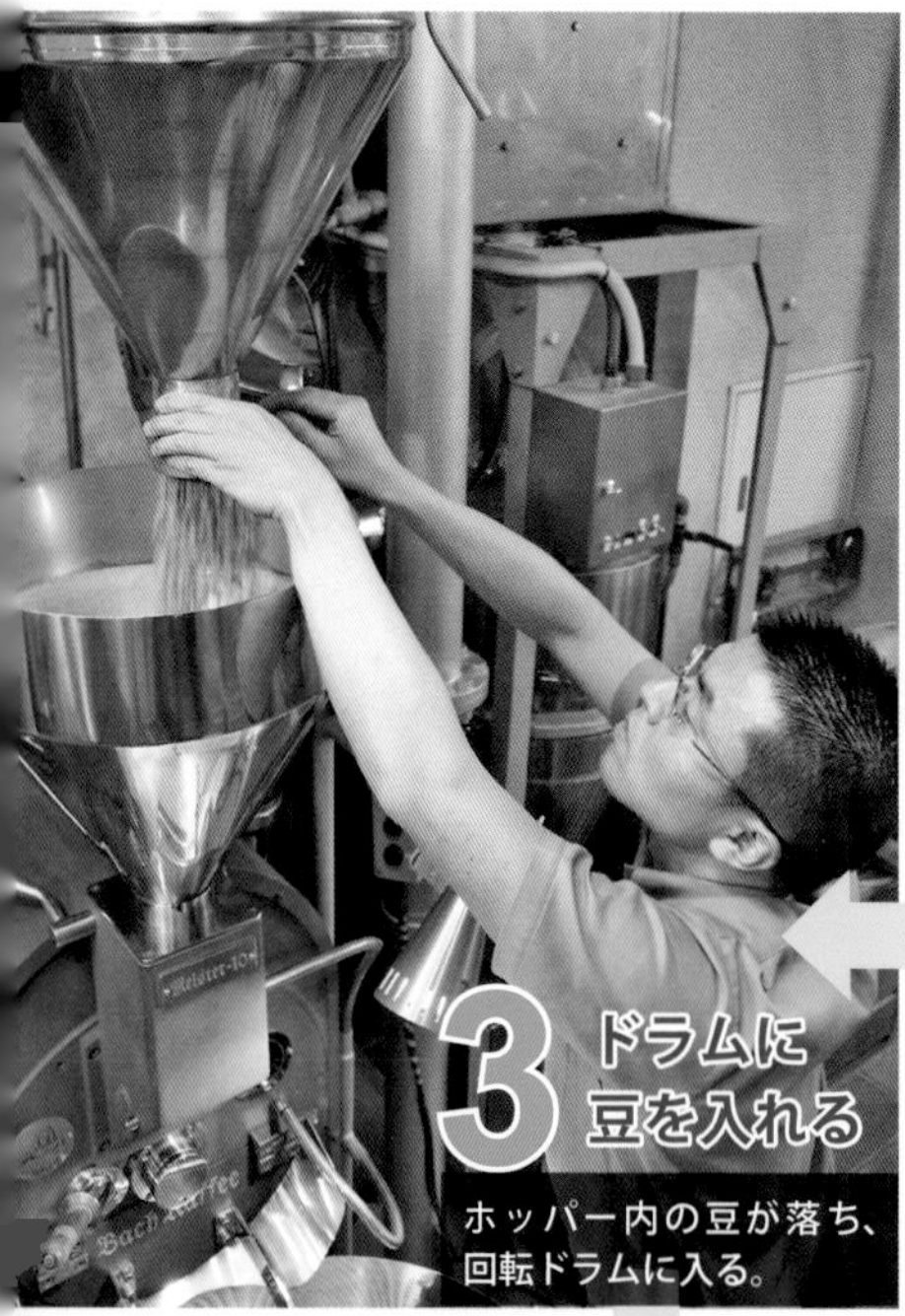

3 ドラムに豆を入れる

ホッパー内の豆が落ち、回転ドラムに入る。

4 ドラム内の温度が上がる

操作パネルの「生豆投入」ランプが青く光る。いったんは温度が下がるが、設定温度まで自動で上昇を続ける。

温度設定は機械に記憶されている

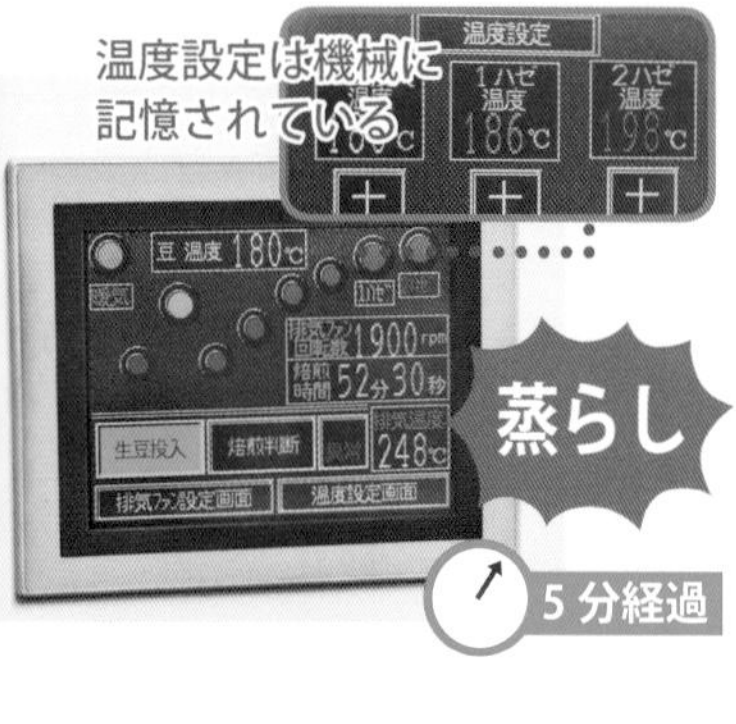

蒸らし

5 分経過

焙煎のたびに豆のサンプルと記録を残す

焙煎《ばいせん》するときは、どの豆を何℃で何分焙煎したか、色はどのように変化していったかなどを、細かく記録しておくとよい。

煎《い》った豆も残しておくと、次回の焙煎時の調整に役立てられる。特にスペシャルティコーヒーの場合は、ストライクゾーンが狭く、わずかな時間差が味に影響するので、細かな記録が役立つ。

Column

炭火で焙煎しても炭の香りはつかない

「炭火焙煎《すみびばいせん》」は、今も一部の愛好者には人気があるようだ。しかし炭で煎《い》ったからといって、香ばしく仕上がるわけではない。焙煎中の豆に、気体の成分、香りが移ることはありえないからだ。大切なのは「何で焙煎したか」ではなく、「豆の個性に合わせて焙煎しているか」である。

チャフなどのゴミ、汚れは定期的に取る

焙煎機《ばいせんき》を使っているうちに、排気筒《はいきとう》に薄皮（チャフ）がたまったり、ドラムを回転させるモーターにも、豆のかす、すすなどが入り込んでいく。たまったチャフは着火することがあり、機械のトラブルの原因にもなる。

本体と排気設備を定期的に保守点検しておくことが大切だ。

5 1ハゼが始まる

のぞき窓から見える豆の色も、薄茶色に変化する。パネルの「1ハゼ」ランプも同時に点灯。浅《あさ》煎《い》りの場合はここで操作を解除。中煎《ちゅうい》りの場合は1ハゼ終了まで煎る。

機械に付属のテストスプーンで内部の豆を取り出し、色、シワの伸び具合などを繰り返しチェックする。

6 2ハゼが始まる

2ハゼが始まると、タッチパネルの「2ハゼ」ランプが赤く点灯する。中深煎《ちゅうふかい》り〜深煎《ふかい》りの希望の焙煎《ばいせん》度《ど》に合わせて、タッチパネルで操作を解除する。

7 豆を冷やす

ドラムの取り出し口を開け、豆を冷却箱内に出す。5分間ほど冷却したら、専用容器に豆を取り出す。

困ったときに！自家焙煎Q&A

Q1
豆の色が均一になりません。どうすればムラなく煎れますか？

A1

1ハゼまでの蒸らし時間を4～5分間延ばしてみましょう

豆のサイズは揃っているのに、色ムラが起こる場合は、ひとつひとつの豆の水分含有量が異なっていることが考えられます。水分が抜ける時間が豆ごとに違うと、均一な色に煎《い》ることができません。その場合は、1ハゼまでの蒸らし時間を少し延ばしてみましょう。すべての豆から十分に水分が抜けて、均一になることがあります。

水分量が多い豆、成熟度が高い豆は十分色づきにくい

それでもダメなら…

ダブル焙煎で確実に火を通す

ダブル焙煎の目的

- 豆の色合いを揃える
- 渋みを抜く
- 強すぎる味を抑える
- 酸味のバランスをとる

煎《い》りムラがどうしても残る場合は、ダブル焙煎《ばいせん》するのもひとつの手です。一度浅く焙煎し、冷ましてから、二度目の焙煎で目的の色にもっていく方法です。

色を揃えるためだけでなく、上のような場合にも、この方法が役立つことがあります。

1回目の焙煎

豆が白っぽくなるまで煎る

1ハゼの直前まで焙煎し、浅く色づく程度にとどめる。

冷却後

2回目の焙煎

通常通り焙煎

一度冷ましてから通常通り焙煎し、目的の色まで煎る。

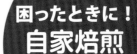

Q2
色は同じなのに、前回と味が違うのはなぜ？

A2
芯残りした豆が原因。焙煎後に割って確かめてみましょう

外側は理想の色でも、中は白っぽく生焼けしている

中までしっかり火が通っていない豆が混ざっていると、味が重たくなります。芯残《しんのこ》りした豆は、外観からはよくわかりませんが、割ってみると芯が白っぽくなっているのが特徴です。

芯残りを防ぐには、焙煎前のハンドピックを徹底し、大きすぎる豆をよけておくことです。大きさは揃っているのに芯残りしている場合は、温度設定を微調整し、その豆に合った適切な火力を見つけましょう。

Q3
焙煎後にシワが残ります。どうすれば、ツルッときれいに仕上がりますか？

A3
ていねいにハンドピックして、未成熟豆を取り除きましょう

通常は、焙煎すると豆がふくらんで、表面のシワがのびてツルツルになります。

全体にシワが残っている場合は、焙煎《ばいせん》度《ど》が豆の特性に合っていない可能性があります。C、Dタイプの豆を浅《あさ》煎《い》りにした場合などです。

焙煎度は適切なのに、シワだらけの豆が何粒かある場合は、未成熟豆と考えられます。焙煎前のハンドピックでしっかり取り除いておきましょう。

ブレンドの基本

異なる豆を組み合わせて新しい味をつくり出す

単一の豆にはない厚み、奥行きが魅力

いくらすばらしいストレートコーヒーでも、毎年確実に、同じ品質を保てるわけではない。

しかし喫茶店などでコーヒーを提供する場合、味の一定した定番メニューが必要となる。

そこで出てきたのが、違う豆を組み合わせるブレンドの考え方だ。ブレンドに使う国を決めておけば、万が一、いつもの豆が手に入らなかった場合も、同じ国の豆で代用しやすい。

かつては、豆の組み合わせ方、酸味と苦味のブレンド比率などが、公式化されて喧伝《けんでん》されていた。しかしコーヒーの味は焙煎《ばいせん》で決まる部分が大きく、そうした公式にほとんど意味はない。ブレンドを手がけるなら、個性ある豆を組み合わせ、新しい味の創造をめざしたい。

煎ってから混ぜると味がよくなる

ブレンドの方法は、2つある。ひとつは、生豆《なままめ》の段階で混ぜ合わせる手法である。これを、プレミックスという。

もうひとつは、焙煎豆の状態で混ぜ合わせる方法で、アフターミックスとよばれる。

プレミックスには、手間があまりかからないという利点がある。しかし豆の種類ごとに焙煎《ばいせん》度《ど》を調整することができず、それが味を低下させることもある。

アフターミックスの場合は、1種類ごとに焙煎をおこなわなくてはならない。3種類の豆をブレンドする場合、3倍の手間と時間を要する。しかし各豆に合った焙煎度を選ぶことができるので、味は確実によくなる。

業務用として大量の商品を提供する場合は、プレミックスでもやむをえないが、趣味として楽しんだり、自家《じか》焙煎《ばいせん》店のメニューとして提供する場合は、アフターミックスのほうが望ましい。

ブレンドの目的を明確にする

プロとしてブレンドする場合と、趣味でブレンドする場合では、目的が違う。何のためのブレンドかをはっきりさせておこう。プロの場合は、特定の豆が欠品しても一定の味を保てるよう、代替用の豆を決めておく。

プロのブレンド

- 店の個性、独自性をアピール
- つねに同じ味のコーヒーを提供する
- コストを低く抑える

アマチュアのブレンド

- オリジナリティの高い「自分だけの味」をつくる
- 味の立体感を楽しむ

ブレンドの基本ルールをおさえる

Rule 1 主役、脇役を決める

左の悪い例で使われている銘柄は、どれも味、香りに秀でた高級銘柄である。しかしこのようなスター級の豆どうしをぶつけると、個性がぶつかり、味にまとまりがなくなる。

対するよい例では、華やかな風味で人気の「エチオピア イルガチェフ」を主役に据え、組み合わせを決めている。ブラジルの豆はソフトな印象で味をまとめる役割、エルサルバドルの豆は、やわらかな酸味を補強する役割を担う。

Rule 2 豆の量を揃える

かつては、「4対3対2」などの配合が黄金比率といわれていたが、複雑かつ煩雑《はんざつ》な組み合わせは、伝説として忘れたほうがよい。

組み合わせる豆はすべて同量とするのが基本。調整がききやすく、さまざまな豆を自由に組み合わせることができる。

Rule 3 2～4種類にとどめる

種類が多すぎると、それぞれの豆の個性がぶつかり合ったりして、新しい味の創造にはほど遠くなる。とくに、個性豊かで高級なスペシャルティコーヒーを使うなら、なおさらだ。

趣味で楽しむ場合は2～3種で十分。店としてブレンドをつくる場合は、欠品の可能性を考え、3～4種にするとよい。

失敗しないブレンドのコツ

カップテストで味を確かめて豆をブレンドする

2 82～83℃の湯で120 ccずつ淹れる

注ぎ方もきっちり揃える

それぞれの豆を、同じ淹《い》れ方で抽出する。途中で湯が冷めたときはわかし直し、温度もきちんと揃えること。

1 2～4種類の豆をスプーン1杯分ずつ用意

計量スプーンを使って、組み合わせたい豆を同量ずつとる。細かさを揃えて豆を挽《ひ》く。

抽出液のブレンドで方向性をはっきりさせる

ブレンドコーヒーをつくる場合、大切なのは「どんな味わいのコーヒーをつくりたいのか」という点である。

仕上がりのイメージを明確にしないかぎり、よいブレンドは生み出せない。「明るい酸味があり、さわやかな後味のコーヒーにしたい」など、なるべく具体的に思い浮かべておく。

イメージに合いそうな豆を決めたら、まず抽出液どうしをミックスし、味を試してみよう。豆を替えたり、種類を増やしたり減らしたりしながら、イメージに近い味に仕上げていく。

望みの味に向けて調整したら、次に実際に焙煎《ばいせん》した豆で、ブレンドしてみる。手間はかかるが、このほうがかえって、好みの味をつくる近道となる。

Column

モカを30%以上入れると「モカブレンド」を名乗れる

ブレンド名に豆の産地名を入れる場合は、その産地の豆が30%以上（生豆《なままめ》換算）入っていなければならないと、法律で定められている。あまり望ましくはないが、モカが30%以上入っていれば、ほかにどのような豆を使っていても「モカブレンド」と謳うことできるのだ。

3 大さじ2～3杯ずつカップに入れ、テストする

それぞれの抽出液をカップで合わせ、まず香りをかぐ。次にスプーンですくってすすり、香味をチェックする。

味がまとまらないときは……

対策1 バランスのよい銘柄を2～3杯分足す

等配合が基本だが、「もう少しだけまとまりがあれば」というときは、2～4種の豆のうち最もバランスのよい銘柄をあと1杯加えてみる。また、各豆の焙煎《ばいせん》度《ど》を変えると、味が決まることも多い。ただし、まったくまとまりがない場合は、一から考え直す。

苦味、酸味のバランスがよいものを選ぶ

対策2 調整役の銘柄を1種類入れる

別の銘柄を調整役として加えてみる。味が単調なときは、少し個性が強い豆を選ぶ。バランスをとりたいときは、インド産の豆のように、苦味と酸味がとれていて、香りの強すぎない豆を使うといい。

ブレンドの調整役に適した銘柄

- グアテマラ SHB（C タイプ）
- タンザニア キゴマ AA（D タイプ）
- ドミニカ バラオナ（B タイプ）
- エチオピア モカハラー G1（A タイプ）

↓ **味に厚みを出す**

- インディア APAA（D タイプ）
- マラウイ ミスク（D タイプ）
- ペルー エルパルゴ（C タイプ）
- インドネシア マンデリン（C タイプ）

↓ **味のバラつきをなくす**

プロのブレンド例

プロのブレンドテクニックをまねる

カフェ・バッハでは、焙煎度《ばいせんど》の特徴を際立たせた、以下の4種のブレンドを提供している。さらに豆の品質、入荷状況の変動に応じて、焙煎度を変えたり、配合比率を変えるなどの調整をおこなっている。

カフェ・バッハのブレンド配合

ソフトブレンド〈浅煎り〉

酸味が少なく、やわらかい甘さがある豆なので、ソフトな味わいにまとまる。

＋

カリブ海周辺のコーヒーならではのさわやかさ。香り高く、苦味は控えめだ。

＋

酸味と苦味のバランスが非常によく、ブレンドのベースに欠かせない。

浅煎《あさい》りの中南米産3種配合で、苦味が少なく、すっきりした酸味を表立たせたブレンド。入門編として最適だ。ニカラグア、ハイチ、ブラジルを1：1：2の割合で配合している。

マイルドブレンド〈中煎り〉

苦味が少なく、香り高い豆を、中煎《ちゅうい》りで等配合している。華やかな香り、すっきりとした酸味が楽しめる。ソフトブレンドに比べるとコクがあるが、苦味は控えめで飲みやすい。

すっきりとした味わいと、少し甘い香りが特徴。酸味とコクのバランスがよい。

＋

ナッツ系、カカオ系のフレーバーを持つ。やや浅めの中煎りで、香りがいきる。

＋

高地産の最上級品で、味わいは重すぎず軽すぎず、非常に飲みやすい。

＋

良質の酸味をもつのが特徴で、ナチュラルタイプより品質が安定している。

等配合で試してから ベストの割合を見つける

最初は、どのような豆どうしをブレンドすればよいか、見当がつかないかもしれない。まずはプロがつくったブレンドを手本にするのも、ひとつの方法だ。

下に紹介しているカフェ・バッハのオリジナルブレンドを、ぜひ参考にしてみたい。すべてが等配合ではないが、基本はあくまで等配合で、そこから微調整している。試す場合は、自分の味に調整していこう。

まずは均等に配合し、カップテストをおこなったうえで、味を微調整する。たとえば、酸味が強すぎるなと思ったら、焙煎《ばいせん》を深めにしてみたり、酸味のもとである豆の量を10g程度の単位で変えてみる。こうした調整が簡単にできるのも、等配合をしていればこそである。

バッハブレンド〈中深煎り〉

コーヒーらしい心地よい苦味のある、中深煎《ちゅうふかい》り４種の等配合。C、Dタイプの肉厚の豆を使い、重厚感のある味に仕上げている。グアテマラ、コロンビアの豆が主役で、パプア・ニューギニア、ブラジルの豆が味のまとめ役。

酸味と苦味のバランスがよい。個性にはやや欠けるが、調整役としては理想的。

グアテマラの最高級品。香りが豊かで、上質な甘味と苦味を備えている。

大粒の高級豆で、中深煎りにすると、コクのある重厚な味わい、香りになる。

どの焙煎度《ばいせんど》でもバランスのよい味に仕上がることから、すべてのブレンドで使用。

イタリアンブレンド〈深煎り〉

B、C、Dタイプの豆を使い、イタリアンローストに煎《い》ったユニークな配合。インド、ケニア、ブラジルを1：1：2の割合で配合している。コーヒーらしい苦味が最大の持ち味で、豊かな風味、重厚感も味わえる。

Bタイプの豆だが、深煎りにしても味のバランスがよい。酸味も苦味も控えめ。

コロコロとした肉厚の豆で、味が濃厚。品のある甘味、香りを備えている。

苦味、酸味のバランスのよさは、深煎《ふかい》りでも健在。すぐれた調整役となる。

2種ブレンドに挑戦

性格が対照的な豆どうしを組み合わせる

個性をぶつけると味に立体感が出る

オリジナルブレンドに挑戦するときは、最もシンプルな2種ブレンドから試すといい。ブレンドによる味の変化、相乗効果が如実にわかる。

似たフレーバーの豆を合わせると、新たな味をつくり出しにくいので、性格がはっきりと異なる2種の豆を選ぶといい。見た目で選ぶなら、肉厚の豆と、ツルツルした質感の肉薄の豆などを組み合わせる。それぞれの特性をいかすため、焙煎《ばいせん》はいっしょにおこなわない。P130以降で紹介しているA、B、C、Dの焙煎タイプを参照し、適正な焙煎度《ばいせんど》で煎《い》ることが基本だ。

まずは1対1の割合で抽出液をブレンドし、どちらかの味が勝っているようなら、個性が強い側の量を減らしていこう。

バリエ I 形の違う豆を組み合わせる

肉厚の豆

例

- グアテマラ アンティグア サン・ミゲル農園(→ P133)
- コロンビア ウイラ スプレモ(→ P135)
- ケニア ンダロイニ ファクトリー(→ P156)

濃厚なフレーバーと奥行きをもつ肉厚の豆に、さわやかな風味、後味をもつ、肉薄の豆を組み合わせる。

×

肉薄の豆

例

- ブラジル サンタ・イネス農園 イエローブルボン ナチュラル(→ P130)
- パナマ ドンパチ農園 カツーラ・ハニー(→ P137)
- ルワンダ ムヨンゲ(→ P160)

バリエ II 苦味と酸味のバランスをとる

苦味の強い豆

例

- ブラジル カルモデ オーロ ナチュラル(→ P129)
- ハイチ モンラセル(→ P151)
- マラウイ サテムワ農園(→ P161)

深く煎《い》ると良質の苦味が出る豆、浅く煎るとさわやかな酸味、香りが出る豆の組み合わせ。

×

酸味の強い豆

例

- イエメン バニーマタル(→ P165)
- コロンビア サン・アグスティン(→ P134)
- グアテマラ アンティグア・ラ・フォリー農園(→ P132)
- コスタリカ ウェスト・バレー ビジャ・サルチ(→ P142)

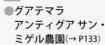

バリエ Ⅳ コクの強弱をつける

コクが深い豆

例

- ハワイ コナ・エクストラファンシー （→ P168）
- インディア APAA ブルックリン農園 （→ P169）
- インドネシア マンデリン シナール （→ P163）

×

すっきり系の豆は、深く煎りすぎると重い味になり、浅く煎りすぎると渋味が出やすい。コクが深い豆とは別々に焙煎《ばいせん》し、軽さ、さわやかさが際立つ焙煎度《ばいせんど》で煎り上げる。

すっきり系の豆

例

- エルサルバドル エル・カルメン農園 ブルボン （→ P141）
- ドミニカ アロヨ・ボニート （→ P145）
- ボリビア コパカバーナ農園 （→ P150）
- ブラジル カクェンジ農園 イエローブルボン （→ P129）

バリエ Ⅲ 異なる香りを組み合わせる

フローラル系の豆

例

- ジャマイカ ブルーマウンテン （→ P146）
- ニカラグア ジャバニカ （→ P139）
- エチオピア イルガチェフ G1 ウォッシュト （→ P153）

×

香りが華やかな豆どうしの組み合わせ。はっきり異なる香りの豆を合わせるといい。飲んでいるときに、前半と後半で異なる香りが出るという楽しみもある。

ナッティ系の豆

例

- パナマ ドンパチ農園 ティピカ （→ P137）
- ブラジル バイア ウォッシュト サンタフェドイス農園 （→ P129）
- エクアドル ビルカ・バンバ （→ P149）

ビギナーにおすすめ！

苦手な豆をもらったら、好きな豆と混ぜてみる

　お中元やお歳暮などでもらうコーヒーは、口に合わないこともしばしばだ。しかし捨てるのはもったいない。そんなときは、性格の異なる豆とブレンドしてみよう。苦手な風味がマスキングされ、おいしく飲めることも少なくない。

1杯目と2杯目の変化を楽しむ方法もある

　1杯のカップの中で、味の変化が楽しめることも、ブレンドの魅力のひとつだ。特に異なる香りの豆を組み合わせたときは、香りの経時的変化をじっくり味わってみよう。

　特にフレンチプレスで淹《い》れると、1杯目、2杯目で湯に浸《ひた》っている時間が異なるため、変化をはっきりと感じ取れる。反対に、バランスを重視して、最後まで均一な味を出したい場合は、ペーパードリップで淹れたほうがよい。

フレンチプレスを使うと、味の変化を出しやすい

3種ブレンドに挑戦

豆ごとの長所を集めた一杯に仕上げる

異なる香りをぶつけると奥深い風味になる

3種のブレンドは、喫茶店、自家焙煎店《じかばいせんてん》で最もよく使われる手法である。2種では味がぶれやすく、4種では味が均一になりすぎる傾向があるが、3種だと適度な個性のあるブレンドを、安定的に提供することができるからだ。

3種のブレンドを試すときは、三角形のバランスを思い描く。たとえば酸味の強い豆、苦味の強い豆、香りの強い豆を組み合わせる場合、均等に配合すれば、バランスは正三角形になり、味も均一になる。各豆の持ち味をバランスよく集めた、飲みやすいコーヒーだ。

反対に、どれかひとつを多くしたり、極端に少なくしてもよい。いびつな三角形にするほど、個性的な味に仕上がり、ブレンドのおもしろさが感じられる。

バリエ I 酸味 苦味 香り で組み合わせる

バランス重視

酸味がきつい豆を使うときに、特におすすめの組み合わせ方。苦味の強い豆、香りの強い豆と配合すると、酸味がマスキングされ、甘くてコクのある一杯に仕上がる。

酸味の強い豆

例

- イエメン モカ ホワイトキャメル（→ P164）
- コロンビア ウイラ スプレモ（→ P135）
- グアテマラ アンティグア・ラ・フォリー農園（→ P132）
- コスタリカ ウェスト・バレー・ビジャ・サルチ（→ P142）

×

苦味の強い豆

例

- ブラジル カルモデオーロ ナチュラル（→ P129）
- ハイチ モンラセル（→ P151）
- インディア APAA ブルックリン農園（→ P169）
- ニューギニア AA プローサ農園（→ P166）

×

香りが個性的な豆

例

- インドネシア マンデリン ブルーバタック・パカット（→ P163）
- ケニア キアンジル・ファクトリー（→ P157）
- エチオピア イルガチェフ ナチュラル（→ P153）

軽やか系

バリエIII　酸味 香り 香り で組み合わせる

華やかな香りに明るい酸味を合わせた、軽やかなブレンド。華やかな香りをいかすときは浅めに煎るのが一般的だが、ここでは思い切って、少し深めに煎るのがポイントだ。

酸味の強い豆

例

- エチオピア シダモ ウォッシュト（→ P154）
- タンザニア AA キボ カンジラルジ農園（→ P159）
- ニカラグア レフォルマ農園 SHG ティピカ（→ P138）

×

香りの強い豆（フルーティ系）

例

- グアテマラ コバン ブルボン（→ P133）
- コロンビア ウイラ スプレモ（→ P135）
- ドミニカ ラミレス農園 AAA（→ P144）

×

香りの強い豆（フローラル系）

例

- ジャマイカ ブルーマウンテン ピーベリー（→ P146）
- エチオピア イルガチェフ G1 ウォッシュト（→ P153）
- ルワンダ キヌヌ（→ P160）

ゴージャス系

バリエII　苦味 香り 香り で組み合わせる

華やかな香りを際立たせるブレンド法。苦味の強い豆を煎《い》るときに、カラメル風の甘く香ばしい苦さに仕上げるのがコツ。炭っぽい苦さだと、華やかな香りが消されてしまう。

苦味の強い豆

例

- インディア APAA ブルックリン農園（→ P169）
- ニューギニア AA ブヌンウ（→ P167）
- マラウイ フィリルヤ・ミスク（→ P161）

×

香りの強い豆

例（ナッティ系・チョコレート系）

- グアテマラ ウエウエテナンゴ ラ・ボルサ農園（→ P133）
- パナマ ドンパチ農園 ティピカ（→ P137）
- ボリビア カルメロ・ユフラ（→ P150）

×

香りの強い豆

例（フルーティ系・フローラル系）

- ドミニカ ラミレス農園 AAA（→ P144）
- コスタリカ カンデリージャ農園 ゲイシャ ウォッシュト（→ P142）
- ホンジュラス ロスイカケス農園 SHG スペシャル（→ P147）

ここがプロ技！

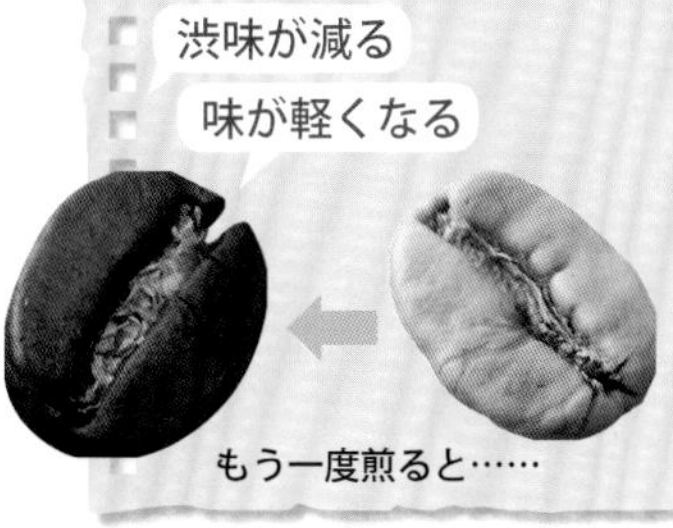

味がぶれたら焙煎度を変えるか、ダブル焙煎する

　同じ銘柄の豆が、つねに同じ味とは限らない。コーヒー豆は農作物なので、年によって味がブレることもある。「お気に入りのブレンドの味がいつもと違う」と感じたら、各豆の焙煎《ばいせん》度《ど》を少しだけ深くしたり、浅くするなどして、味を調整しよう。渋味や重さが気になる豆があれば、その豆だけをダブル焙煎《ばいせん》するのもひとつの方法だ。

4種ブレンドに挑戦

難易度は高いが味に立体感が出る

バリエI コクで立体感を出す

味わい深さ、濃厚なコクを重視したブレンド。香りよりコクを強調したい場合は、上の2種の割合を増やし、香りもしっかり立たせたいときは、下の2種の割合を増やす。

例 コクが深い豆

- ハワイ コナ・エクストラファンシー（→ P168）
- インディア APAA ブルックリン農園（→ P169）
- インドネシア マンデリン シナール（→ P163）

×

例 苦味が強い豆

- ブラジル カルモデオーロ ナチュラル（→ P129）
- ハイチ モンラセル（→ P151）
- マラウイ サテムワ農園（→ P161）

×

例 香りが強い豆（ナッティ系）

- パナマ ドンパチ農園 ティピカ（→ P137）
- ブラジル バイア ウォッシュト サンタフェドイス農園（→ P129）
- エクアドル ビルカ・バンバ（→ P149）

×

例 香りが強い豆（フローラル系）

- ジャマイカ ブルーマウンテン（→ P146）
- ニカラグア ジャバニカ（→ P139）
- エチオピア イルガチェフ G1 ウォッシュト（→ P153）

バリエII 香り 酸味を強調する

スペシャルティコーヒーらしい華やかな香り、酸味を強調したブレンド。4種とも、浅《あさ》煎《い》り～中《ちゅう》煎《い》りに、やや浅めに焙煎《ばいせん》すると、香りと酸味の立体感が際立つ。

例 香りが強い豆（ナッティ系・チョコレート系）

- グアテマラ ウエウエテナンゴ ラ・ボルサ農園（→ P133）
- パナマ ドンパチ農園 ティピカ（→ P137）
- ボリビア カルメロ・ユフラ（→ P150）

×

例 香り・酸味が強い豆

- インドネシア マンデリン ブルーバタック・パカット（→ P163）
- ケニア キアンジル・ファクトリー（→ P157）
- エチオピア イルガチェフ ナチュラル（→ P153）

×

例 酸味が強い豆

- エチオピア シダモ ウォッシュト（→ P154）
- タンザニア AA キボ カンジラルジ農園（→ P159）
- ニカラグア レフォルマ農園 SHG ティピカ（→ P138）

×

例 苦味が強い豆

- ブラジル カルモデオーロ ナチュラル（→ P129）
- ハイチ モンラセル（→ P151）
- インディア APAA ブルックリン農園（→ P169）
- ニューギニア AA プローサ農園（→ P166）

まとまらずに悩んだら味の引き算をする

4種ブレンドのコツは、配合割合を細かく調整することである。4種の豆を均等に混ぜると、味が平均化され、単調になりすぎるためだ。全体を100%で考え、40%：30%：20%：10%といった割合で分けていくとよい。

ただし、特定の銘柄が強く出すぎると、味の立体感がなくなってしまう。特定の銘柄の味がめだつときは、配合量を何%か減らすようにする。

また、味がまとまらずに悩んだときは、本当に4種使う必要があるか見直す。銘柄をひとつ減らして3種にし、味の引き算をしてみよう。3種のほうがまとまりがよいとわかることもあるし、別の銘柄を足したほうが、味がよくなることも多い。

ビギナーにおすすめ！

エスプレッソがもっとおいしくなる、4種ブレンド

スペシャルティコーヒーの人気により、エスプレッソにおいても、スペシャルティコーヒーの香り、酸味をいかした淹れ方が人気だ。おすすめは下のような組み合わせで、エチオピアとブラジルの豆をベースにし、それ以外の2種で個性を出すと、味のバランスをとりやすい。

コスタリカ ブルマス マイクロミル レッドハニー（→ P143）

エチオピア イルガチェフ ナチュラル（→ P153）

ペルー エルパルゴ（→ P148）

ブラジル サンタ・イネス農園 イエローブルボン ナチュラル（→ P130）

バリエ Ⅲ 香りを強調する

上から順に、30：30：20：20 程度の割合からスタートすると、バランスをとりやすい。上の2種は、浅く煎《い》ると酸味が強く出やすいタイプなので、中深《ちゅうふか》煎《い》り程度を基本に深めに焙煎して、香りと苦味のバランスをとる。

香りが強い豆

例 （フローラル系）

- ジャマイカ ブルーマウンテン（→ P146）
- ニカラグア ジャバニカ（→ P139）
- エチオピア イルガチェフ G1 ウォッシュト（→ P153）

×

香り・苦味が強い豆

例

- ニューギニア AA キガバー農園（→ P167）
- インドネシア マンデリン ブキット・アチェ（→ P 163）
- コスタリカ ブルマス マイクロミル レッドハニー（→ P143）

×

苦味が強い豆

例

- インディア APAA ブルックリン農園（→ P169）
- ニューギニア AA ブヌンウ（→ P167）
- マラウイ フィリルヤ・ミスク（→ P161）

×

酸味が強い豆

例

- エチオピア シダモ ウォッシュト（→ P154）
- タンザニア AA キボ カンジラルジ農園（→ P159）
- ニカラグア レフォルマ農園 SHG ティピカ（→ P138）

Part 5

ストになる

プロのカッピング法、専門知識と技術

コーヒーのスペシャリ

コーヒーの世界をもっと知りたい、深めたい人は
まずカッピングのテクニックをマスターしよう。
プロが腕を競う競技会を見に行ったり、
世界のコーヒー文化について、造詣を深めるのも楽しい。

コーヒーのテイスティング法「カッピング」に挑戦

味を客観的に評価してスコアをつける

コーヒーの最終的な評価は、豆の希少性でも、焙煎《ばいせん》技術でもなく、最終的に飲んだときの味で決まる。

「風味がすばらしい」「酸味と苦味のバランスがいい」……。味についての言葉は多彩だが、もともと味覚は主観的なもの。表現のしかたは、人それぞれ違って当然だ。しかし好き勝手に感想をいい合っているだけでは、各銘柄を比較し、価値を判断することはできない。

そこでコーヒーの世界でも、ワインのテイスティングのように、客観的な評価方法が設けられるようになった。それがカッピングである。

決められた基準、手順で、カップに入ったコーヒーを口に入れ、評価項目を点数化していく。

クオリティの高いコーヒーが求められる昨今では、生産国でもカッピングをして、質を評価するのが当然になった。

おもなカッピング法は SCAJ式、SCAA式の2種類

Ⅰ SCAJ式

（日本スペシャルティコーヒー協会）

少ロットの豆を8項目で採点。最高品質のコーヒーを選ぶ

コーヒーの中の「トップ・オブ・トップ」を選ぶ方式で、コーヒーの国際オークション「COE（カップ・オブ・ザ・エクセレンス）」の方法を発展させたもの。粉を入れたカップに湯を注ぎ、フレーバーや後味など、8項目を評価する。

4つのカップを並べて採点

P228

Ⅱ SCAA式

（アメリカスペシャルティコーヒー協会）

スペシャルティコーヒーとその他を区別する

本来はスペシャルティコーヒーとそれ以外を区別するための評価法で、1コンテナ（60kgの浅袋、約250袋分）単位のコーヒーが対象になる。粉と湯を注ぐ方法はSCAJとほぼ同じだが、評価項目が計10項目ある。

5つのカップで評価する

P234

＋ 店ごとのオリジナル評価法

商社や問屋などの企業、自家《じか》焙煎店《ばいせんてん》などで、それぞれ評価法をつくっていることがある。カフェ・バッハでは、利用客が飲むときとなるべく同じ条件で、カッピングをおこなう。

欠点チェック方式からプラスの評価方法へ

粉に湯を注ぎ、ビーッと音を立てて吸い込む。このようにして香味をチェックする方法は以前からおこなわれていたが、その目的は大きく変化している。以前はブラジル方式といって、「いやなにおい、渋みはないか」など、欠点を見つけることが目的だった。しかし高品質のスペシャルティコーヒーの場合は、欠点の見当たらない豆ばかり。いかにすぐれた個性、香味を持つかが評価対象となる。

そこで現在では、プラス面を評価する方法として、SCAJ式、SCAA式の評価法が中心となっている（→P226、232）。

さらにコーヒー専門店などでは、通常どおりに淹《い》れたコーヒーで、香味をチェックする方法もおこなわれている（→P224）。

はじめてのカッピング

ドリップしたコーヒーの味を6項目でチェックする

抽出したコーヒーでテイスティングする

SCAJ式（→P226）もSCAA式（→P232）も、コーヒー粉に湯を注いで香味をチェックする方法だ。いわば「お湯さしテスト」で、私たちがコーヒーを飲むときの飲み方とは、大きくかけ離れている。

はじめてカッピングに挑戦するときは、下図のように、通常どおりドリップしたコーヒーを用いるとわかりやすい。特別な器具や設備はいらないし、カフェ・バッハでも、この方法でカップテストをおこなっている。

評価基準となるのは、左の6項目である。コーヒーの香味の基本なので、何回もおこなって、この項目の感覚を磨いておこう。慣れてくると、コーヒーを飲むたびに、各項目をもとに味を判断できるようになる。

カフェ・バッハ式カッピングの手順

カフェ・バッハでおこなっているオリジナルカッピング法。実際にコーヒーを飲むときと同じように抽出し、風味を見るので、初心者にも最適の方法だ。

用意するもの

ドリップするための用具と、テスト用カップ、吐き出し用カップ、テスト用のスプーン、スプーンを洗うための水入りコップを準備する。

1 10gの粉で150ccのコーヒーを淹れる

中挽きのコーヒー粉10gを、ペーパードリップで淹《い》れる。焙煎度《ばいせんど》は豆の特性に合わせる。湯の温度は85℃で、温度計を使って正確に測る。

2 顔を近づけ、香りをかぐ

抽出液をテスト用カップに注ぐ。まずは顔を近づけ、コーヒーの香り（アロマ）をかぐ。

評価フォームに記入する

下記6項目をチェックし、その評価を数値化して記録しておく。それぞれ10点満点で評価し、合計得点を出す。

1 [苦味]
苦味の強さ。ほかのカッピング方法にはない項目だが、コーヒーらしさを評価するには非常に重要。
0　5　10点

2 [酸味]
酸味の質。古いコーヒーのようないやな酸味ではなく、明るくさわやかな酸味があるか。
0　5　10点

3 [甘味]
甘味の強さ。成熟度の高い豆ほど甘味が強く、よい酸味をもつ豆は、よい甘味もあわせもつ。
0　5　10点

4 [渋味]
いやな渋みを感じるかどうか。豆の質が悪かったり、焙煎度が適切でないと、渋みが出やすい。
0　5　10点

5 [風味]
鼻でかぐ香りではなく、口に含んだときに広がる香りの質と、その強さ。
0　5　10点

6 [濃度]
濃厚さが感じられるか。質の悪い豆、焙煎《ばいせん》が適切でない豆だと、濃度がスカスカに感じられる。
0　5　10点

3 ツヤを見る

スプーンにすくい、液体の表面をよく見て色ツヤをチェックする。美しいツヤ、透明感があればOK。

4 すすり込んで香味をチェック

抽出液を口の中に霧状に広げ、鼻の奥の細胞にまで届けるイメージで、「ズズッ」と勢いよくすすり込む。

5 飲み込まず、吐き出す

吐き出し用カップに捨てる。次のカップに移るときは、スプーンをいったん水で洗う。

SCAJ式カッピング

カップに粉と湯を入れて8項目で評価する

SCAJ式カッピング法

カップに粉を入れて香りをチェックしたら、湯を注いでさらに香りをかぎ、スプーンを使って味をチェックする。

湯を入れる前の香り「ドライ」をチェック

1 カップに粉を入れ、香りをかぐ

中煎《ちゅうい》り程度に焙煎《ばいせん》し、中粗挽《ちゅうあらび》きに挽《ひ》いた粉を、テスト用カップに10 gずつ入れる。4個すべてのフレグランス（粉の香り）を確認する。

用意するもの

コーヒーの粉（中粗挽き）計40g

テスト用カップ 4個

吐き出し用カップ

デジタル秤

コップ／水

テスト用スプーン

粉の分量を正確に測っておこなうため、デジタル秤が必要。テスト用のカップは、同じものを4個用意する。

20分間以上かけてていねいに香りをチェック

ＳＣＡＪ（日本スペシャルティコーヒー協会）式のカッピングは、スペシャルティコーヒーの質の高さを評価する方法である。

初心者がとまどうのは、コーヒーとして抽出するのではなく、粉に湯を注いで風味を評価することだろう。不特定多数の消費者に向けたものなので、特定の抽出法で淹《い》れると、公正な評価ができないからだ。たとえばドリップ式だと、豆の油、雑味が紙に吸収されて、豆そのものの欠点が見えにくくなる。

ＳＣＡＪ式では、粉の状態の香りから始まり、20分間以上かけて、8項目を細かくチェックする。評価はＳＣＡＪ式のカッピングフォーム（↓Ｐ230）に記入する。

2 180ccの湯を注ぐ

95℃前後の湯を、すべてのカップに180ccずつ注ぐ。この状態をクラストといい、ここで一度顔を近づけ、香りをかぐ。

ペーパドリップと同様、湯を細く注ぐ

3分間たつと、粉が沈んでくる

3 3分間待って香りをかぐ

3分間待ったら、鼻を近づけて香りをかぎながら、表面の泡をスプーンで壊す（ブレーク）。粉の下に閉じ込められていた香りが、一気に立ち上る。3回ほどステア（かくはん）して、香りをよくかぐ。

4 アクや粉のカスをすくい取る

カップの上層に浮いた泡やアク、粉のカスを、スプーンを使って取り除く。スプーン1本ですくっても、2本使っても、どちらでもよい。

5 勢いよくすする

ズズーッ

2～3分間待って粗熱《あらねつ》がとれたら、スプーンで液体をすくってすすり、P228のフォームの項目を、左から順にチェックする。記入したら吐き出し用カップに出し、次のカップに移る。

SCAJ式カッピングフォーム

（日本スペシャルティコーヒー協会）

下記はカッピングの記入例。8項目すべての点数を合計して、欠点・瑕疵があればその点数をひき、最後に基礎得点の36点を加算すると、100点満点中何点かが算出される。ちなみにスペシャルティコーヒーの基準は、85点以上である。

カップのきれいさ

濁り、雑味がなく、透明感があるか

ここでの「カップ」とは、カッピング用のカップや液体ではなく、その味わいのこと。濁りがなく透明感のある味であれば、良質と評価できる。味に濁り、雑味があれば、生育環境や精製処理があまりよくない証拠。

総合評価

フレーバーに奥行き、立体感があるか

総合的な印象を得点化する。風味に奥行きがあり、立体感があるほど評価が高まるが、単純でも心地よい風味が感じられれば、プラスポイントになる。この項目だけは、個人的な好みをはっきり反映してかまわない。

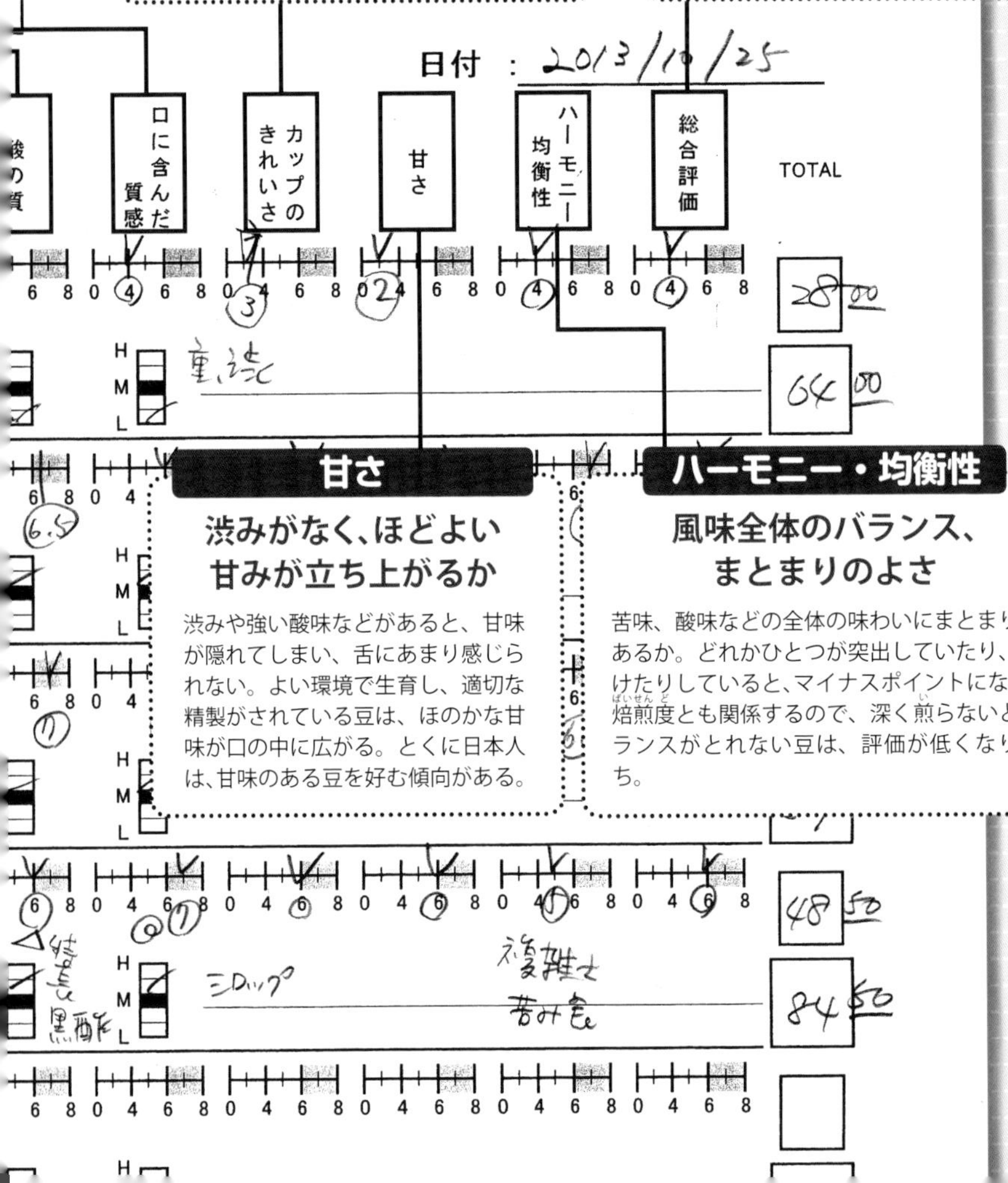

甘さ

渋みがなく、ほどよい甘みが立ち上がるか

渋みや強い酸味などがあると、甘味が隠れてしまい、舌にあまり感じられない。よい環境で生育し、適切な精製がされている豆は、ほのかな甘味が口の中に広がる。とくに日本人は、甘味のある豆を好む傾向がある。

ハーモニー・均衡性

風味全体のバランス、まとまりのよさ

苦味、酸味などの全体の味わいにまとまりがあるか。どれかひとつが突出していたり、欠けたりしていると、マイナスポイントになる。焙煎《ばいせん》度《ど》とも関係するので、深く煎《い》らないとバランスがとれない豆は、評価が低くなりがち。

酸の質

酸の明るさ、さわやかさ、繊細さ

「どれほど酸っぱいか」ではなく、酸味の質を評価する。明るくさわやかで、いきいきとした酸味であれば、プラスポイントになる。舌を刺激するような酸味やキレのない酸味であれば、点数を低くする。

口に含んだ質感

粘り気、濃さ、舌ざわりのなめらかさ

コーヒーを口に入れたとき、粘り気や濃さ、なめらかさなど、さまざまな印象が感じられる。上質な豆ほど、なめらかな質感があるといえる。しばらく口に含んだまま、質感を感じてみるといい。

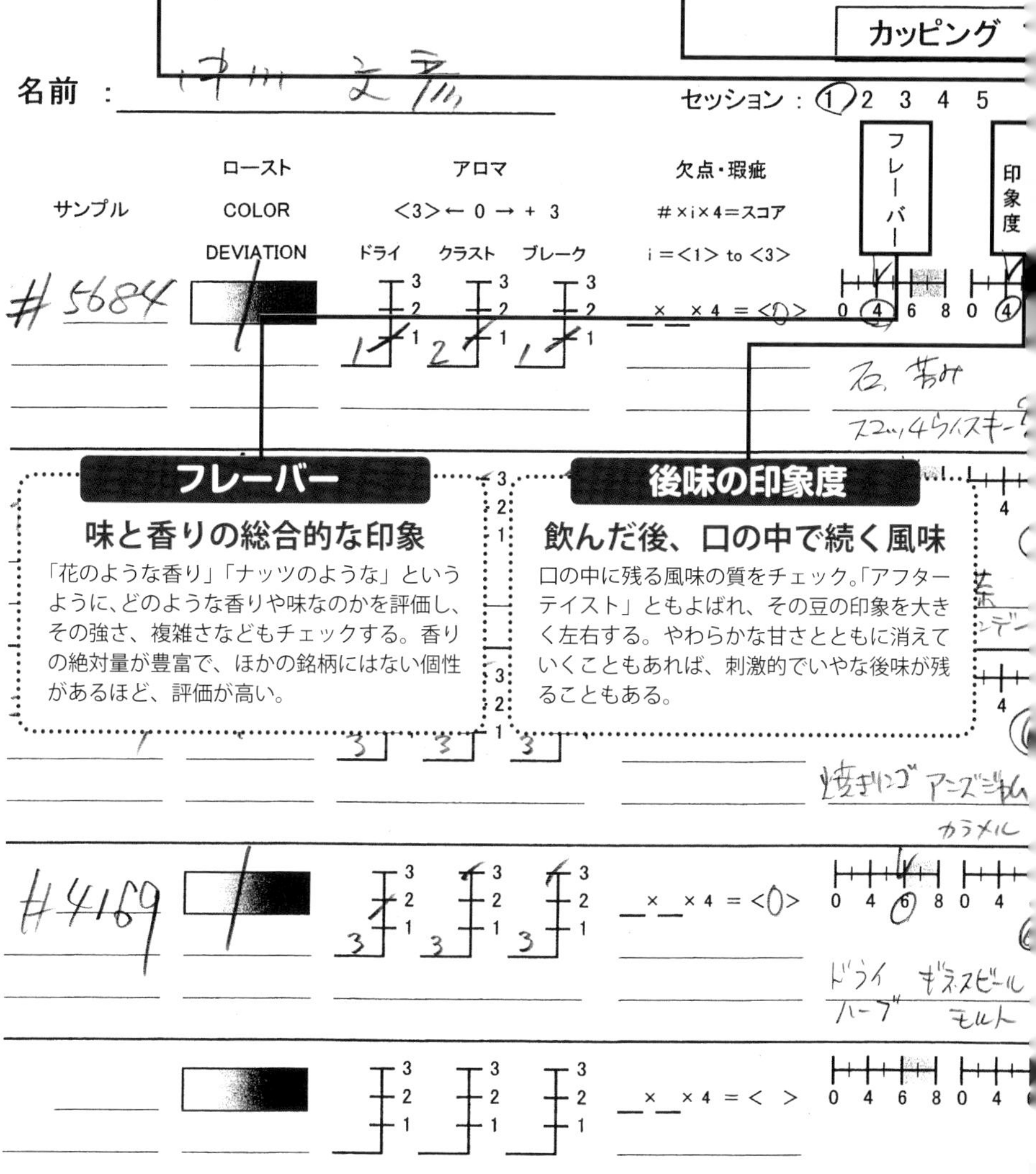

フレーバー

味と香りの総合的な印象

「花のような香り」「ナッツのような」というように、どのような香りや味なのかを評価し、その強さ、複雑さなどもチェックする。香りの絶対量が豊富で、ほかの銘柄にはない個性があるほど、評価が高い。

後味の印象度

飲んだ後、口の中で続く風味

口の中に残る風味の質をチェック。「アフターテイスト」ともよばれ、その豆の印象を大きく左右する。やわらかな甘さとともに消えていくこともあれば、刺激的でいやな後味が残ることもある。

SCAJ式カッピングフォーム

コピーして
繰り返し使える！

（日本スペシャルティコーヒー協会）

ーム

日付：

	酸の質	口に含んだ質感	カップのきれいさ	甘さ	ハーモニー均衡性	総合評価	TOTAL
8	0 4 6 8	0 4 6 8	0 4 6 8	0 4 6 8	0 4 6 8	0 4 6 8	
	H M L	H M L					
8	0 4 6 8	0 4 6 8	0 4 6 8	0 4 6 8	0 4 6 8	0 4 6 8	
	H M L	H M L					
8	0 4 6 8	0 4 6 8	0 4 6 8	0 4 6 8	0 4 6 8	0 4 6 8	
	H M L	H M L					
8	0 4 6 8	0 4 6 8	0 4 6 8	0 4 6 8	0 4 6 8	0 4 6 8	
	H M L	H M L					
8	0 4 6 8	0 4 6 8	0 4 6 8	0 4 6 8	0 4 6 8	0 4 6 8	
	H M L	H M L					
8	0 4 6 8	0 4 6 8	0 4 6 8	0 4 6 8	0 4 6 8	0 4 6 8	
	H M L	H M L					

カッピングの手順、評価の仕方を覚えたら、さまざまな銘柄を飲み比べながら、自分で記入してみよう。アロマの欄は、評価が高い順に 3、2、1 で採点して記録するが、合計得点には加えなくてよい。

カッピ

名前：

セッション：　1　2　3　4

サンプル

ロースト COLOR DEVIATION

アロマ <3>←0→+3
ドライ　クラスト　ブレーク

欠点・瑕疵 #×i×4=スコア i=<1>to<3>

フレーバー

3 2 1　3 2 1　3 2 1　__×__×4 = <　>　0 4 6 8

3 2 1　3 2 1　3 2 1　__×__×4 = <　>　0 4 6 8

3 2 1　3 2 1　3 2 1　__×__×4 = <　>　0 4 6 8

3 2 1　3 2 1　3 2 1　__×__×4 = <　>　0 4 6 8

3 2 1　3 2 1　3 2 1　__×__×4 = <　>　0 4 6 8

3 2 1　3 2 1　3 2 1　__×__×4 = <　>　0 4 6 8

プラス面、マイナス面を10項目でチェックする

SCAA式カッピングの手順

基本の手順はSCAJ式と同じだが、SCAJ式がテスト用カップ4個に対し、こちらは5個使用する。評価対象のコーヒーの量が多いため、ムラがないよう多めにテストする。

用意するもの

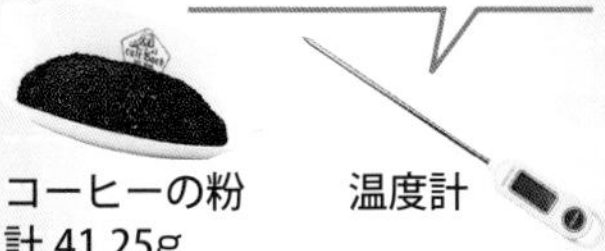

コーヒーの粉
計41.25g

温度計

その他は
P226「SCAJ式」と同じ

1 粉を入れ香りをかぐ

5個のカップに、中《ちゅう》煎《い》り・中粗《ちゅうあら》挽《び》きにした粉をそれぞれ入れて鼻に近づけ、粉の香り（ドライ）をチェックする。

2 180ccずつ湯を注ぐ

90℃程度の湯を、すべてのカップに180ccずつ注ぎ、立ち上がってきた香りをかぐ。

アロマの評価

冷めたときの味、香りまで細かくチェック

SCAA（アメリカスペシャルティコーヒー協会）は、スペシャルティコーヒーのブームを牽引してきた協会で、コーヒーの格付けをおこなっている。

テストの方法自体は前述のSCAJ式とほぼ同じだが、コーヒー液が冷めたときの味や香りまで、細かく評価していく。評価項目は10項目で、総合スコア80点以上をスペシャルティコーヒーとし、さらに高得点のものには、左表のようにレアとオリジンの名称を与えている。

SCAAのスコア分類

90点以上～
スペシャルティコーヒー・レア

85点～90点未満
スペシャルティコーヒー・オリジン

80点～85点未満
スペシャルティコーヒー

フレグランス の評価

3　3～5分間待って香りをかぐ

3～5分間待って、ドーム状にふくらんだ泡をスプーンでブレークしながら、香り（フレグランス）をかぐ。その後、上層部に残った泡をスプーンで取り除く。

スプーンの背で泡をよけながらかぐ

フレーバー

アフターテイスト の評価

4　70℃に下がったら勢いよく吸い込む

スプーンに液体をとり、口中に霧状に広がるよう、ズズーッと勢いよくすすり込む。香りと後味を確認したら、コーヒー液は吐き出す。

5　60℃まで下がる間に、もうひと口すする

さらに冷めた状態で、もうひと口すすり込み、味と香りを評価する。熱いときよりも、酸味の質（アシディティ）、ボディの強さ、全体のバランスがよくわかる。

アシディティ **ボディ**

バランス の評価

6　室温に近づいたらさらにひと口すする

さらに冷めた状態で、雑味がないか（クリーンカップ）、甘さがどの程度残るか（スウィートネス）を評価。5つのカップの間で香味にバラつきがないかどうか（ユニフォーミニティ）も確かめる。

ユニフォーミニティ

クリーンカップ

スウィートネス の評価

甘さや透明感は、冷めてからのほうが確実にわかる

SCAA式
カッピングフォーム

SCAJ式と異なり、アロマを評価点に加えることが特徴。また項目の多くは、6～10で刻まれ、8が真ん中になっている。8点を超えるほど突出した味や香りなのかを、評価の目安にするといい。スペシャルティコーヒーとしては平均的な味だと思ったら、7点台くらいが妥当。

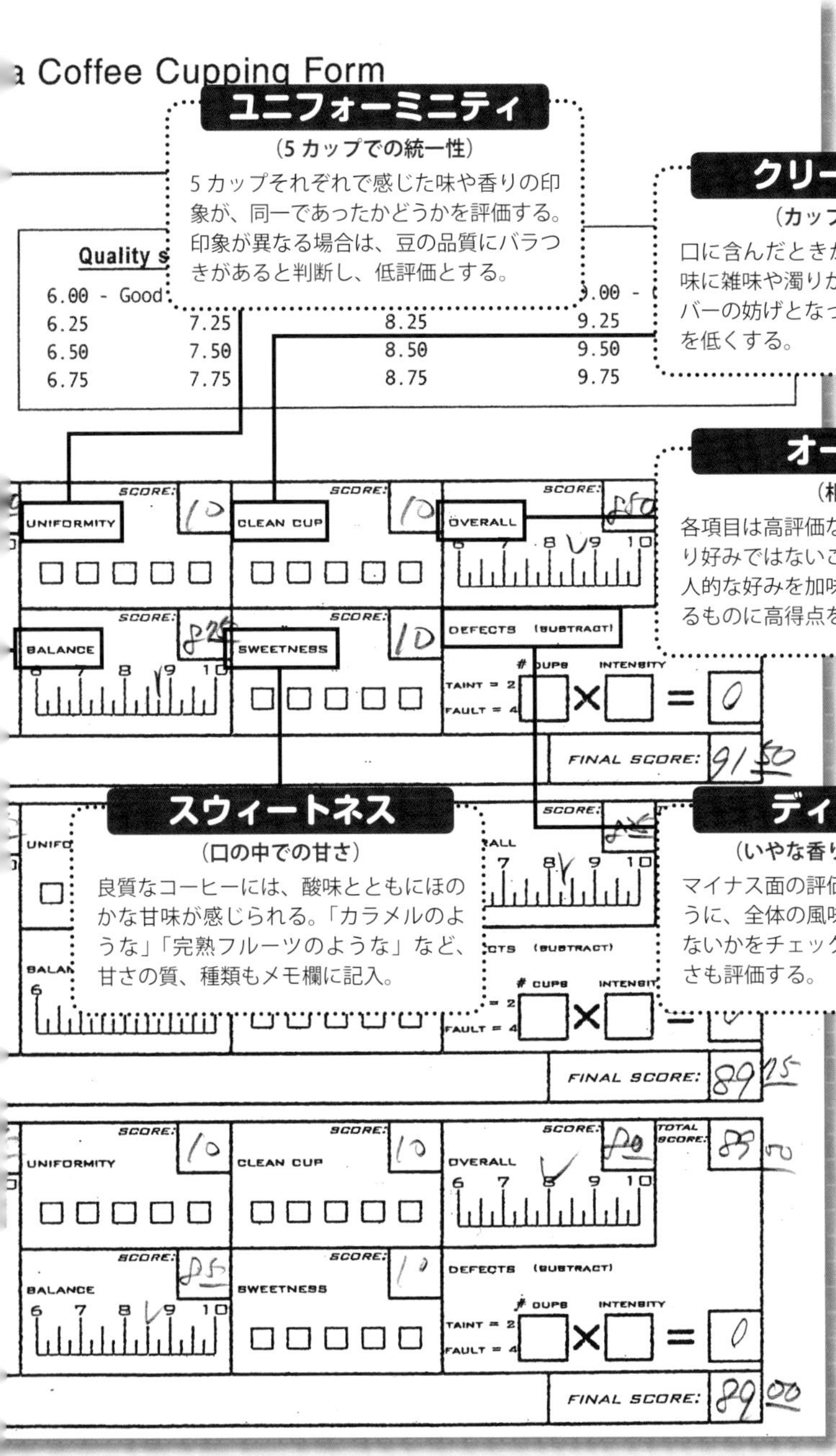

ユニフォーミニティ

（5カップでの統一性）

5カップそれぞれで感じた味や香りの印象が、同一であったかどうかを評価する。印象が異なる場合は、豆の品質にバラつきがあると判断し、低評価とする。

クリーンカップ

（カップのきれいさ）

口に含んだときから後味までの透明感。味に雑味や濁りがあり、心地よいフレーバーの妨げとなっているようなら、評価を低くする。

オーバラル

（相互評価）

各項目は高評価なのに、全体としてあまり好みではないこともある。ここでは個人的な好みを加味して、おいしいと感じるものに高得点をつける。

スウィートネス

（口の中での甘さ）

良質なコーヒーには、酸味とともにほのかな甘味が感じられる。「カラメルのような」「完熟フルーツのような」など、甘さの質、種類もメモ欄に記入。

ディフェクト

（いやな香り、味などの欠点）

マイナス面の評価。発酵臭《はっこうしゅう》や薬品臭のように、全体の風味を損なういやな香味がないかをチェック。ある場合は、その強さも評価する。

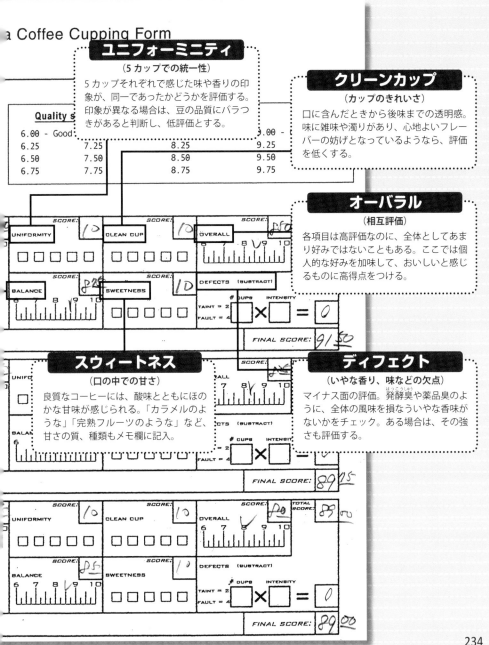

ボディ

（コク、重量感）

口中での感触に、コクや重量感、奥行きのあるものは高評価になる。ただしボディが軽いタイプでも、心地よい風味、質感を感じるものはプラスに評価する。

アシディティ

（酸の質、強さ）

さわやかな明るい酸味なら高評価になり、きつくとがった酸味、ピリッとするような酸っぱい感触があったときは、低い評価になる。

フレーバー

（口に含んだときの味、香り）

スプーンですすったときの香り、口から鼻へと抜けていく香りを、複合的に評価する。いわば香味の中間地点で、第一印象のアロマとは印象が異なることも多い。

フレグランス／アロマ

（粉、抽出時の香り）

粉の状態での香り（ドライ）と、ブレーク時に立ち上がる香りの特徴を評価。食品や花の香りに似ているといった具体的なイメージも、メモ欄に記入する。

バランス

（味のまとまりのよさ）

フレーバーや酸味、後味など、全体の風味が調和しているか否かを評価。何かが著しく欠けていたり、いやな感じで突出しているときは、評価を下げる。

アフターテイスト

（後味の印象度）

口に含んだときに感じられた良質の味と香りが、その後も長く持続するようなら、高得点をつける。短かったりいやな後味なら低評価。

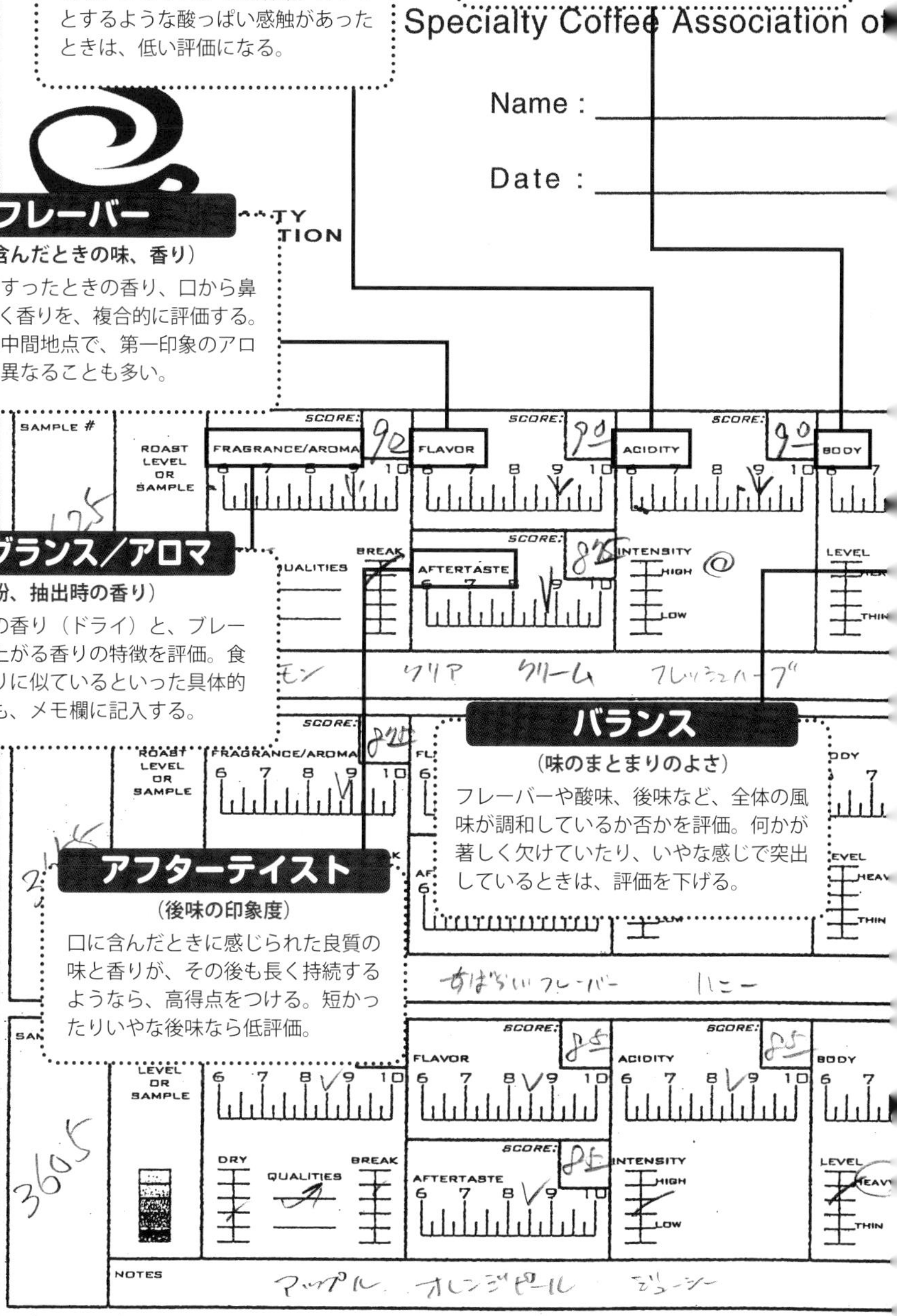

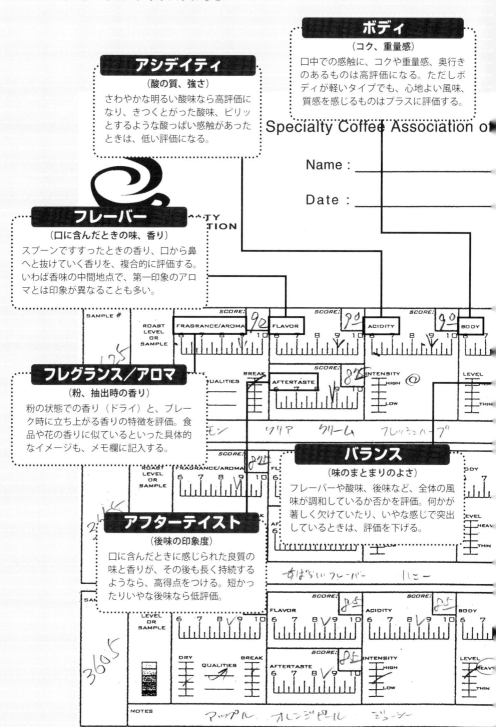

SCAA式カッピングフォーム

コピーして
繰り返し使える！

erica Coffee Cupping Form

Quality scale :

6.00 - Good	7.00 - Very Good	8.00 - Excellent	9.00 - Outstanding
6.25	7.25	8.25	9.25
6.50	7.50	8.50	9.50
6.75	7.75	8.75	9.75

9 10

Score: **Uniformity**

Score: **Crean Cup**

Score: **Overall** 6 7 8 9 10

Total Score

Score: **Balance** 6 7 8 9 10

Score: **Sweetness**

Defects (subtract)

Taint=2 # Cups Intencity

Fault=4 ☐ × ☐ = ☐

Final Score

9 10

Score: **Uniformity**

Score: **Crean Cup**

Score: **Overall** 6 7 8 9 10

Total Score

Score: **Balance** 6 7 8 9 10

Score: **Sweetness**

Defects (subtract)

Taint=2 # Cups Intencity

Fault=4 ☐ × ☐ = ☐

Final Score

9 10

Score: **Uniformity**

Score: **Crean Cup**

Score: **Overall** 6 7 8 9 10

Total Score

Score: **Balance** 6 7 8 9 10

Score: **Sweetness**

Defects (subtract)

Taint=2 # Cups Intencity

Fault=4 ☐ × ☐ = ☐

Final Score

各項目すべてに点数をつけて合計したら、右下のディフェクト分をマイナスする。その数値が最終的な点数になる。慣れるまでは、フレーバーがはっきりした豆を選んで練習すると、感覚をつかみやすい。

Specialty Coffee Associati

SPECIALTY
COFFEE ASSOCIATION
OF AMERIKA

Name : ____________

Date : ____________

Sample #	Roast Level or Sample	Score: Fragrance/Aroma	Score: Flavor	Score: Acidiby
		6 7 8 9 10	6 7 8 9 10	6 7 8 9 10
		Dry Qualities Break	Score: Aftertaste 6 7 8 9 10	Intensity High Low
	Notes:			

Sample #	Roast Level or Sample	Score: Fragrance/Aroma	Score: Flavor	Score: Acidiby
		6 7 8 9 10	6 7 8 9 10	6 7 8 9 10
		Dry Qualities Break	Score: Aftertaste 6 7 8 9 10	Intensity High Low
	Notes:			

Sample #	Roast Level or Sample	Score: Fragrance/Aroma	Score: Flavor	Score: Acidiby
		6 7 8 9 10	6 7 8 9 10	6 7 8 9 10
		Dry Qualities Break	Score: Aftertaste 6 7 8 9 10	Intensity High Low
	Notes:			

フレーバーホイールで味覚の表現を身につける

（SCAA フレーバーホイールから改変作成）

Aromas
（香り）

Enzymatic 酵素反応による	**Flowery** 花系	**Floral** フローラルな、花のような	Coffee Blossom コーヒーの花
			Tea Rose ティーローズ（紅茶の香りの花）
		Fragrant 芳香がある、香り高い	Cardamon Caraway カルダモン・キャラウェイ
			Coriander Seeds コリアンダーシード
	Fruity 果物系	**Citrus** かんきつ系	Lemon レモン
			Apple リンゴ
		Berry-like ベリーのような	Apricot アプリコット
			Blackberry ブラックベリー
	Herby ※1 草系	**Alliaceous** ねぎのような	Onion タマネギ
			Garlic ガーリック
		Leguminous 豆のような	Cucumber キュウリ
			Garden Peas えんどう豆
Sugar Browning 糖の褐変《かっぺん》反応で生成	**Nutty** ナッツ系	**Nut-like** ナッツのような	Roasted Peanuts ローストピーナッツ
			Walnuts クルミ
		Malt-like ※2 麦芽のような、煎った穀物のような	Basmati Rice 香り米（バスマティ米）
			Toast トースト
	Caramelly カラメル系	**Candy-like** キャンディのような	Roasted Hazelnut ローストヘーゼルナッツ
			Roasted Almond ローストアーモンド
		Syrup-like シロップのような	Honey はちみつ
			Maple Syrup メープルシロップ
	Chocolaty チョコレート系	**Chocolate-like** チョコレートのような	Bakers ベイカーズチョコレート ※5
			Dark Chocolate ダークチョコレート
		Vanilla-like バニラのような	Swiss スイスチョコレート（ミルクチョコレート）
			Butter バター
Dry Distillation 乾留の過程で生成	**Resinous** 樹脂系	**Turpeny** ※3 松脂のような、テレピン油のような	Piney 松のような
			Black Currant-like カシスのような
		Medicinal 薬品っぽい、薬品臭	Camphoric 樟脳のような ※6
			Cineolic シネオールのような ※7
	Spicy スパイス系	**Warming** ※4 あたたかい	Cedar ヒマラヤ杉
			Pepper こしょう
		Pungent ピリッとする	Clove クローヴ（丁子）
			Thyme タイム
	Carbony 炭系	**Smorky** 煙っぽい、煙臭	Tarry タールのような
			Pipe Tobacco パイプタバコ
		Ashy 灰のような	Burnt 焦げ臭
			Charred 黒く焦げた

香味を表すときに役立つ「フレーバーホイール」を表にしたもの。左から右にいくにしたがって、表現が細かくなる。

慣れるまでは同一の表現ばかりを使ってしまいがちなので、この表を参考に、味覚の表現を増やしていこう。

Tastes（味）

Sour 酸味	**Soury** すっぱさ（酸味が強い）	**Acrid** いがらっぽいすっぱさ
		Hard きついすっぱさ
	Winey ワインのような酸味	**Tart** 鋭い酸味、すっぱさ
		Tangy 強い酸味
Sweet 甘味	**Acidy** 良質な酸味	**Piquant** さわやかな酸味（冷えたら甘くなる）
		Nippy ピリッとする酸味（冷えたら甘くなる）
	Mellow まろやかな甘さ	**Mild** 優しい甘さ
		Delicate ほのかな甘さ
Salt 塩味	**Bland** さっぱりした味	**Soft** やわらかい味
		Neutral ニュートラルな味
	Sharp とげのある味	**Rough** 雑味の多い
		Astringent 渋味
Bitter 苦味	**Harsh** 渋い苦味	**Alkaline** アルカリのような（アクのある苦味）
		Caustic 強アルカリの（えぐい苦味）
	Pungent ピリッとする苦味	**Phenolic** フェノールのような（スモーキーな苦味）
		Creosol クレオゾール（ピリッとした苦味）※8

※1 **Herby**（草系）
草（木化しない植物全般）の葉や茎など

※2 **Malt-like**（麦芽のような）
麦を発芽させた後、乾燥焙煎《ばいせん》したもの

※3 **Turpeny**（松脂のような）
松脂を蒸留してつくられる。
画材として油絵の具を薄めるのに使う

※4 **Warming**（あたたかい）
料理に使うスパイスを焼いたようなにおい

※5 **Bakers**（ベイカーズチョコレート）
アメリカで有名な製菓用ダークチョコレートのブランド

※6 **Camphoric**（樟脳のような）
昔から衣類の防虫剤として利用されてきた。
現在も、きもの（和服）用防虫剤として売られているものがある

※7 **Cineolic**（シネオールのような）
ユーカリ油の香り。いわゆる「メンタム」のにおい

※8 **Creosol**（クレオゾール）
フェノールに似た薬品のにおい

Aromas（香り）

まずおおざっぱに「フルーティだな」と感じたら、その右欄に移り、どのような果物に似ているかを選択していく。香りのタイプとしては、花や果物のような明るさ、甘さがある香り、ナッツやカラメル系の香ばしい香り、スパイス系のエキゾチックな香りに大別される。

Tastes（味）

酸味、甘味、塩味、苦味の４種の味覚を表現。たとえば酸味の場合、「酸っぱい」のか、「ワインのような心地よい酸味」なのかを考え、さらに右欄に移って、自分の感覚に合った表現を見つける。

自宅でできるトレーニング

ゲーム感覚のトレーニングでスキルを高める

準備

2つのカップに同じ粉を10gずつ入れ、残り1つのグラスに異なる粉を10g入れる。仲間外れの銘柄を入れたカップには、底にシールを貼って目印とする。

用意するもの

テスト用カップ3個

テスト用スプーン

コーヒーの粉（銘柄A）20g

吐き出し用カップ

コップ／水（スプーンを洗うため）

コーヒーの粉（銘柄B）10g

標高や精製法が違う豆を使うと、トレーニング効果が高い

同じカップを3個と、2種類のコーヒー粉を用意する。そのほかの道具は、SCAJ式、SCAA式のカッピングと同じ。

食べ物をイメージしてコーヒーを飲む習慣をつける

コーヒーの複雑な風味を客観的にとらえるのは、むずかしいものだ。カッピングを重ねることも重要だが、ここに紹介する「トライアンギュレーション」という方法で、トレーニングするといい。2人ペアになって、銘柄を当て合うゲームである。

また、コーヒーの風味を評価するときは、果物や野菜などの食べ物にたとえることが多い。

そこで良質のコーヒーを飲むときは、香りや味がどのような食べ物にたとえられるか、イメージしながら飲む習慣をつけるとよい。

豆の生産地、精製法を想像しながら飲む

タイプの異なる豆を使って、風味の違いを肌で感じていくのも、よい訓練になる。

たとえばナチュラル（自然乾燥式）で精製された豆とパルプド・ナチュラルで精製された豆の風味を比べてみたり、高地産と低地産、ティピカ種とブルボン種などを比較して、具体的な風味の違いを確認してみる。

仲間外れを当てるトレーニング
〈トライアンギュレーション〉

3個のカップのうち、2つに同じ銘柄を入れ、どれが仲間外れかを当てるもの。感覚で推測するのではなく、「2個はかんきつ系だが、1個はナッツ系」というように、判別の理由を具体的に考えることが大切だ。

1 湯を注ぎ、香りをかいでもらう

すべてのグラスに、90℃前後の湯を180ccずつ注ぐ。

2 仲間外れのカップをあてる

3つのカップを回答者の前に並べ、SCAJ式と同様にカッピングしてもらう。どのカップが仲間外れのコーヒーかを答えてもらい、カップの底を見て正解を確かめる。

特に精製法の違いは味に大きく影響するため、各精製法の違いを、舌で感じ取れるようにしておきたい。

競技会でプロの技を見る、参加する

各競技会の優勝者には、ワールド・チャンピオンシップへの参加資格が与えられ、世界レベルで腕を競う。

世界のバリスタの華麗なテクニックに学ぶ

コーヒーのプロであるバリスタが、これまで磨き上げてきた技能と知識を競い合う、競技会がおこなわれている。

プロの技術を学びたい人は、ぜひ見学に行ってみよう。すでにコーヒーの仕事に従事している人は、実際に参加して、力を試してみるのもいい。

日本最大の競技会が、日本スペシャルティコーヒー協会（SCAJ）主催の、「ジャパン バリスタ チャンピオンシップ」である。予選を勝ち抜いてきた日本中のバリスタたちが、世界大会への出場権をかけて、白熱した闘いを繰り広げる。そのほかにも、「ジャパン カップテイスターズ チャンピオンシップ」「ジャパン ラテアート チャンピオンシップ」など、多くの競技会が毎年開催されている。

エスプレッソベースのコーヒー技術を競う

ジャパン バリスタ チャンピオンシップ

2013年の優勝者、丸山珈琲の井崎英典氏。パフォーマンスの様子は、後ろの大画面で中継される。

基本の淹れ方から創作性までを競う

ジャパン バリスタ チャンピオンシップでは、基本となる「エスプレッソ」に加え、左下の「シングルカプチーノ」「シグネチャービバレッジ」を加えた3種類のコーヒーを淹《い》れる。各4杯ずつを、15分の制限時間内に淹れるのがルールだ。

味はもちろん、淹れる過程の正確性や適切性、一貫性などが評価される。

シグネチャービバレッジとは、エスプレッソをベースにした創作ドリンクで、バリスタの創造性が評価される。さらには、審査員を客に見立ててのプレゼンテーション能力も評価のひとつになり、非常に幅広い能力が問われる。優勝者は、世界大会への切符を手にできる。

シグネチャービバレッジ

エスプレッソをベースに、アルコール以外の材料を使用してつくられた、さまざまなオリジナルドリンクが登場する。

シングルカプチーノ

ラテアートを描いても描かなくてもいい。4杯同じデザインの人もいれば、それぞれ異なるデザインの人もいる。

見学

誰でも自由にできる

参加資格

日本国籍を持ち、協会の登録店舗で60日以上の実務経験がある人

 写真提供／丸山珈琲、日本スペシャルティコーヒー協会

産地の違う銘柄を、最短のタイムで当てる

ジャパン カップテイスターズ チャンピオンシップ

競技者ごとに8問出題され、カッピングをおこなって異なる銘柄のカップをあてていく。正解数が同じなら、短時間で解答できた人が勝つ。

3種×8セットのコーヒーをカッピング
正解はカップの裏に!!
1種類だけ産地の異なるものがある

カップの底にマークがついていれば正解。写真は2013年優勝者、豆蔵の佐々木里紗氏。

見学

誰でも自由にできる

参加資格

日本国籍を持ち、SCAJテクニカルスタンダード委員会主催の正式な中級カッピングセミナーを受講した人

トライアンギュレーションの競技会バージョン

カップテイスターとは、コーヒー豆の売買時に、豆の品質を鑑定する人のことである。その知識と技能を競うこの競技会は、240ページで紹介したトライアンギュレーションの競技会版ともいえる。

3個のカップのうち1個だけ異なる産地の豆で淹《い》れたコーヒーが入っており、カッピングによって、異なる銘柄を当てる。

8問出題され、競技者はそれぞれ8分以内に解答し、正解数が最も多い人が優勝となる。

正解数が同じ場合は、全問を解答するのにかかった時間が短かったほうが勝ち。

1カップ5秒ほどで判断するなど、カッピングスキルだけでなく、スピーディさ、判断力も求められる。

写真提供／佐々木里紗、日本スペシャルティコーヒー協会

カップをキャンバスに、デザインの美しさを競う

ジャパン ラテアート チャンピオンシップ

カフェラテやカプチーノなどの表面をキャンバスにして、絵柄を描く。各競技者は、3種類それぞれを2杯ずつつくる。
写真は2013年優勝者、小川珈琲の吉川寿子氏。

見学
誰でも自由にできる

参加資格
日本国籍を持ち、SCAJの登録店舗で60日以上の実務経験がある人

芸術性、独創性の高い一杯をめざす

ラテアートは、カップをキャンバスにスチームミルクを注ぎ、模様を描き出すもの。エスプレッソを使ったアレンジドリンクがベースとなる。

競技では、カフェラテ、カプチーノまたはマキアート、デザイナー・ラテの3種を2杯ずつ抽出し、模様を描く。デザイナー・ラテは、カップや材料、道具を自由に使って、ラテアートを描き出すものだ。

審査員は、ラテアートの芸術性や独創性、再現性、複雑さなどを評価する。模様の美しさだけでなく、提出写真との再現性があるかどうかなど、細かなところまで評価される。提供時のサービスの質も、評価対象となる。

アートバーといって、制限時間10分以内に創作したラテアートを、写真判定で評価する。

アートバー

カップも材料も自由に選んで、オリジナリティあふれるラテアートを創作。芸術性や独創性が、より深く求められる。

デザイナー・ラテ

写真提供／小川珈琲株式会社、日本スペシャルティコーヒー協会

流れるような所作、プレゼンテーションスキルは必見

ジャパン サイフォニスト チャンピオンシップ

サイフォンを使って、2種類のコーヒーを提供。華麗なパフォーマンスが評価の決め手で、プロとして、いかに素敵なコーヒーの時間を提供できるかが問われる。

動きの美しさも含めた「プロの接客」が見もの

2003年から、ジャパン バリスタ チャンピオンシップのサイフォン部門としてスタートしたのが、ジャパン サイフォニスト チャンピオンシップである。ブレンドコーヒー1種と、コーヒーを使った自由なドリンクであるシグネチャービバレッジの2種類を、制限時間内に淹《い》れる。

この部門の評価は、サイフォンで淹れたコーヒーの味はもちろんのこと、サイフォンを扱うときのパフォーマンスも大きな見どころ。手際のよさや流れるような所作はもちろん、客を喜ばせるような独自のプレゼンテーションが高い評価を得る。

2013年の優勝者、丸山珈琲の中山吉伸氏。

見学
誰でも自由にできる

参加資格
18歳以上なら、プロアマを問わずに参加できる

Column

昔ながらのサイフォンが世界で再注目されている

最近あまり見かけなくなっていたサイフォンが、「サード・ウェーブ」（→ P261）の影響で再び注目を集めている。とくに北欧やアメリカでは、人気が高まっている。

写真提供／丸山珈琲、日本スペシャルティコーヒー協会

豆の個性を見抜く力、細やかな焙煎技術がものをいう

ジャパン コーヒーロースティング チャンピオンシップ

見学

誰でも自由にできる

参加資格

日本国籍を持ち、3kg釜以上を使用しての焙煎経験が１年以上ある人

競技会の流れ

あらかじめ課題の３種の生豆《なままめ》が渡され、特性を正確に見極めたうえで焙煎《ばいせん》計画をたてる。

３種の生豆を評価し、サンプル焙煎
↓
１種類を選び焙煎計画を提出
↓
焙煎の再現性と味のよさを評価
↓
最後はカッピングでジャッジされる

競技会当日、計画書にしたがって焙煎し、コーヒーを淹れる。カッピングによって、計画通りの風味特性が出ているかどうか審査される。

豆の特性を見極め緻密な焙煎計画をたてる

ジャパン ローステイング チャンピオンシップは、焙煎《ばいせん》技術を競う競技会である。

この部門のユニークなところは、競技会は3日間おこなわれ、競技会初日に生豆《なままめ》を渡されて、その豆の特性を見極めることから始まる点である。以前の競技会では、焙煎後に抽出されたカップの風味特性のみで評価する点が特徴だったが、この競技会ではねらい通りの味を出す技術を評価すべく、ルールが制定されている。

競技者は、どのような風味特性に仕上げるかの焙煎計画を立て、焙煎ログ（計画表）を提出する。この段階で、出したい風味特性を明確にイメージすることが重要だ。そして競技会当日、計画どおりに焙煎し、申告に最も近い風味特性を出した競技者が勝利を収める。

優勝者は、日本代表として世界大会に出場できる。日本人の焙煎技術は世界的にも高く評価されていて、世界大会での優勝者も輩出している。

　写真提供／日本スペシャルティコーヒー協会

コーヒーを極め、プロの道をめざす

コーヒーのプロとして必要なスキルとは

　スペシャルティコーヒーの台頭とともに、私たちが口にするコーヒーの種類は飛躍的に増え、質も向上した。スペシャルティコーヒーを専門に取り扱う豆売り店、喫茶店も増えている。

　しかしすぐれた香味特性を持つ豆を扱っていても、飲む側にその価値が伝わらなければ意味がない。カッピングのページでも紹介しているとおり、コーヒーの香味は非常に複雑で、初心者には理解しにくい面がある。質の高いコーヒーを楽しんでもらうには、コーヒーを提供する側にも、幅広い知識と、それを伝える力が求められている。

　コーヒーの世界に開眼し、プロをめざしたいという人は、まず職業ごとに必要なスキルを理解しておこう。

写真提供／豆の樹

コーヒーマイスター

高い専門知識をもとに「ベストの一杯」を提供

マイスターに必要な知識

生産国について熟知していないと、昨今のすぐれた豆の特性、ストーリーは語れない。幅広い知識をいかし、「飲んでみたい！」と思ってもらえるような提案をする。

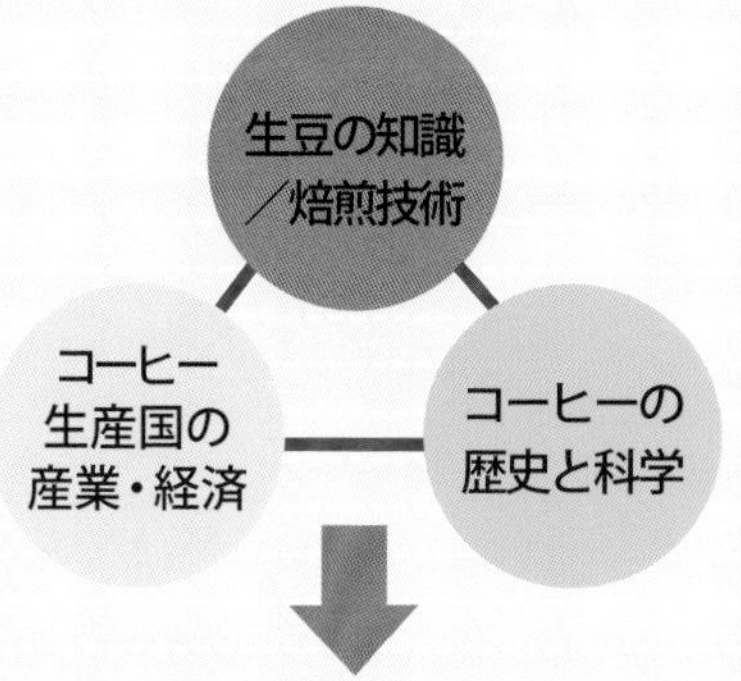

日々の接客にいかす

例

「おすすめはグアテマラで、
ビターチョコのような風味です」

「いちばん飲みやすいのはキューバの
浅《あさ》煎《い》りで、ほうじ茶のような味わいです」

コーヒーマイスターのお仕事 Data

資格	日本スペシャルティコーヒー協会「コーヒーマイスター」を受講、受験
働く場所	カフェ、自《じ》家《か》焙煎《ばいせん》店《てん》
必要な能力	バリスタの能力（→ P250）＋高い知識欲

さりげないアドバイスで顧客満足度が高まる

コーヒーマイスターとは、カフェや豆売り店で働く人の中でも、とくに高い知識と技術を有するサービスマンのこと。コーヒーノキをかたどった、金のバッジが目印だ。たんにコーヒーに詳しいだけでなく、利用客に対し、豊かなコーヒーライフを提案するためのコミュニケーション能力も求められる。

ＳＣＡＪ（日本スペシャルティコーヒー協会）の養成講座を受講し、試験に合格すると、コーヒーマイスターの称号が与えられる。さらに高い知識、技術を習得すると「アドバンスド・コーヒーマイスター」となる。これからプロの道をめざす人はもちろん、カフェや豆売り店で働く人が力を高めるためにも、非常に役立つ資格といえる。

バリスタ

好みや体調に合わせてコーヒーを淹れる

利用客の好みに合わせて、「私のための一杯」をつくってくれる。カプチーノやカフェマキアートには、ラテアートを施すことも多い。

プロのサービスマンだけがトップバリスタになれる

バリスタのもともとの意味は、イタリアのバールで働くサービスマンで、「バールマン」ともいう。イタリア由来の言葉のため、「エスプレッソを出す人」と考えられがちだが、コーヒーの種類がエスプレッソかどうかは重要ではない。おいしいコーヒーとともに、質の高いサービスを提供できる人と考えたほうがよい。

よいコーヒーを提供するには、さまざまな豆の味わいに習熟していることが大切。そのため、高いカッピングスキルも求められる。

カクテルをつくるのも
バリスタの仕事！

バリスタのお仕事 Data

資格	なし
働く場所	カフェ、バール
必要な能力	1 コーヒーの抽出技術 2 プロのサービスマンとしての、コミュニケーション力 3 カッピングスキル

一流のバリスタの仕事を目で覚える

利用客が何を求めていて、どのように接すれば居心地よく感じてもらえるかは、書物の知識だけではわからない。一流のバリスタをめざすなら、「こうなりたい」という先輩バリスタを見つけ、その仕事を目のあたりにしながら働くことが最短の道といえる。レストランのサービスマンも、よいお手本になる。

資格取得によってスキルアップを図りたい人には、日本バリスタ協会のセミナー、資格取得制度も役に立つ。

撮影協力／西谷恭兵

カフェオーナー

「趣味の店」ではなく 客観的なおいしさを追求

接客のしかたにバラつきが出ないよう、理想の接客を明確にしておく。また、高い焙煎《ばいせん》・抽出技術をもとに、それを広く楽しんでもらえるようなメニューを組み立てることも重要だ。

味とサービスの質に明確な基準をつくる

カフェ開業を志す人は多いが、開業して10年、20年と長く愛される店は、非常に少ない。その理由は、「誰にとっても居心地のよい店」ではないからだ。好きなことを仕事にし、独立する以上は、自分のカラーを強く出したくなるものだ。しかしそれでは、一部の常連客だけが集う店になり、仕事としては続かない。

扱うコーヒーの種類と味、抽出法、店のインテリア、接客の仕方。あらゆる面で客観的な目線を持つことが、オーナーに求められる資質だ。

焙煎《ばいせん》・抽出の技術を身につけてから開業するのはもちろんのこと、上質なコーヒーと、人柄、サービスの質の高さで、人をひきつけられる店をめざそう。

カフェオーナーのお仕事 Data

資格	なし
働く場所	カフェ
必要な能力	1 豆選び、焙煎、抽出の技術 2 細やかなコミュニケーション力、指導力

焙煎士

プロとして生産国に足を運ぶこともある

焙煎士のお仕事 Data

資格	なし
働く場所	豆の小売店、カフェ、企業
必要な能力	1 高い焙煎《ばいせん》技術 2 豆に関する豊富な知識 3 生産国に関する知識

自家焙煎の店を開く

焙煎機《ばいせんき》を設置し、豆売りのみをおこなう店もあれば、喫茶スペースを併設している店もある。

カフェで働く

自家焙煎《じかばいせん》のコーヒーを提供するカフェで、焙煎士《ばいせんし》として働く。

200回以上は焙煎のトレーニングを積む

焙煎《ばいせん》を専門とする場合、働き方はいろいろある。最も身近なのは、自家焙煎《じかばいせん》の豆売りの店、喫茶店だが、カフェを展開している企業や飲料メーカーの工場で働く人もいる。

すぐれた焙煎士《ばいせんし》になるには、焙煎に次ぐ焙煎で研鑽《けんさん》を積むほかない。ひとつの豆について、浅煎《あさい》りから深煎《ふかい》りまで、さまざまな焙煎度《ばいせんど》で焙煎し、ベストの焙煎度を見極める力を養う。最低でも200～250回の焙煎トレーニングが必要とされる。

現在のように、各国の栽培・精製技術が進化し、すぐれた香味の豆が増えている時代にあっては、生産地に足を運び、生産環境を知っておくことも重要だ。

大きな企業の社員として、焙煎士の仕事に就く。工場で数百kg単位の豆を扱う点が、上記の店舗とは大きく異なる。

企業で働く

写真提供／（右上）豆の樹、（左下）株式会社ドトールコーヒー

コーヒー鑑定士

豆の味、香りを鑑定。取引や開発に携わる

膨大な数の豆をカッピングする、ドトールコーヒーの長野隆成氏。日本に 10 名以下しかいない J.C.Q.A. 認定コーヒー鑑定士の 1 人。

コーヒー鑑定士のお仕事 Data

資格	● J.C.Q.A. 認定コーヒー鑑定士 ● SCAA/CQI 認定 Q グレーダー （● クラシフィカドール〈ブラジル〉）
働く場所	企業（商社、メーカー、チェーン系カフェ）、生産国の農園・企業
必要な能力	1 生豆《なままめ》～焙煎までの高度な知識 2 鋭い嗅覚、味覚 3 行動力　4 語学力

現地で買い付けに携わったり……

世界の農園を訪ね、豆の質をその目で直接評価する。生産環境を間近で見たり、生産者との関係を築くという意味合いも大きい。

自国に届いた豆の品質を評価する

袋詰めされた豆についても、品質にバラつきがないかなどを評価。

豆の知識だけでなく嗅覚、味覚がものをいう

コーヒー鑑定士とは、すぐれた味覚、嗅覚で、豆の風味、品質を格付けする専門職である。

生産国の鑑定士は、ブラジルではクラシフィカドールとよばれ、自国の格付け基準をもとに、豆の等級をジャッジする。

世界で活躍する鑑定士として代表的なのは、Qグレーダーだ。CQIという世界的な品質評価機関が認定した鑑定士で、SCAA式カッピング法で豆の評価をおこなう。豆の取引価格を左右するため、客観的なジャッジができることが求められる。

ただし、公的機関の資格認定がなくとも、企業において鑑定士として活躍することはできる。

いずれの場合も、世界中で買い付けをおこなうため、語学力、行動力、折衝力など、幅広い能力が必要となる。

写真提供／株式会社ドトールコーヒー

世界のコーヒー文化を学ぶ

コーヒーは世界各国で親しまれているが、飲み方もカフェの有りようもさまざま。各国のコーヒー文化を知っていると、カフェやレストランで出てくるコーヒーの違い、提供スタイルの違いなども理解しやすい。

国別の飲み方、世界のトレンドを知る

スペシャルティコーヒーの概念が提唱されて、はや35年以上。世界各地のコーヒー文化にも大きな変化が巻き起こり、互いに影響し合っている。

変化の始まりは北欧だった。コーヒー先進国である北欧でスペシャルティコーヒー人気が高まり、アメリカのサード・ウェーブ（→P261）の火付け役となった。上質のスペシャルティコーヒーを、一杯ずつていねいに淹《い》れて味わおうという潮流だ。

対する日本では、以前から、よい豆を手で淹れる習慣が根付いていた。90年代後半以降はシアトル系カフェに押されぎみだったが、今はサード・ウェーブの逆輸入で、ハンドドリップが見直されている。スペシャルティコーヒーの普及度も高い。

写真提供／（北欧）須永紀子（MANLY COFFEE）（フランス）今野望実

フランス
世界一のカフェ大国。エスプレッソタイプが中心

パリ市内には100年以上の歴史を誇るカフェがいくつもあり、今も世界中の観光客が足を運ぶ。

カフェ文化の発祥地。豆の質もよくなってきた

フランスといえば、世界一のカフェ文化を誇る国。17世紀にコーヒーが伝わり、パリにはじめてのカフェが誕生して以来、文化人が交流するサロンとしての役割を担ってきた。食事メニューも豊富で、ライフスタイルの一部として定着している。

フランスのコーヒーは、エスプレッソか、エスプレッソにたっぷりのミルクを注ぐカフェ・オ・レが定番だ。ただ、ロブスタ種をブレンドして使っていることが多く、渋みのあるコーヒーも少なくなかった。

しかし最近では、豆の質にこだわり、アラビカ種100％の豆で提供する店も増えている。スペシャルティコーヒー人気に後押しされ、味が非常によくなってきているといえる。

エスプレッソが中心で、ショコラなどが添えられる

自宅でも、食後のコーヒーは欠かさない。カプセルタイプで手軽に淹《い》れられるエスプレッソマシンを使う人が多い。

エスプレッソに浸して食べる人も多い

フランス人は、男女問わずショコラが大好き。エスプレッソに浸《ひた》して食べる習慣も、フランスならではだ。

コーヒーと楽しむ定番スウィーツ

マカロン

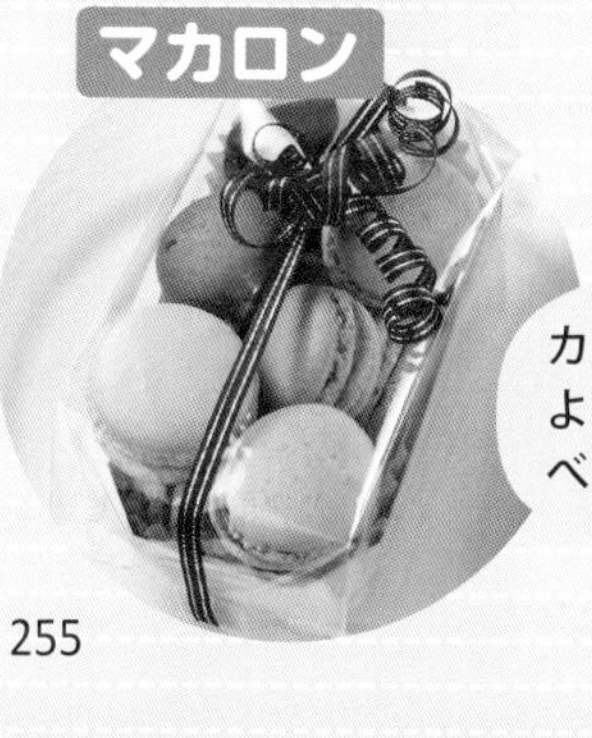

スウィーツ文化も世界一。華やかなケーキも人気だが、自宅では、マカロンやショコラとともに楽しむ人が多いようだ。

カフェで食べるより、自宅で食べることが多い

写真提供（上）／土屋浩史（カフェ プントコム）　撮影協力（左下）／ノリエット

イタリア

エスプレッソの本場。「バールで立ち飲み」が粋

バンコ（立ち飲み）だと、テーブルで飲むより値段が安い

コーヒーと楽しむ定番スウィーツ

ビスコッティ

イタリアでは定番の堅いビスケットで、エスプレッソに浸して食べてもおいしい。

カフェ・アッフォガート

熱々のエスプレッソをジェラートにかける

ジェラートに熱々のエスプレッソをかけた「カフェ・アッフォガート」も人気。

朝はカプチーノ、食後はエスプレッソを飲む

イタリアのカフェ文化も、フランス同様に歴史が古い。もっとも一般的なのは、立ち飲み可能な「バール」で、イタリア全土で10～15万店はあるという。立ち飲みのカウンターは「バンコ」とよばれ、コーヒーを安く飲めるため、テーブル席よりも人気がある。日本の喫茶店との違いは、雑誌、菓子、タバコなどが置かれ、地元の商店としての機能を持つ点だろう。

イタリアのコーヒーはほぼ100％エスプレッソで、フォームドミルクを使ったアレンジドリンクも定番だ。

朝はカプチーノかカフェマキアートを飲み、食後は濃いエスプレッソで口の中をさっぱりさせるというように、状況に合わせて飲み分ける。

写真提供（右）／土屋浩史（カフェ プントコム）

ドイツ

消費量は世界3位。濃いめのハンドドリップが定番

日本人と同様にコクのあるドリップを好む

ドイツでは、とにかくコーヒーをよく飲む。1人あたりの消費量は年間約7kgといわれ、特に自宅での消費量が多い。朝・昼・夜を問わず、コーヒーを楽しむ習慣がある。

そもそもドリッパーの発祥地はドイツで、ドイツに住む主婦・メリタ夫人によって、1908年に開発された。「よりおいしく、手軽に」という思いから、布や金網に代わる抽出道具として考案されたという。

現在ではエスプレッソも普及していて、家庭ではエスプレッソマシンを使っている人も多い。

豆の水準は総じて高く、焙煎《ばいせん》度《ど》はジャーマンローストとよばれる中深煎《ちゅうふかい》りが中心。コクのある味わいは、日本人好みの味そのものだ。

ドイツの伝統的な朝食。どの家庭でも朝はたっぷりのコーヒーを飲む。

かつではドリップコーヒーが定番だったが、最近はエスプレッソマシン、カプセルタイプのコーヒーマシンで淹れる家庭が増えている。

コーヒーと楽しむ定番スウィーツ

シュヴァルツヴェルダー

家庭的で素朴な味わいのケーキが多い。キルシュをたっぷり使った「シュヴァルツヴェルダー」は、家庭でもカフェでもよく食べられる。

写真提供（右下）／今野望実

北欧諸国

味のクオリティは世界一。「サード・ウェーブ」の発信地

一般市民がカッピングを体験できるカフェもある。質の高いコーヒーを求める意識が、どの国よりも高い。

スペシャルティコーヒーが日常生活に浸透していて、さまざまな銘柄の豆を気軽に買える。

コーヒーと楽しむ定番スウィーツ

ペストリー

特定のスウィーツというより、デニッシュやマフィンといったパン、焼き菓子を頻繁に食べ、コーヒーとともに楽しむ。

スペシャルティコーヒーがもっとも広く浸透している

ノルウェー、デンマーク、スウェーデンなどの北欧諸国は、世界のコーヒー文化を牽引する存在だ。歴代のバリスタ世界チャンピオンを見ても、北欧出身者が名を連ねている。

北欧はもともとコーヒーの消費量が多く、カフェでも自宅でも、とにかく量をたくさん飲む。「おいしいコーヒーを飲みたい」というシンプルな欲求から、スペシャルティコーヒーがまたたく間に浸透したと考えられる。その流れがアメリカに渡り、1杯1杯のコーヒーをていねいに淹《い》れて味わう「サード・ウェーブ」（→P261）の引き金となった。

飲み方としてはストレートコーヒーが中心で、豆の味が素直に出せるエアロプレスに人気が集まっている。

オーストリア
濃厚なザッハトルテをストレートコーヒーで味わう

ウインナコーヒーはウィーン発祥

ウィーンのカフェはクラシックなサロンのような雰囲気

最近ではモダンなカフェも増えているが、クラシックな趣の名店にも、根強いファンが多い。

コーヒーと楽しむ定番スウィーツ

ザッハトルテ

ウイーン名物のザッハトルテ。チョコレートが非常に濃厚で、中深《ちゅうふか》煎《い》り以上のコクのあるコーヒーとよく合う。

本場ウィーンのカフェは市民が集うサロン

フランスやイタリア同様、コーヒー愛飲の歴史が非常に長い。とくに首都ウィーンはカフェ文化が深く根付いていて、歴史ある名店が今も残る。

最も親しまれているのは「カフェ・コンディトライ」といって、自家製ケーキとコーヒーを提供する店だ。老若男女を問わず、濃厚な甘さのケーキとコーヒーの組み合わせを楽しんでいる。

かつては、イブリックという器具を使って粉を煮出す「トルコ式コーヒー」が定番だったが、現在はドリップコーヒーが主流。使われている豆の質は、どの店も非常に高い。濃いめに淹れてブラックで飲んだり、ホイップした生クリームをたっぷりのせたりと、飲み方のバリエーションも豊富である。

 写真提供／（左下）今野望実

イギリス

紅茶だけじゃない！ コーヒーの歴史も古い

紅茶と同じくらい コーヒーもよく飲む

紅茶の国というイメージが強いが、じつはコーヒーの歴史のほうがずっと古い。17世紀のロンドンにはすでに、数多くのコーヒーハウスが建ち並んでいた。しかしコーヒーハウスは特権階級の男性のたまり場であり、イメージがよくなかったこと、オランダにコーヒー取引の利権を奪われたことなどが災いし、コーヒーより紅茶を飲む習慣が根付いたといわれている。

現在の傾向としては、シアトル系カフェの人気にも後押しされ、紅茶よりコーヒーの消費量のほうが多くなっている。家庭での消費量も、紅茶より多い。

さらに「サード・ウェーブ」の流れを受け、ハンドドリップで1杯ずつ淹《い》れてくれる、新しいタイプの店も登場している。

コーヒーと楽しむ定番スウィーツ

レモンタルト

ロンドンのカフェでは、スコーンのような伝統的なスウィーツより、トレンドのスウィーツ、オリジナルのメニューのほうが人気がある。

サード・ウェーブの影響で、ドリップ、サイフォン、エスプレッソなど、淹れ方のバリエーションが格段に増えた。

甘いデニッシュをスウィーツ代わりに、コーヒーを楽しむ人が多い。

写真提供／須永紀子（MANLY COFFEE）

アメリカ

こだわりのハンドドリップに人気がシフト

サード・ウェーブの影響で サイフォン人気も上昇中

アメリカのコーヒーは、時代ごとに大きく変遷している。

１９６０年代までは、あまり品質の高くないコーヒーが大量生産されていた。しかし香味がよくないこと、健康に悪いイメージをもたれたことから、消費者のコーヒー離れが加速する。

そこで登場したのが、第二の波であるシアトル系カフェだ。スターバックスをはじめとする大企業が、産地から良質の豆を買い付け、どこでも手軽に飲めるスタイルを確立した。

翻って現在は、「サード・ウェーブ」（第三の波）の時代といわれ、1杯ずつていねいに淹れられるスペシャルティコーヒーが人気を博している。豆の種類だけでなく、抽出法まで選べるのも大きな特徴だ。

サード・ウェーブの担い手は、おもに西海岸、東海岸の地元密着型カフェ。チェーン展開する大企業のカフェに対し、独立系カフェともよばれる。

アメリカのコーヒーの歴史

第一の波、第二の波を経て、1990年代から、第三の波が始まった。とはいえ、シアトル系カフェの人気も健在である。

ファースト・ウェーブ

安価で味のよくないコーヒーが大量に流通。深く煎《い》るとカサが減るため、焙煎度《ばいせんど》は浅煎《あさい》りが主流だった。

セカンド・ウェーブ（シアトル系）

スターバックスが産地に直接買い付けに行き、良質な豆を使ったコーヒーを提供し始める。焙煎度は中深煎《ちゅうふかい》り～深煎《ふかい》りが中心。

サード・ウェーブ

個性豊かなスペシャルティコーヒーを、1杯ずつていねいに抽出。香味をはっきりと出すため、焙煎度は浅煎り～中煎りが多い。

コーヒーと楽しむ定番スウィーツ

チョコレートクッキー

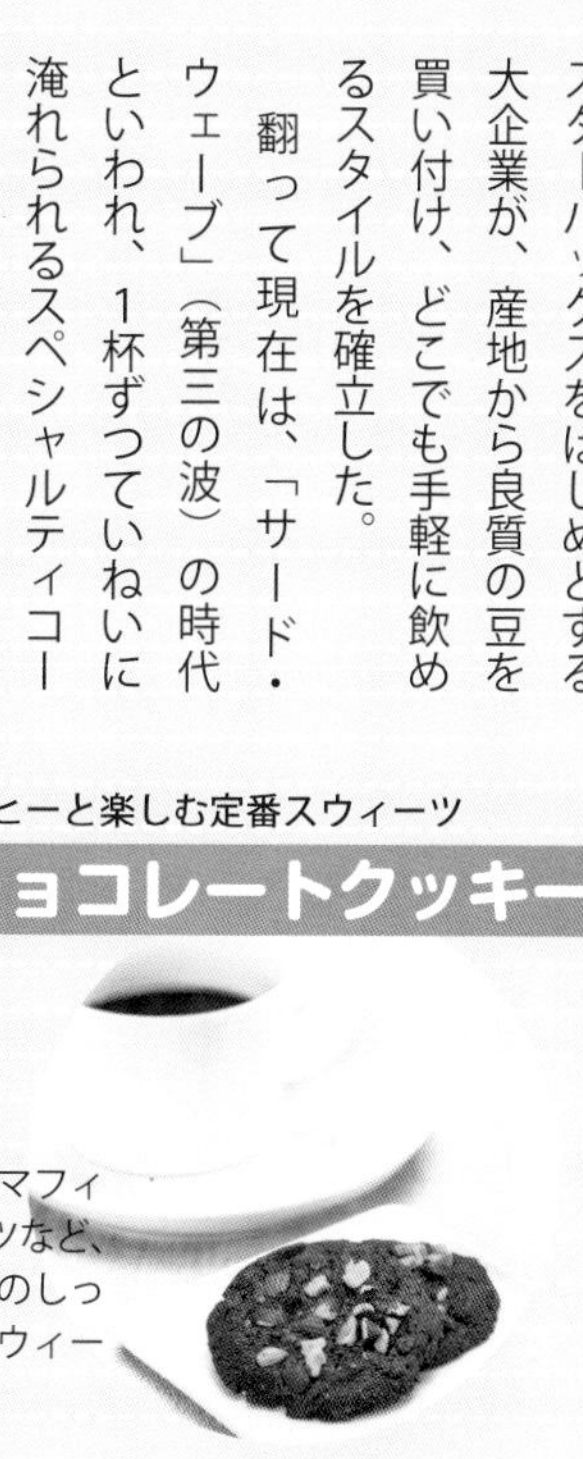

クッキーやマフィン、ドーナツなど、素朴で甘さのしっかりしたスウィーツが多い。

 写真提供（左上）／土屋浩史（カフェ プントコム）

エチオピア

コーヒーをよく飲み、茶道のような作法もある

コーヒーセレモニーの日は正装を着用。小さなカップをたくさん並べ、大勢の客人に３杯ずつコーヒーをふるまう。

エチオピア式・コーヒーの飲み方

経済的には貧しいが、手つかずの自然が残る美しい国。住居の多くは手づくりで、コーヒー栽培がさかんな南部では、家全体がバナナの葉でつくられている。

来客のもてなし、祝いごとには欠かせない

　エチオピアはコーヒーノキの発祥地で、現在に至るまで、高品質のコーヒーを生産し続けている。日本でもおなじみの「モカ」に始まり、スペシャルティコーヒー人気の火付け役「ゲイシャ」など、数々の人気銘柄がエチオピアで生まれた。

　生産国の中では唯一、コーヒーを飲む習慣が古くからある。鉄鍋で煎《い》った豆を杵《きね》でつぶし、素焼きポットで煮立たせるのが一般的だ。コーヒーチェリーの殻、コーヒーノキの葉を使った代用コーヒーも、よく飲まれている。

　結婚式など、人が大勢集まる場面では、「カリオモン」とよばれるコーヒーセレモニーがおこなわれる。伝統的な作法にのっとって、コーヒーを淹《い》れ、客人にふるまう儀式である。

　コーヒーを淹れる前にまず、摘みたての草花を床に敷き、お香をたいて空気を清める。草花の上に炭火コンロをのせたら、豆を煎り、砕き、コーヒーを抽出する。1時間以上かけて、小さなカップに3杯ずつのコーヒーがふるまわれる。

　このような作法は、茶道にも通じる面があり、コーヒー文化の歴史の古さがうかがえる。

写真提供／（右）UCC コーヒーアカデミー、（左）駐日エチオピア連邦民主共和国大使館

その他の生産国

上質なコーヒーを国民が飲めるようになった

ブラジル

経済的発展にともない、上質なコーヒーが飲まれるようになった。写真はサンパウロのカフェで、このようなモダンなカフェが急増している。

グアテマラ

国家経済はいまだ苦しいものの、コーヒーを取り巻く状況は確実に変化し、おいしいコーヒーが飲めるカフェが増えている。

インドネシア

バリ島で人気の「スニマンカフェ」。インドネシア産の良質の豆を、自《じ》家《か》焙煎《ばいせん》で提供している。

イエメン

コーヒーチェリーを乾燥させ、生豆と殻（ギシル）に分けたのち、ギシルを煮出して、ギシルとよんで飲む習慣がある。好みでスパイスを入れることも。

ブラックでおいしく飲めるコーヒーが揃う

欧米が消費国で、中南米、アフリカは生産国という図式は、確実に変化している。生産国でも、質の高いコーヒーを飲むことができるようになってきた。

特に経済的発展の著しいブラジルでは、その傾向が顕著である。以前は低品質の豆の味をまぎらわせるために、砂糖やミルクをたっぷり入れていたが、今ではブラックでおいしく飲めるコーヒーが揃っている。

写真提供／（上３点）石光商事株式会社、（下１点）Mocha Coffee

コーヒー用語辞典（50音順）

あ

麻袋《あさぶくろ》 ▼P174

流通時にコーヒー豆を入れる麻の袋。一般には「あさぶくろ」と読むが、業界では「またい」とよばれる。

アフターミックス ▼P208

複数のコーヒー豆をブレンドするときに、生豆《なままめ》をそれぞれ焙煎《ばいせん》してからミックスする方法。

アフリカンベッド ▼P137、155、158、161

コーヒーチェリーを天日で乾燥させるための棚。地面で乾燥させる一般的な方法に比べ、異物が混入しにくい。

アラビカ ▼P118、120

コーヒー豆の三大品種のひとつで、総生産量の70～80％を占める。上品な香りと苦味、豊かな酸味がある。多くは標高1000m以上の高地で栽培される。

アロマ ▼P15、235

抽出したコーヒーの香り。またはカッピング時に、粉に直接湯を注いだときに立ち上ってくる香り。

イエローブルボン ▼P129

アラビカ種の二大品種である、ブルボン種の亜種。完熟しても黄色いままで、甘味が強いのが特徴。

ヴェルジ ▼P184

コーヒーチェリーが正常に実っていない状態で収穫された、未成熟豆。青臭くて渋味、えぐ味が強く、異臭、胃の不快感の原因となる。

ウォッシュト ▼P173

精製法の一種で、別名・水洗式。収穫したコーヒーチェリーを水路に入れ、水に浮く異物などを取り除いてから、機械で果肉を除去する。さらに発《はっ》酵槽《こうそう》に浸け、種子のまわりのヌルヌルの部分（ミューシレージ）を取り除き、水洗いする。

エアロプレス ▼P70

太い注射器のような円柱型の抽出器具で、ピストンで圧をかけてコーヒーを抽出する。ヨーロッパを中心に注目されている、比較的新しい器具。

エキセルソ ▼P135

コロンビアの豆の格付けで、スクリーンサイズ14～16の大きな豆が80％以上を占めるもの。略称はEX。

エスプレッソ ▼P64

細かく挽《ひ》いた豆に高い圧力で蒸気を噴射して抽出する、高濃度のコーヒー。20秒間という短時間で、30cc前後を抽出する。かつては深煎《ふかい》り豆で淹れるのが定番だったが、最近は浅《あさ》～中煎《ちゅうい》りで、香りをいかして淹れる方法が人気。

エスプレッソマシン ▼P65

エスプレッソを抽出するマシン。家庭用、業務用に分けられ、業務用のほうがより高い圧力で抽出できる。

エッジング ▼P94

道具を使って、カプチーノに絵や模様を描く手法。エッジングで模様を描いたカプチーノは、デザインカプチーノとよばれる。

エレファント ▼P159

東アフリカの豆の格付けで、通常の豆の2倍近くもある大粒の豆をさす。

オールドクロップ ▼P19

前々年、またはそれ以前に収穫された古い豆。水分が抜けて黄色っぽくなり、カサカサした質感をしている。新しい豆に比べると風味は落ちる。

か

外皮《がいひ》 ▼P172

コーヒーチェリーの最も外側についている、真っ赤な色の皮。

貝殻豆 ▼P117、185

異常交配で豆が裂け、内側がえぐれて貝殻状になったもの。欠点豆の一種で、煎《い》りムラの原因になる。深煎りすると、着火する危険性もある。

カッパー ▼P250

カッピングをする人。豆の格付け、売買をおこなうオークションなどに、審査員として参加することが多い。

カッピング ▼P222

コーヒーの粉に湯を注ぎ、香味をチェックすること。カップテスト、カップテイスティングともいう。COE（カップ・オブ・エクセレンス）方式、SCAA（アメリカスペシャルティコーヒー協会）方式に大別され、SCAJ（日本スペシャルティコーヒー協会）は前者の発展形を採用している。

カップ・オブ・エクセレンス（COE） ▼P223
コーヒー豆の国際品評会。1999年にブラジルで開かれた品評会に由来し、2000年からは数多くの生産国で年に一度開催されている。85点以上の高評価を得た豆は、栄誉あるCOEのロゴマークをパッケージなどに入れることができる。

カトゥーラ ▼P120
ブラジルで、ブルボンの突然変異種として生まれた小粒の品種。収穫量が多く、病虫害にも強いが、2年に一度しか実がならない。豊かな酸味をもつ一方で、渋味の強さもややめだつ。

カネフォラ ▼「ロブスタ」の項参照

カビ臭《しゅう》豆 ▼P184
欠点豆の一種で、いろいろなカビがついている豆。精製後の乾燥が十分でなかったり、保管や輸送の際に湿気を帯びたりすると、カビが付着してしまう。コーヒーにカビ臭さをもたらす。

カフェイン ▼P14
コーヒーに含まれる成分で、覚醒作用、消化促進作用など、さまざまな薬理作用を持つ。深煎りで苦いコーヒーのほうが含有量が多いと思われがちだが、焙煎度による差はほとんどない。

カフェ・オ・レ ▼P86
たっぷりのミルクを入れたコーヒーで、発祥の地はフランス。イタリア生まれのカフェラテとの違いは、ドリップコーヒーを使って淹れる点。

カフェ マキアート ▼P92
エスプレッソに、泡立てた牛乳を少量加えたもの。「マキアート」とは、イタリア語で「しみ」の意で、ミルクでしみをつけたエスプレッソのこと。

カフェラテ ▼P87
イタリア発祥のアレンジドリンクで、温めたミルクをエスプレッソに注ぎ入れたもの。カフェ・オ・レとの違いは、エスプレッソで淹れる点。

カプチーノ ▼P90
エスプレッソに泡立てた牛乳を注いでつくる、イタリア生まれのアレンジドリンク。ミルクの泡のふくらみが、修道士の帽子「カップッチョ」に似ていることから、その名がついた。

キリマンジャロ ▼P158
タンザニア産のコーヒーで、キリマンジャロ山のすそ野に位置するモシ地区、アルーシャ地区で生産されたもの。華やかな香り、深いコクがあり、日本でも古くから知られている。

銀皮《ぎんぴ》 ▼「シルバースキン」の項参照

グッドインサイド ▼P177
サステイナブルコーヒーを認証する機関。生産者の労働条件、農薬管理の徹底、生産履歴の開示など、多岐にわたる管理基準を設けている。

クラシフィカドール ▼P253
ブラジルのコーヒー鑑定士。すぐれた味覚、嗅覚でカッピングをおこない、豆の質を評価する。

グルメコーヒー ▼P112
スペシャルティコーヒー、プレミアムコーヒーの総称で、希少価値が高い高級銘柄のコーヒー。

グレインプロ ▼P174
スペシャルティコーヒーのような高級な豆の輸送時に使われる、穀物用ビニールバッグ。熱や湿気に強く、豆の香りを損なわないのが特徴。

クレマ ▼P64
エスプレッソの表面を覆う、クリーミーな泡の層。豆の香り、おいしさをカップに閉じ込める役割を果たす。

黒豆 ▼P185
欠点豆の一種。通常より早く実って地上に落ちた実が、土と接するうちに黒く発酵したもの。コーヒーが濁ったり、腐敗臭が出る原因となる。

ゲイシャ ▼P121
エチオピアで発見された野生品種。かんきつ系の華やかなフレーバー、アールグレイのような後味が非常に個性的で、スペシャルティコーヒーブームの火付け役となった。

欠点豆 ▼P116、184
成長、収穫、精製、運搬などの過程で欠点が生じ、不快な風味を持つもの。スペシャルティコーヒーの場合、多くは全体の数%程度だが、品質の悪い豆の場合は20%前後もの割合で混入している。

コッコ ▼P185
ナチュラル（自然乾燥式）で精製した場合に生じる欠点豆で、皮や果肉がきちんと脱穀されずについているもの。アンモニアのような異臭がする。

コナ ▼P168
ハワイのコーヒーの銘柄で、世界的

に人気の高級品種。大粒で肉厚の豆は、甘い香り、フルーティな酸味を持つ。

コーヒー鑑定士 ▼▼P253

コーヒー豆の風味、品質の格付けをする専門家。世界的な品質評価機関の認定を受けた「Qグレーダー」や、J.C.Q.A.認定の「コーヒー鑑定士」が代表的で、カッピングによってさまざまな豆を評価し、買い付ける。

コーヒーチェリー ▼▼P171、172

コーヒーノキから採れる赤い実。コーヒーチェリーの外皮《がいひ》、果肉などを取り除き、中の種子を精製すると、コーヒーの生豆《なままめ》ができ上がる。

コーヒーノキ ▼▼P170

アカネ科コフィア属の常緑樹で、原産地はアフリカ。南北回帰線の間の熱帯、亜熱帯地域で栽培される。白い花を咲かせた後、コーヒー豆のもととなる実（コーヒーチェリー）をつける。

コーヒーベルト ▼▼P119

コーヒー栽培に適した南北回帰線の間の地域で、コーヒーゾーンともいう。緯度でいうと、北緯約25度、南緯約25度の間。

コーヒーマイスター ▼▼P249

SCAJ（日本スペシャルティコーヒー協会）が認定する、コーヒーの資格。コーヒー豆を売る店やカフェで働く人の中でも、特に高い知識と技術を持つプロのサービスマンに与えられる。

コマーシャルコーヒー ▼▼P113

コーヒーの格付けの一種で、特に流通量が多く、一般に広く出まわっているコーヒー豆。インスタントコーヒーや、缶コーヒーなどによく使われる。

さ

サイフォン ▼▼P74

真空ろ過《か》式ともよばれるガラス製の抽出器具。フラスコに湯を入れて熱すると、湯が上昇して、上部のコーヒーの粉と混ざり、成分が抽出される。抽出時の見た目の変化も魅力で、最近では世界的に人気が再燃している。

サスティナブルコーヒー ▼▼P176

直訳すると「持続可能なコーヒー」で、生産国の環境、人権を守って生産されたコーヒー。生産者は上質で安全なコーヒーをつくり、消費者は正当な対価を払うという、対等なパートナーシップ、関係性が基盤となる。

サード・ウェーブ ▼▼P254、261

コーヒー業界のトレンドとして現れた、第三の波。低品質・低コストなコーヒーが量産され、消費された「第一の波」、シアトル系カフェがブームとなった「第二の波」に続き、上質のスペシャルティコーヒーをていねいに淹《い》れて味わおうという流れが、2004年前後から続いている。

シアトル系カフェ ▼▼P261

スターバックスなどに代表される、アメリカ・シアトル発祥のカフェ。エスプレッソを中心に、豊富なアレンジメニューを提供する。低品質・低コストの豆が大量流通していた時代に、良質の豆を深煎《ふかい》りのエスプレッソなどで提供し、業界の流れを変えた。

自然乾燥式

▼▼「ナチュラル」の項参照

死豆《しにまめ》 ▼▼P117、184

正常に結実しなかった豆で、色が白く、コーヒーらしい風味がしない。コーヒーの雑味のもととなる。

ジャバニカ ▼▼P121、138

コーヒー豆の品種で、インドネシア・ジャワ島で生まれた交配種。現在はニカラグアなどで栽培されている。「ゲイシャ」に似た、シトラス系のフレーバーを持つ。

シュガーシロップ ▼▼P56

アイスコーヒーなどに甘味をつけるために使われる、透明の液体。砂糖を水に溶かしてつくる。

シルバースキン ▼▼P172

コーヒーチェリーの種子を覆う薄い皮で、銀皮《ぎんぴ》ともいう。外皮、果肉などを取り除いて精製し、さらにパーチメントを脱穀すると、ほとんどがはがれる。

浸漬《しんし》型 ▼▼P33

フレンチプレスのように、粉をじっくり湯に浸《ひた》し、成分を抽出する方法。ハンドドリップの場合、ドリッパーの種類で区分すると、メリタ式が浸漬型に当たる。

水洗式▼▼「ウォッシュト」の項参照

スクリーンサイズ

▼▼P128、135、146、159、168

コーヒーの生豆のサイズ。鉄板に穴のあいたふるい（スクリーン）に生豆を通し、どのサイズのスクリーンを通